Das Blender-Buch

D1664630

Carsten Wartmann diplomierte 1998 in Berlin als Ingenieur der Bioverfahrenstechnik. Seit Beginn der 80er Jahre beschäftigt er sich intensiv mit Computern und deren Programmierung (anfangs mit einem VC-20 von Commodore) sowie speziell mit Computergrafik. Der Amiga ermöglichte ihm dann die Erzeugung erster Animationen. Während des Studiums war er an der Produktion der meisten Animationen der Berliner Firma Imago Viva beteiligt. Hier kam er auch mit dem 3D-Programm Blender in Kontakt, über das er bisher mehrere Vorträge hielt und Artikel in Fachzeitschriften veröffentlichte.

Carsten Wartmann

# Das Blender-Buch

## 3D-Grafik für Internet und Video mit freier Software

 dpunkt.verlag

Carsten Wartmann
E-Mail: c.wartmann@gmx.net

Lektorat: René Schönfeldt
Copy-Editing: Ingrid Erdmann, Düsseldorf
Satz: Carsten Wartmann, Berlin
Herstellung: Peter Eichler, Eberbach
Umschlaggestaltung: Helmut Kraus, Düsseldorf
Druck und Bindung: Koninklijke Wöhrmann B.V., Zutphen, Niederlande

Die Deutsche Bibliothek – CIP-Einheitsaufnahme
Ein Titeldatensatz für diese Publikation ist bei
Der Deutschen Bibliothek erhältlich

1. Auflage 2000
Copyright © 2000 dpunkt.verlag GmbH
Ringstraße 19
69115 Heidelberg

# Vorwort

Anfang 1998 fand ich im Internet zum ersten Mal Hinweise auf ein freies 3D-Programm, das zuerst in einer Version für SGI-Rechner erschienen war und nun auch für Linux portiert werden sollte. Die Webseiten der holländischen Firma NeoGeo sahen sehr vielversprechend aus, und ich wartete einige Wochen gespannt auf die angekündigte Linux-Version. Im April 1998 war es dann soweit: Ich lud mir die Datei mit dem »Linux« im Namen auf meinen Rechner.

Mein erster Eindruck: Das 800 KB große Archiv konnte doch nicht vollständig sein? — Doch tatsächlich, ein komplettes 3D-Animationsprogramm! Der Einstieg war etwas kompliziert, ist doch Blender von der Bedienung her recht eigen. Mittlerweile erscheinen mir aber andere 3D-Programme umständlich und schwerfällig.

Der enge Kontakt der Entwickler – allen voran Ton Roosendaal – mit der Blendergemeinde sowie die schnelle Entwicklung von Blender sorgten dafür, dass Blender bis heute mein Favorit unter den 3D-Programmen ist.

Die allermeisten Informationen und auch das Handbuch zu Blender sind allerdings in Englisch geschrieben, und es ist für jemanden mit wenig oder nicht fachspezifischen Englischkenntnissen schwierig, einen Einstieg in die 3D-Grafik im Allgemeinen und Blender im Speziellen zu finden. Nach einigen Artikeln über Blender in deutschsprachigen Fachzeitschriften entschloß ich mich daher, ein Buch über Blender zu schreiben.

Mein Dank gilt natürlich der Firma »Not a Number«, die Blender entwickelt hat, hier insbesondere Ton Roosendaal und Daniel Dunbar, die mich auch persönlich unterstützt und motiviert haben. Weiterhin danke ich meinen Freunden Ingo Adamski, Oliver Ringtunatus und Uwe Spenhoff, die als Tester die Tutorials einige Male über sich ergehen lassen mussten, Martin Strubel für seine fachlichen Kommentare und Heiko Oberdiek für seine vielen Hilfen zu LaTeX. Zu guter Letzt, geht mein Dank an meinen Lektor René Schönfeldt, für die gute und produktive Zusammenarbeit.

Carsten Wartmann
Berlin, den 22. Dezember 1999

## Geleitwort

It is now almost two years since Blender was released on the internet. Only in my wildest dreams I could have envisioned what would happen in this time!

Now Blender is used by thousands of professional users, students and all kind of 3D interested people. The Blender-community is very active on the internet, we have many Blender-sites and even more tutorials online.

Besides the internet activity, Blender gets attention from publishers around the world, first a japanese book was published, then an english book and now a german book, which you read at the moment. I've read what Carsten has written about Blender and I think his book definitely is an excellent introduction for new users to get into Blender.

I'm very proud to present you this guide to Blender and wish you »Viel Spaß beim Lesen des Buchs und bei der Beschäftigung mit Blender!«

Ton Roosendaal, Blender-Entwickler
Eindhoven, den 20. Dezember 1999

# Inhaltsverzeichnis

| | | |
|---|---|---:|
| **1** | **Einleitung** | **1** |
| 1.1 | Wen spricht das Buch an? | 1 |
| 1.2 | Fähigkeiten von Blender | 2 |
| 1.3 | Freier und kommerzieller Blender | 6 |
| 1.4 | Sprachliche Konventionen | 6 |
| | | |
| **2** | **Grundlagen der 3D-Grafik** | **9** |
| 2.1 | Farben | 9 |
| 2.2 | Koordinatensysteme | 14 |
| 2.3 | Punkte, Flächen und Körper | 14 |
| 2.4 | Beleuchtungsberechnung | 16 |
| 2.5 | Transformationen | 17 |
| 2.6 | Umrechnung von 3D nach 2D | 18 |
| 2.7 | Animation | 20 |
| 2.8 | Bildberechnung | 22 |
| | | |
| **3** | **Schnellstart** | **25** |
| 3.1 | 3...2...1...Starten von Blender | 25 |
| 3.2 | Nötige Grundfunktionen | 27 |
| 3.3 | Eine Szene laden | 29 |
| 3.4 | Ja, es ist ein Objekt | 29 |
| 3.5 | Größe der Kugel anpassen | 31 |
| 3.6 | Lage der Kugel ändern | 32 |
| 3.7 | Grau ist langweilig: Materialvergabe | 34 |
| 3.8 | Oberflächen strukturieren: Textur | 35 |
| 3.9 | Bewegung im Spiel: Animation | 36 |
| 3.10 | Und nun? Rendering | 38 |
| | | |
| **4** | **Keine Hexerei: Blender bedienen** | **41** |
| 4.1 | Kleinnager: Die Maus | 42 |
| 4.2 | Tastaturbedienung | 43 |
| 4.3 | Bedienung und Navigation in den 3D-Fenstern | 45 |
| 4.4 | Schichtweise: Layersystem | 48 |
| 4.5 | Laden und Speichern | 49 |
| 4.6 | Objekte selektieren | 51 |

4.7     Objekte manipulieren ............................. 52
        4.7.1 Verschieben ................................. 52
        4.7.2 Rasterfang .................................. 53
        4.7.3 Genaue Werteeingabe: Das NumberMenu ..... 54
        4.7.4 Rotieren .................................... 54
        4.7.5 Skalieren.................................... 55
4.8     EditMode: Objekte verändern ...................... 56
4.9     Knöpfe, Regler und Schalter ...................... 56
4.10    Fenster (»Windows«) .............................. 58
4.11    Bildschirme (»Screens«) .......................... 62
4.12    Szenen (»Scenes«)................................. 63
4.13    Blender an die eigene Arbeitsweise anpassen ........ 65

5       **Tutorials: Modellierung** ......................... **69**
5.1     Polygone ......................................... 69
5.2     Arbeiten auf Vertexebene: EditMode ................ 70
5.3     Polygonglättung .................................. 72
5.4     Kuscheltier: PET ................................. 74
5.5     Extrude .......................................... 75
5.6     Spin, SpinDup .................................... 76
5.7     Screw ............................................ 78
5.8     Objekte verbiegen: Warp .......................... 79
5.9     Weichspüler: Subdivide Smooth .................... 79
5.10    Landschaften aus der Retorte: Höhenfelder .......... 80
5.11    Boolsche Operationen – Mesh Intersect ............. 82
5.12    Lattices ......................................... 84
5.13    Kurven und Oberflächen........................... 86
        5.13.1 Bezierkurven .............................. 86
        5.13.2 NURBS ................................... 88
5.14    Ein Logo aus Kurven, Rotoscoping.................. 90
5.15    Achterbahnfahrt .................................. 95
5.16    Objektvervielfältigung: Dupliverts ................. 99
5.17    Gutenbergs Erbe: Textobjekte ..................... 100
5.18    Glibberkugeln: Metaballs ......................... 102

6       **Tutorial: Materialien** ........................... **105**
6.1     Die Oberfläche ................................... 105
6.2     Strukturen: Textur ............................... 106
6.3     Texturtypen ...................................... 111
6.4     ImageTextur ..................................... 113
6.5     Multimaterialien ................................. 116
6.6     Halomaterialien .................................. 118
6.7     Nobody is perfect: Lensflares .................... 120
6.8     Durchblick: Transparente Materialien ............... 122

6.9 Environmentmapping ............................. 125

**7 Tutorial: Licht, Schatten und die Welt .............. 129**
7.1 Beleuchtung bei Film und Video .................... 129
7.2 Lichtarten in Blender ............................. 131
7.3 Kein Licht ohne Schatten ......................... 132
    7.3.1 Beleuchtung von Außenszenen .............. 134
    7.3.2 Selektive Beleuchtung ...................... 134
7.4 Halolichter ..................................... 135
7.5 Die Welt ........................................ 138
    7.5.2 Es wird undurchsichtig: Nebel................ 139
    7.5.3 Fremde Welten: Sterne ..................... 140
7.6 Eine Frage der Perspektive: Die Kamera............. 140

**8 Tutorials: Animation ............................. 143**
8.1 Keyframeanimation ............................... 143
    8.1.1 IPOs — Animationskurven.................... 144
    8.1.2 Materialanimation ......................... 147
8.2 Pfadanimation.................................... 149
    8.2.1 Pfadobjekt............................... 149
    8.2.2 Kurvenpfade ............................. 151
8.3 Animationen mit Lattices ......................... 154
8.4 Vertexkeys....................................... 156
8.5 Gewichtete Vertexkeys ........................... 160
8.6 Inverse Kinematik (IKA) .......................... 163
8.7 Skelettanimation mit IKAs......................... 168
8.8 Wir werden kleinlich: Partikel...................... 174
    8.8.1 Erklärung der Grundparameter .............. 176
    8.8.2 Pfadfinderehrenwort: Lagerfeuer ............ 177
    8.8.3 Keine Umweltverschmutzung: Rauch ......... 182
    8.8.4 Frohes Neues: Feuerwerk ................... 184
    8.8.5 Bewegter Emitter ......................... 187
    8.8.6 Eine Massenbewegung: Fischschwarm ........ 189
8.9 Kleine Helferlein: Python-Skripte .................. 192
    8.9.1 Ein erstes, einfaches Skript .................. 193
    8.9.2 Das TextWindow .......................... 196
    8.9.3 Zweites Skriptbeispiel: Turbulenz ............. 197
    8.9.4 Neue Objekte mit Python erzeugen ........... 199
8.10 Der letzte Schliff: Postproduction .................. 201
    8.10.1 Sequenzen editieren....................... 203
    8.10.2 Eine Überblendung ........................ 204
    8.10.3 Ein Titel: 3D-Elemente integrieren ............ 207
    8.10.4 Effekte und Sequence-Plug-ins .............. 211

**9 Lohn der Arbeit: Die Berechnung** . . . . . . . . . . . . . . . . . . **213**
9.1 Einzelbilder . . . . . . . . . . . . . . . . . . . . . . . . . . . . . . . . . 213
9.2 Animationen . . . . . . . . . . . . . . . . . . . . . . . . . . . . . . . . . 216
9.3 Beleuchtungssimulation: Radiosity . . . . . . . . . . . . . . . . . . . 219

**10 Tutorial: Laser** . . . . . . . . . . . . . . . . . . . . . . . . . . . . . . **225**
10.1 Laserstrahl . . . . . . . . . . . . . . . . . . . . . . . . . . . . . . . . . 225
10.2 Die Welt . . . . . . . . . . . . . . . . . . . . . . . . . . . . . . . . . . . . 227
10.3 Material der Fläche . . . . . . . . . . . . . . . . . . . . . . . . . . . . . 227
10.4 Der Pfad . . . . . . . . . . . . . . . . . . . . . . . . . . . . . . . . . . . 228
10.5 Nachglühen des Schnitts . . . . . . . . . . . . . . . . . . . . . . . . . 230
10.6 Trennnaht . . . . . . . . . . . . . . . . . . . . . . . . . . . . . . . . . . 232
10.7 Pyrotechnik: Funken und Rauch . . . . . . . . . . . . . . . . . . . . . 233
10.8 Abschalten des Lasers . . . . . . . . . . . . . . . . . . . . . . . . . . . 234

**11 Tutorial: Torpedo** . . . . . . . . . . . . . . . . . . . . . . . . . . . . . **237**
11.1 Begegnung der vierten Art . . . . . . . . . . . . . . . . . . . . . . . . . 238
11.2 Hintergrund . . . . . . . . . . . . . . . . . . . . . . . . . . . . . . . . . . 239
11.3 Berechnung für Video . . . . . . . . . . . . . . . . . . . . . . . . . . . . 241

**A Tastaturkommandos** . . . . . . . . . . . . . . . . . . . . . . . . . . . **243**

**B Tipps, Tricks und nützliche Programme** . . . . . . . . . . . **247**
B.1 Import und Export von 3D-Daten . . . . . . . . . . . . . . . . . . . . 247
B.2 3D-Werkzeuge . . . . . . . . . . . . . . . . . . . . . . . . . . . . . . . . 249
B.3 2D-Werkzeuge . . . . . . . . . . . . . . . . . . . . . . . . . . . . . . . . 250
B.4 Animationserstellung . . . . . . . . . . . . . . . . . . . . . . . . . . . . 250
B.5 Plug-ins . . . . . . . . . . . . . . . . . . . . . . . . . . . . . . . . . . . . 253

**C Kommandozeilenargumente** . . . . . . . . . . . . . . . . . . . . **255**

**D Übersicht des Blendermoduls** . . . . . . . . . . . . . . . . . . . **259**
D.1 Modul: Blender . . . . . . . . . . . . . . . . . . . . . . . . . . . . . . . 259
D.2 Modul: Camera . . . . . . . . . . . . . . . . . . . . . . . . . . . . . . . 259
D.3 Modul: Const . . . . . . . . . . . . . . . . . . . . . . . . . . . . . . . . . 259
D.4 Modul: Lamp . . . . . . . . . . . . . . . . . . . . . . . . . . . . . . . . . 259
D.5 Modul: Material . . . . . . . . . . . . . . . . . . . . . . . . . . . . . . . 260
D.6 Modul: NMesh . . . . . . . . . . . . . . . . . . . . . . . . . . . . . . . . 260
D.7 Modul: Object . . . . . . . . . . . . . . . . . . . . . . . . . . . . . . . . 260
D.8 Modul: World . . . . . . . . . . . . . . . . . . . . . . . . . . . . . . . . . 261

**E Installation von Blender** . . . . . . . . . . . . . . . . . . . . . . . . **263**
E.1 Installation unter Linux . . . . . . . . . . . . . . . . . . . . . . . . . . 264
E.2 Installation unter Windows . . . . . . . . . . . . . . . . . . . . . . . . . 267
E.3 Installation unter FreeBSD . . . . . . . . . . . . . . . . . . . . . . . . . 269

E.4    Installation unter SGI Irix ........................... 270

E.5    Installation unter Sun Solaris ....................... 270

**F    Glossar** ......................................... **273**

**G    Inhalt der CD** .................................... **279**

**Literaturverzeichnis** .................................. **281**

**Index** ................................................ **283**

# 1 Einleitung

Mit der zunehmenden Verbreitung des Internet in unsere Wohn- und Arbeitsräume wächst der Wunsch in vielen, dieses Medium durch eine dritte Dimension zu erweitern. Durch die moderne Medienelektronik und verstärkt durch neue Kinofilme, die vor computergenerierten Effekten nur so strotzen, steigt die Neugier in vielen Menschen, auch einmal solche Effekte zu produzieren und zu verstehen, wie diese Effekte funktionieren. Mit Blender ist ein Programmpaket erhältlich, welches genau diesen Einstieg bietet, ohne den fortgeschrittenen Anwender einzuschränken.

Blender ist die Entwicklung des niederländischen Animationshauses »NeoGeo«. Als firmeninterne Animationssoftware wuchs Blender mit den Aufträgen und wurde immer weiter entwickelt. Nahezu zeitgleich mit der Veröffentlichung einer freien Version von Blender im Internet (Mai 1998) zog sich »NeoGeo« aus dem Geschäft zurück. Dies war der Zeitpunkt, an dem sich Ton Roosendaal, der »Vater« und Hauptprogrammierer von Blender, entschied, die Firma »Not a Number« zu gründen, um Blender in Zukunft weiterzuentwickeln.

*Entwicklung von Blender*

Damit wurde Blender zu einem Produkt. Allerdings zu einem in der Geschäftswelt sehr ungewöhnlichen, denn die frei erhältliche Variante von Blender ist keine stark eingeschränkte Demoversion, sondern voll funktional, und die Lizenz lässt die uneingeschränkte Verwendung auch für kommerzielle Produktionen zu. Neben dem Vertrieb des Blenderhandbuchs wird ein Softwareschlüssel von »Not a Number« vertrieben, der den freien Blender zum »Complete Blender« mit vielen weiteren Funktionen freischaltet.

Mit der Weiterentwicklung von Blender werden immer wieder Eigenschaften des »Complete Blender« in den freien Blender übergehen.

## 1.1 Wen spricht das Buch an?

Dieses Buch soll kein Handbuchersatz für Blender sein, denn die komplette Referenz ist das Handbuch [1] zu Blender, welches direkt von »Not a Number« vertrieben wird. Dieses Buch wendet sich vielmehr an Menschen, die einen schnellen, praktisch orientierten und kompakten Einstieg in die Welt der 3D-Grafik und Animation suchen, ohne

*Einstieg in die 3D-Grafik und Animation*

teure oder in ihrer Funktionsvielfalt einschränkende Programme zu
benutzen. Blender ist durch seine Flexibilität für nahezu alle Arten der Computergrafik geeignet und bietet jeder der verschiedenen
Zielgruppen etwas:

❑ Allgemein Computerinteressierte können mit Blender kostenlos
in die Welt der 3D-Grafik und Animation einsteigen.

❑ Studenten lernen die Grundlagen der 3D-Grafik mit einem Programm, welches auch für den heimischen Rechner geeignet ist.

❑ Lehrer können jeden Schülerarbeitsplatz kostenlos mit dem Programm ausrüsten.

❑ Videoamateure erzeugen Animationen und Vorspänne für ihre
Videofilme.

❑ Webdesigner entwickeln 3D-Objekte für Internetseiten und
VRML sowie Logos und Schriftzüge.

❑ Mutimediadesigner erzeugen Grafiken und Animationen für
CD- und DVD-Projekte.

❑ Wissenschaftler visualisieren ihre Forschungsergebnisse.

❑ Ingenieure und Techniker zeigen mit Animationen die Funktion
von technischen Geräten und Vorgängen.

❑ Architekten visualisieren ihre Entwürfe und machen sie virtuell
begehbar.

## 1.2   Fähigkeiten von Blender

In seiner relativ kurzen kommerziellen Karriere wurde Blender schon
von allen oben genannten Personengruppen erfolgreich benutzt, da
Blender für jeden Anwendungszweck Funktionen zu bieten hat, die
man bei anderen Programmen entweder teuer erkaufen muss oder die
gar nicht vorhanden sind. Auf dem webbasierten Newsserver [2] von
Blender finden sich zahlreiche Erfahrungsberichte, die teilweise auch
zu neuen Funktionen in Blender führten.

Die wichtigsten Fähigkeiten von Blender sind in der folgenden
Liste zusammengetragen. Hier werden viele Begriffe benutzt, die für
einen Einsteiger eventuell noch völlig unbekannt sind. Wer sich allerdings schon einmal mit dem Funktionsumfang von 3D-Programmen
beschäftigt hat, wird viele Begriffe wiedererkennen. Allen Einsteigern
sei versichert, dass Sie nach Lektüre des Buches alle Begriffe kennen
und diese Möglichkeiten kreativ anzuwenden wissen.

## Allgemein

❏ Modellierung mit Polygonnetzen, Kurven (Bezier, NURBS), NURBS-Flächen, 3D-Texten, Metaballs

❏ Animation mit Keyframes, Pfaden (Pfadobjekt, Kurven), Morphing, Vertexkeys, IK-System, Skelettsystem, Lattices

❏ Partikelsystem zur Erzeugung von Feuer, Rauch, Explosionen, Fell oder Fischschwärmen

❏ Plug-in-Schnittstelle für Postproduktion und Textur-Plug-ins, freies Entwicklungskit zum Programmieren von eigenen Plug-ins

❏ Skriptsprache (Python) zur Erweiterung der Funktionalität, Texteditor

❏ Sequenzeditor für die Nachbearbeitung von Animationen

❏ Rotoscoping, Erstellen von Objekten und Animationen mit Hilfe von Bildern oder Filmen

❏ Dateimanager inklusive Vorschaubilder zum Verwalten aller Dateien des Systems

❏ Kompaktes Dateiformat (`*.blend`), volle Kompatibilität zwischen den verschiedenen Rechnern und den Blenderversionen

❏ Inventor/VRML1, DXF, Videoscape Import

❏ Inventor/VRML1, DXF, Videoscape Export

❏ Bild und Animationsformate: Targa, JPEG, Iris, HamX, SGI-Movie (nur SGI), AmigaIFF, Anim5, AVI (JPEG komprimiert und unkomprimiert)

## Die Oberfläche

❏ Nahezu freie Aufteilung der Fenster/Arbeitsfläche

❏ 3D-Fenster: Wireframe, Solid, OpenGL, gerendert

❏ Skalierbare Button-Windows, anpassbar an die Bildschirmauflösung

❏ Gestensteuerung mit der Maus für Bewegen/Rotieren/Skalieren

❏ Layer, mehrere Arbeitsflächen, mehrere Szenen pro Datei

## Lichter

- ❏ Umgebungslicht, Punktlicht, Scheinwerfer, Hemi, Sonne

- ❏ Texturierte Lichter, Volumenlichter

- ❏ Schnelle Schattenberechnung durch Shadowbuffer, weiche Schatten

- ❏ Selektive Beleuchtung über das Layersystem

## Berechnung

- ❏ Sehr schneller Scanlinerenderer

- ❏ Oversampling gegen Aliasing (harte Kanten)

- ❏ Auflösungen bis 4096x4096 Pixel

- ❏ Rendering in Felder (Halbbilder) für die Ausgabe auf Video

- ❏ Motionblur (Bewegungsunschärfe) für Animationen

- ❏ Gammakorrektur zur Anpassung an unterschiedliche Ausgabemedien

- ❏ Automatische Environmentmaps zur Simulation von Spiegelungen

- ❏ Panoramarendering, zur Erstellung von navigierbaren Panoramen für Spiele und Multimedia-CDs

- ❏ Radiosityrenderer zur Beleuchtungssimulation

**Nur 2 MB Programmumfang**

Diese gesamte Funktionalität steckt in etwa zwei Megabyte ausführbarem Programm! Während der Arbeit an diesem Buch waren zeitweise bis zu drei Blenderprogramme geöffnet, ohne dass ein Speicherproblem aufgetreten wäre. Diese Sparsamkeit macht Blender auch zu einem idealen Programm, um auf schwächeren Maschinen 3D-Grafik zu benutzen. Mir bekannte kommerzielle 3D-Programme haben in ihrer einfachsten Installation ohne Materialien oder Objekte ein Vielfaches an Umfang, bei etwa gleichen Funktionen.

**Es werden Methoden verwendet, die der Erbsubstanz (DNA) entsprechen und in der Lage sind, sich selbst zu reparieren**

Szenen werden dank eines ausgeklügelten Aufbaus des Speicherformats sehr schnell gespeichert und geladen. Im Gegensatz zu den meisten anderen Programmen sind die Dateien von Blender auf- und abwärtskompatibel, das bedeutet, eine ältere Blenderversion kann noch problemlos Dateien öffnen, die mit dem neuesten Blender geschrieben wurden. Dies ist insbesondere für die zukünftige und stetig fortschreitende Entwicklung von Blender wichtig. Es wird nie einen

Blender geben, der nicht mehr die alten Files lesen kann, wie es bei vielen anderen Programmen üblich ist. Zudem wird jemand, der mit einer älteren Version arbeitet, immer auch die Dateien, die mit der neuen Version erzeugt wurden, lesen können und nicht gezwungen, eine neue Version zu installieren.

Bis auf Texturen werden alle Informationen die Szene betreffend in einer Datei gespeichert, z.b. auch die gesamten persönlichen Einstellungen des Animators. Trotzdem bleibt über ein ausgeklügeltes System jedes Objekt der Szene für andere Szenen erreichbar und kann in diese hinzugeladen oder nur verbunden werden, was eine Teamarbeit von mehreren Animatoren sehr erleichtert.

Eine herausragende Eigenschaft von Blender ist die Verfügbarkeit auf momentan fünf Hardwareplattformen unter sechs Betriebssystemen. Blender ist damit eines der wenigen kommerziellen Multiplattformprogramme. Hierdurch wird es Firmen und Institutionen möglich, auch bei stark heterogener Rechnerhardware ein Programm zu nutzen, um z.b. mit dem Aufbau von Renderfarmen ihre Hardware optimal zu nutzen. Da die Lizenz des »Complete Blender« nicht maschinen- oder CPU-bezogen, sondern personenbezogen ist, entstehen keine hohen Kosten für solche Renderfarmen. Die freie Version ist ja sowieso kostenlos und rendert auch viele Effekte des kommerziellen Blenders.

*Multiplattform: fünf Hardwareplattformen, sechs Betriebssysteme*

Meiner Meinung nach ist Blender ein absolut professionell zu verwendendes Animationsprogramm, mit einem nahezu unschlagbar günstigen Preis, da auch die frei im Internet erhältliche Version keinerlei Einschränkungen hinsichtlich der Verwendbarkeit in einem kommerziellen Umfeld mit sich bringt.

*Blender im Vergleich*

Die Entwicklung von Blender erfolgt sehr schnell und in enger Kooperation mit den Anwendern, entdeckte Fehler werden oft innerhalb von Tagen behoben. Natürlich besitzt Blender auch seine Schwächen, dies ist aber bei Programmen genauso, die das Hundertfache kosten. Im Preis/Leistungs-Verhältnis ist der freie Blender meiner Meinung nach nicht zu schlagen. Der kommerzielle Blender ist in seiner Preisklasse an der Spitze, allerdings müssen die Anforderungen an das Programm stimmen, denn es gibt Spezialisten unter den Programmen, die für die eigenen Anforderungen durchaus die bessere Wahl sein können. Dies trifft z.B. zu, wenn realistische Spiegelungen und Lichtbrechung in durchsichtigen Objekten benötigt werden. Steht aber z.B. eine schnelle und qualitativ hochwertige Berechnung von langen Animationen im Vordergrund, so kann Blender durchaus auch mit wesentlich teureren Programmen mithalten.

## 1.3    Freier und kommerzieller Blender

Um die Wartung des Programms und den Vertrieb von Blender über das Internet zu ermöglichen, wird die erweiterte Funktionalität des kommerziellen Blenders (»Complete Blender«) durch eine Schlüssel-datei freigeschaltet, die bei »Not a Number« [2] erworben werden kann.

**CKey**

Funktionen, die in diesem Buch beschrieben werden und bisher nur für den »Complete Blender« verfügbar sind, werden in der Rand-spalte mit dem CKey-Symbol ausgezeichnet. In der Vergangenheit sind schon einige Features von der kommerziellen Version in die freie Version übergegangen, sodass es sich immer lohnt, einmal die neueste Version zu laden.

Ich möchte hier nochmals betonen, dass sich das »kommerzielle« darauf bezieht, dass hier Geld für das Programm bezahlt werden muss, um die erweiterten Funktionen zu erhalten, und nicht, dass mit dem freien Blender keine bezahlte Arbeit gemacht werden darf!

Dieses Buch möchte und kann auch nicht das englische Handbuch [1] von Blender ersetzen. Das Blenderhandbuch wird direkt von »Not a Number« vertrieben und die Verkaufserlöse sind ein wesentlicher wirtschaftlicher Faktor für den kommerziellen Erfolg von Blender.

Intention des Buchs

Die Intention dieses Buchs ist es, den Benutzer von Blender an-hand von Beispielen zum Experimentieren und Benutzen von Blender zu animieren und dabei nicht nur die Oberfläche anzukratzen, son-dern zu einem tieferen Einblick in die 3D-Grafik zu verhelfen. Es ist durch die riesige Funktionsvielfalt von Blender ein nahezu un-mögliches Unterfangen, alle Möglichkeiten von Blender anhand von praktischen Beispielen zu erklären.

Im Handbuch dagegen sind alle Knöpfe und Parameter kurz er-klärt, allerdings ohne viele Beispiele zu deren Benutzung, es bietet sich daher als Referenz zu Blender an. Das Handbuch umfasst Blen-der bis Version 1.5 komplett, die Bedienung von Blender hat sich seither nicht geändert, Erweiterungen und Fehlerbeseitigungen ge-genüber Version 1.5 werden auf den Webseiten von Blender [2] doku-mentiert.

## 1.4    Sprachliche Konventionen

Blender spricht Englisch

In der Computergrafik kamen und kommen wichtige Impulse und Entwicklungen aus Ländern, in denen Englisch gesprochen wird. Ins-besondere die USA mit ihren großen Filmfabriken bringt immer wie-der erstaunliche Effekte und Entwicklungen hervor. Zusammen mit der Entwicklung des Internet hat sich Englisch zur Weltsprache der Computergrafik entwickelt.

So tat auch »NeoGeo« und später »Not a Number« gut daran, Blender nicht auf ihre Landessprache zu lokalisieren, obwohl für
die Verwendung als Inhouse-Animationssoftware diese Vorgehensweise sicher gerechtfertigt wäre, Blender aber international zu einem
Nischenprodukt gemacht hätte.

Eine Lokalisierung der Blenderoberfläche ist auch in näherer Zukunft nicht angedacht, da man so die Besitzer von lokalisierten Versionen von den regen internationalen Diskussionen im Internet ausschließen würde. Aus diesem Grunde werden in diesem Buch auch
die jeweiligen Fachausdrücke verwendet, um nicht mit Gewalt holpri-
ge Übersetzungen zu schaffen. Im Anhang befindet sich ein Glossar,
das die wichtigen Begriffe übersetzt und erläutert.

Darüber hinaus wurden während der Entwicklung von Blender
auch neue Begriffe eingeführt, da Blender oft den aktuellen For-
schungsergebnissen der 3D-Grafik gefolgt oder gar vorausgeeilt ist
und sich so noch keine allgemein akzeptierten Fachbegriffe ausgebil-
det haben.

Diese von »Not a Number« als »Newspeak« bezeichneten Begriffe werden auch in diesem Buch verwendet (mit einer Ausnahme,
dem »Pupmenu«, welches ich weiterhin als Pop-up-Menü bezeichnen
werde). Ich hoffe, dies führt nicht zu einem »Denglisch«, sondern
trägt dazu bei, dass die ganze Blendergemeinde eine Sprache spricht,
und verhindert eine Nationalisierung, die die Benutzer manch anderer
Produkte im Internet spaltet.

*»Newspeak«: Die Sprache von Blender*

Im Handbuch zu Blender und in Veröffentlichungen von »Not a
Number« werden Tastendrücke als AKEY, BKEY etc. bezeichnet, in
diesem Buch wird [A], [B] verwendet, da sich diese Darstellungsweise
im Fließtext besser abhebt und so beim Überfliegen des Textes schnell
die Vorgehensweise ersichtlich wird. Ich werde auch für einige Tasten
die englischen Bezeichnungen verwenden, da »Leertaste« noch länger
als »Space« ist.

*Auszeichnung der Tastendrücke*

[Tab] ist die Tabulatortaste, [Return] die Eingabetaste auf der
Haupttastatur, [Backspace] die Rückschrittaste, [Shift] die Umschalt-
taste. Tasten, die zugleich gedrückt werden sollen, sind mit einem
Bindestrich verbunden, also z.B. [Alt]-[A].

Texte aus der Oberfläche von Blender werden in einer serifenlosen
Schrift dargestellt. Menüpunkte werden z.B. als Add→Mesh→Cube
ausgezeichnet, die Pfeile geben jeweils an, dass auf die nächsttiefere
Ebene in der Menüstruktur verwiesen wird.

*Auszeichnung der Programmtexte*

Obwohl sich Blender zweihändig mit Tastatur und Maus am besten und schnellsten bedienen läßt, macht die Bedienung auch ausgiebig Gebrauch von Icons, also kleinen symbolhaften Darstellungen
der von ihnen ausgelösten Funktionen. Da diese kleinen Grafiken
den Lesefluss hemmen würden, wird im Text immer der Name der

*Icons*

**MaterialButtons**

Funktion zitiert, während in der Randspalte das jeweilige Icon zur Verdeutlichung dargestellt wird. Hier ist als Beispiel das Icon für die **MaterialButtons**, dem Materialeditor von Blender, dargestellt. Die fette serifenlose Darstellung z.B. der MaterialButtons wird immer dann verwendet, wenn ein Wechsel auf diesen Programmteil erfolgen soll.

**Maustasten**

Die Maustasten werden entweder direkt als linke, rechte oder mittlere Maustaste benannt oder mit den Kürzeln LMB, RMB und MMB bezeichnet, wenn eine Beschreibung ansonsten zuviel Platz kosten würde.

**Beispieldateien zu den Übungen auf CD**

Begleitend zu den Tutorials und Anleitungen sind auf der CD immer die Dateien zu den einzelnen Schritten abgelegt und fortlaufend nummeriert. Diese Dateien können Sie als Anhaltspunkt für eigene Experimente nutzen, als Begleitung zu den Tutorials, falls Ihre Zeit nicht ausreicht, um die Tutorials selbst durchzuführen, oder falls ein Schritt in den Anleitungen nicht klar ist.

# 2 Grundlagen der 3D-Grafik

Dieses Kapitel soll, ohne mathematische Kenntnisse vorauszusetzen, ein grundlegendes Verständnis der 3D-Grafik vermitteln. Denn ein wenig Grundlagenwissen ist erforderlich, um die hinter den Kulissen des Programms ablaufenden Prozesse und somit auch die Beschränkungen der einzelnen Techniken zu verstehen. Nicht zuletzt erleichtert dieses Grundlagenverständnis auch die Einarbeitung in andere 3D-Programme allgemein und verhilft zu besseren Animationen. Ungeduldige Naturen können mit dem Schnelleinstieg in Kapitel 3 beginnen, in dem Schritt für Schritt eine (sehr einfache) Animation mit Blender erstellt wird.

*Ein kurzer Blick hinter die Kulissen*

Vertiefend können Sie die Artikel benutzen, die begleitend zur Siggraph (http://www.siggraph.org/, die bedeutendste Computergrafikmesse) in Los Angeles erscheinen. Hier ist insbesondere bei [3] ein gewaltiger Fundus von (englischsprachigen) Grundlagenartikeln über die Computergrafik vorhanden, der immer sehr aktuell und nahe an der laufenden Entwicklung ist. Für die mathematischen Grundlagen der Computeranimation ist online auch [4] von Rick Parent zu empfehlen.

*Literatur zur 3D-Grafik*

## 2.1 Farben

### 2.1.1 Physik der Farben

Weißes Licht z.B. von der Sonne oder einer Glühbirne ausgestrahlt, setzt sich aus einem Spektrum von verschiedenen Wellenlängen zusammen. Das menschliche Auge reagiert auf Wellenlängen von ca. 400 bis 700 nm (Nanometer, $10^{-9}$ Meter), dies entspricht einem Farbbereich von Blauviolett nach Rot. Sind alle Wellenlängen gleich stark vertreten, so erscheint das Licht weiß. Ein Objekt erscheint farbig, wenn seine Oberfläche bestimmte Wellenlängen absorbiert und andere Wellenlängen reflektiert. Neben der Farbigkeit von Licht wird die allgemeine Erscheinung von Farbe für das menschliche Auge noch von zwei weiteren Faktoren bestimmt. Die Helligkeit wird durch die Intensität (Energie) des Lichtes bestimmt. Die Farbsättigung bestimmt

*Farbe*

*Helligkeit*

*Farbsättigung*

die Reinheit der Farbe, eine geringe Sättigung ergibt Pastelltöne, mithin »unreine« Farben.

### 2.1.2  Farbmodelle

Allgemein sind drei verschiedene Farbmodelle gebräuchlich, von denen Blender aktuell zwei unterstützt.

### RGB-Farbmodell

Im RGB Farbmodell werden die drei Grundfarben **R**ot, **G**rün und **B**lau zur gewünschten Farbe kombiniert. Das RGB-Modell ist ein

*Additives Farbmodell*     additives Farbmodell, d.h., die gesättigten Grundfarben ergeben zusammen ein Weiß. Dieses Prinzip wird von Computermonitoren und Fernsehern verwendet, wo mit drei Elektronenstrahlen rote, grüne und blaue Farbschichten zum Leuchten gebracht werden.

Da nur relative Anteile der Grundfarben definiert werden und nicht bestimmte Wellenlängen, kann sich eine Farbe auf verschiedenen Ausgabegeräten unterscheiden. Insbesondere bei der Ausbelichtung oder dem Ausdruck und der damit einhergehenden Umrechnung auf ein anderes Farbmodell können Farbverfälschungen auftreten, falls vorher keine aufwendige Farbkalibrierung der Geräte durchgeführt wurde.

*Farbige Abbildung auf der*
*CD zum Buch*     Auf der CD befindet sich eine Szene, in der ein Farbdreieck für das RGB-Modell aus drei farbigen Scheinwerfern erstellt ist (`RGB-Spots.blend`), ein farbiges Bild befindet sich auf der CD zum Buch (`Abbildungen/RGBSpots.jpg`). An diesem Farbdreieck (die drei Ecken stellen die Grundfarben dar) lässt sich das additive Farbmodell erläutern.

Eine Berechnung der Mischfarben ergibt sich aus der Addition der einzelnen Komponenten (Rot, Grün und Blau). Die Sättigung der einzelnen Komponenten wird in einem Bereich von $0,0...1,0$ angegeben, $0,0$ bedeutet keine Farbe, $1,0$ ist die volle Sättigung dieser Farbe. Um eine Farbe zu definieren, werden die Intensitäten der Farbkomponenten in einer Matritzenschreibweise angegeben, also z.B. für ein gesättigtes Rot(1,0,0). Die Addition aller drei gesättigten Farbkomponenten ergibt ein Weiß(1,1,1), wie hier dargestellt:

$$\text{Grün}(0,1,0) + \text{Blau}(0,0,1) \quad = \quad \text{Cyan}(0,1,1)$$
$$\text{Cyan}(0,1,1) + \text{Rot}(1,0,0) \quad = \quad \text{Weiß}(1,1,1)$$

Einander im Dreieck gegenüberliegende Farben sind so genannte Komplementärfarben, deren Mischung immer Weiß ergibt. Neben

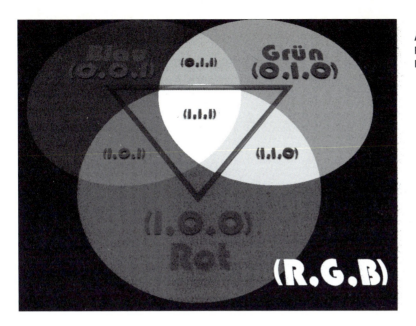

Cyan und Rot aus dem Beispiel sind z.B. auch noch Gelb und Blau
oder Violett und Grün komplementär.

## HSV-Farbmodell

Das HSV-Farbmodell (**H**ue=Farbton, **S**aturation=Sättigung,
**V**alue=Wert, Intensität) ist intuitiver zu verstehen und zu benutzen
als das RGB-Modell. Man sucht sich mit dem Hue-Wert einen Farbton aus und stellt die gewünschte Farbreinheit mit dem Saturation-
Wert ein sowie die Intensität mit dem Value-Wert. Mathemathisch
wird mit dem Saturation-Wert Weiß addiert oder subtrahiert und
mit dem Value-Wert Schwarz.

## CMYK-Farbmodell

Das CMYK-Farbmodell (**C**yan, **M**agenta, **Y**ellow, Blac**K**) wird von
Blender nicht unterstützt. Da es aber in der allgemeinen Computergrafik (insbesondere im Desktop Publishing, DTP) eine wichtige
Rolle spielt, soll es hier nicht unerwähnt bleiben. Computermonitore,
Kinofilm oder Diafilm funktionieren nach dem additiven Farbmodell
(wie beim oben beschriebenen RGB-Modell), bei dem das Licht ver-
schiedener Wellenlängen gemischt wird.

    Bei Ausdrucken oder Papierbildern kommt das CMYK-
Farbmodell als subtraktives Farbmodell zum Einsatz, d.h., die
Farbpigmente absorbieren oder filtern das weiße Licht, und das re-
flektierte Licht bestimmt die Farbe des Bildes. Prinzipiell sollte die

Subtraktives Farbmodell

Mischung von CMY alles Licht auslöschen und ein Schwarz ergeben, allerdings produzieren die technischen Pigmente nur ein Schwarzbraun, weshalb Ausgabegeräte (Drucker, Belichter etc.) als vierte Komponente schwarze Pigmente einsetzen. Mathematisch erfolgt die Umrechnung vom RGB-Modell zum CMY-Modell nach folgenden einfachen Formeln:

$$C \;=\; 1 - R$$
$$M \;=\; 1 - G$$
$$Y \;=\; 1 - B$$

Farbkalibrierung    Technisch ist aber eine aufwendige Kalibrierung der verwendeten Geräte nötig, da sich die gängigen Farbpigmente nicht ideal verhalten.

Im Handbuch von Blender sind einige Bilder enthalten, die auch auf den Webseiten von Blender veröffentlicht sind und somit eine Kalibration des Monitors ermöglichen.

### 2.1.3   Emotionale Wirkung von Farben

Nicht zu unterschätzen ist die psychologische Wirkung von Farben. Die Farbenlehre ist seit jeher umstritten wie kaum eine andere Disziplin in der Gestaltung. Es kann aber nicht schaden, sich einmal Gedanken über die Wirkung von Farben zu machen, sich selbst zu fragen, ob und welche Wirkungen Farben auf einen selbst haben. Die in der Wissenschaft gefundenen Regeln sind nicht festgemeißelt, sondern stark vom Kulturkreis, der Mode und dem Kontext, in dem sie auftauchen, abhängig.

Die Farbvergabe sollte zuerst nach dem Motto »Weniger ist mehr!« erfolgen, es sei denn, man verfolgt das Ziel, eine sehr unruhige Komposition zu erreichen. Zur Vertiefung dieses Themas kann unter anderem [5] dienen. Beispiele für die Bedeutung von Farben sind:

**Rot**      Gefahr, Stop!, negativ, Aufregung, Hitze

**Grün**      Wachstum, positiv, organisch, Los!

**Dunkles Blau**
     stabil, beruhigend, vertrauenswürdig, erwachsen

**Helles Blau**
     jugendlich, maskulin, kalt

**Rosa**      jugendlich, feminin, warm

**Weiß**      rein, sauber

**Schwarz** seriös, schwer, Tod

**Gold**    konservativ, stabil, wertig

**Grau**    integer, neutral, kalt

Zu bedenken ist, dass einige Farben nicht in jedem Kulturkreis die gleiche Bedeutung haben. So ist Schwarz in vielen Kulturen die Farbe der Trauer, in vielen asiatischen Ländern wird dagegen in Schwarz geheiratet.

### 2.1.4 Physiologische Farbwirkung

Für die Farbwahl können einige Regeln genannt werden, die durch den Aufbau des menschlichen Sehapparates gegeben sind:

❏ Vermeiden Sie Kombinationen von gesättigten Grundfarben wie intensives Rot und Blau. Verschiedene Wellenlängen besitzen im Auge einen unterschiedlichen Schärfepunkt. So scheint ein roter Punkt auf blauem Grund näher zu sein, er scheint über dem Grund zu schweben, das Auge versucht andauernd eine Schärfekorrektur und ermüdet schnell.

❏ Vermeiden Sie reines Blau als Farbe für Text, dünne Linien und kleine Formen, da im Zentrum der Netzhaut keine Rezeptoren für Blau vorhanden und so kleine blaue Strukturen schlecht zu sehen sind. Als Hintergrund ist Blau aber geeignet, da es insbesondere bei Computermonitoren das Raster verschwinden läßt.

❏ Vermeiden Sie Farbgrenzen, deren Farben sich nur im Blauanteil unterscheiden. Da Blau im Auge nicht so stark zur Helligkeitsinformation beiträgt, diese aber für die Konturerkennung sehr wichtig ist, erscheinen die Kanten unruhig.

❏ Das Erkennen von Kanten ist schwierig, wenn sich die Farben nur im Farbton, aber nicht in der Helligkeit unterscheiden, da die Konturerkennung im Auge-Gehirnsystem stärker auf Helligkeitsunterschiede reagiert.

❏ Ältere Menschen benötigen höhere Helligkeiten, um Farben zu unterscheiden.

❏ Komplementärfarben sind gut zu unterscheiden.

❏ Viele Menschen (9-10%!) sind farbenblind für bestimmte Farbkombinationen (mehrheitlich Rot-Grün-Blindheit), daher sind Grafiken, die auf einem Kontrast von reinen Farben beruhen (z.B. Rot und Grün), für diese Menschen nicht entschlüsselbar, da beide Farben den gleichen Grauwert haben.

## 2.2   Koordinatensysteme

Um einen Punkt im Raum zu beschreiben, d.h. seine genaue Lage anzugeben, ist die Angabe von Koordinaten bezogen auf einen vorher definierten Bezugspunkt erforderlich. Solch ein Bezugspunkt ist ein Koordinatensystem. Die Koordinaten geben die Position eines Punktes wie die Schrittzahlen auf einer Schatzkarte an und werden üblicherweise als Zahlenpaare (bei zwei Dimensionen) oder als Tripletts in Klammern geschrieben. So wird für den Punkt aus Abbildung 2-2 geschrieben:

*Punkte im mathematischen Sinn haben keine räumliche Ausdehnung, zur Verdeutlichung werden hier Kugeln benutzt*

$$P1(3,5;4,0;3,0)$$

Im angelsächsischen Raum wird statt des Kommas ein Punkt geschrieben, und die Zahlen werden mit einem Komma abgetrennt. Die Zahlen geben nacheinander den Abstand des Punktes vom Ursprung, dem Nullpunkt, in X-, Y- und Z-Richtung an. Man erreicht den Punkt, indem wir 3,5 Einheiten in Richtung der X-Achse gehen, dann 4 Einheiten in Y-Richtung und schließlich 3 Einheiten an der Z-Achse »hochsteigen«.

## 2.3   Punkte, Flächen und Körper

Nachdem in Abschnitt 2.2 gezeigt wurde, wie ein Punkt im Raum einer 3D-Szene platziert wird, soll jetzt eine Fläche definiert werden. In Abbildung 2-3 werden links vier Punkte P1 bis P4 platziert. Die Zahlenpaare geben jeweils die X- und Y-Koordinaten der Punkte an, auf z als dritte Koordinate wird hier noch verzichtet, die Punkte liegen alle auf einer Ebene, d.h. die Z-Koordinaten sind gleich, z.B. Null. Das Koordinatensystem zeigt die Richtung der Achsen an. Somit ergibt sich folgende Liste von Punkten:

P1(0,0), P2(0,1), P3(1,1), P4(1,0)

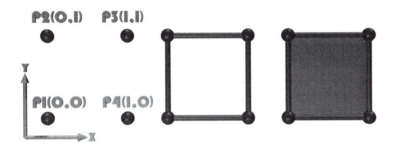

**Abbildung 2-3**
Der Weg von einzelnen
Punkten zu einer Fläche

Genau diese Koordinaten werden in einem 3D-Animationsprogramm gespeichert und verarbeitet. Zwischen diesen Punkten P können nun Linien gezogen werden (hier durch die Zylinder dargestellt), die diese Punkte verbinden. Eine solche Verbindung ergibt eine Kante K, durch die zwei Punkte verbunden werden. Für das Quadrat in Abbildung 2-3 wird folgende Liste erstellt:

K1(P1,P2), K2(P2,P3), K3(P3,P4), K4(P4,P1)

Mit diesen Informationen ergibt sich die so genannte *Drahtgittergrafik*, Objekte werden durch ihre Kanten dargestellt. Dieser Drahtgittermodus wird von 3D-Programmen benutzt, da er schnell darzustellen ist und schon einen guten Überblick der Szene ergibt. Nachteil ist aber, dass die Linien kaum einen Tiefeneindruck hinterlassen, es ist schwierig einzuschätzen, welche Linien vorne oder hinten in der Szene liegen.

Drahtgittergrafik

Eine wirkliche räumliche Darstellung erhält man erst, wenn zwischen den Punkten Flächen aufgespannt werden. Die einfachste Fläche ist ein Dreieck, es wird von drei Punkten aufgespannt. Das Dreieck ist zugleich auch die Grundfläche von fast allen 3D-Programmen, aus denen jede Fläche entweder zusammengesetzt oder angenähert (z.B. bei Kreisflächen) werden kann.

Flächen

In Abbildung 2-4 wurden nun zu dem Quadrat aus der vorherigen Abbildung weitere vier Punkte hinzugefügt und der Beobachtungsstandpunkt verändert, damit die neuen Punkte nicht von den vorderen Punkten verdeckt werden. Jetzt ergibt sich schon ein sehr räumlicher Eindruck.

**Abbildung 2-4**
Darstellung eines Würfels

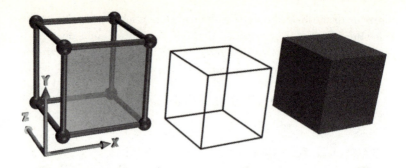

Wenn Sie das in der Mitte dargestellte Drahtgittermodell intensiv betrachten, kann es vorkommen, dass sich plötzlich die räumliche Orientierung des Würfels verändert, die hinteren Kanten scheinen nach vorne zu »springen«. Der rechte Würfel ist dagegen eindeutig als dreidimensionales Modell zu erkennen, für diesen Eindruck spielt auch die Beleuchtung eine große Rolle, die im nächsten Abschnitt beschrieben wird.

Weitere Verfahren   Nicht unerwähnt bleiben soll hier die Tatsache, dass es neben der Darstellung von Körpern mittels Flächen (Polygonen) noch weitere Methoden gibt, die teilweise auch in friedlichem Nebeneinander in vielen 3D-Programmen arbeiten und sich hervorragend ergänzen. So können z.B. Körper durch mathematische Gleichungen beschrieben werden, was es ermöglicht, Körper von einander abzuziehen, zu addieren etc. Diese mathematisch beschriebenen Objekte haben auch den Vorteil, in ihrer Auflösung nicht begrenzt zu sein, eine Rundung bleibt rund, egal wie nahe das Objekt von der virtuellen Kamera betrachtet wird.

Bei Polygonobjekten wird schon bald die flächige Struktur, insbesondere an den Objektkanten, erkennbar. Auch in der Auswahl der geeigneten Modellierungsart für ein spezielles Objekt liegt eine Kunst, die ein Animator beherrschen sollte.

## 2.4   Beleuchtungsberechnung

In Abbildung 2-5 sind vier Kugeln mit verschiednen Arten der Beleuchtungsberechnung dargestellt. Die Kugel A ist nur als flache Scheibe zu erkennen, die gesamte Oberfläche hat die gleiche Farbe.

Bei Kugel B kommt ein Verfahren zum Einsatz, welches für jede Fläche die Stärke des einfallenden Lichts berechnet, es entsteht ein deutlich räumlicher Eindruck. Bei Kugel B werden zusätzlich noch die so genannten Glanzpunkte berechnet, die auf matt spiegelnden Oberflächen entstehen.

**Abbildung 2-5**
Verschiedene Arten der
Lichtberechnung

Die drei ersten Kugeln scheinen aber noch merkwürdig über der Grundfläche zu schweben, obwohl sie genau wie Kugel D auf der Fläche liegen. Der Trick ist, dass bei Kugel D der Schattenwurf mit berechnet wird und unserer Sehapparat aus der Entfernung von Schatten zum Objekt die Information zur Lage des Objekts über dem Boden bestimmt. Zusätzlich ist Kugel D noch viel glatter als die Kugeln B und C, es sind nicht mehr die einzelnen Flächen erkennbar, hierfür kommt wiederum ein Interpolationsverfahren zum Einsatz, was innerhalb der Flächen für glatte Verläufe sorgt.

*Schatten*

Die Beleuchtungsmodelle B und C werden neben der Drahtgitterdarstellung dazu benutzt, die 3D-Szene in Programmen darzustellen, da sie insbesondere mit einer speziellen Grafikkarte sehr schnell berechnet und somit fast in Echtzeit dargestellt werden können. Dies ist auch der Grund, weshalb diese Beleuchtungsmodelle auch in 3D-Spielen benutzt werden.

Das Beleuchtungsmodell D entspricht schon einer Berechnung, insbesondere die Schattenberechnung ist nicht schnell genug, um für eine schnelle interaktive Grafik geeignet zu sein.

## 2.5   Transformationen

Unter Transformationen versteht man die Änderung von Objekten im virtuellen Raum. Mögliche Transformationen sind z.B. das Verschieben (Translation), Drehung (Rotation) und die Größenänderung (Skalierung).

*Änderung von Objekten im virtuellen Raum*

In der realen Welt ist für jede Transformation eines Objekts (z.B. einem Stein) eine gewisse Energie nötig. In der virtuellen Welt einer Computergrafikszene ist natürlich keine Energie nötig, die entsprechenden Transformationen werden durch mathematische Berechnungen erzielt, üblicherweise durch Matritzenberechnungen. Glücklicherweise sind diese Transformationen bei den meisten Programmen vom Benutzer abgekapselt und können interaktiv durchgeführt werden, im Allgemeinen mit einer direkten Kontrolle auf dem Bildschirm.

*Verschieben*    So ist das Verschieben eines Punktes vom Ursprung (0,0,0) aus nach rechts, an den neuen Punkt (3,0,0), nur eine Addition von drei Koordinateneinheiten zu der X-Koordinate des Punktes. Sollen komplexe Objekte, bestehend aus vielen Punkten, verschoben werden, so ist diese Addition einfach für alle Punkte durchzuführen.

*Rotieren*    Das Rotieren von Punkten erfolgt nach komplizierteren Rechenvorschriften, die aber für einen Computer nur einen kleinen weiteren Aufwand bedeuten. Dabei gibt es immer ein Zentrum der Rotation, entweder eine Koordinatenachse des Objekts selbst oder des globalen Koordinatensystems, um das die Drehung stattfindet. Eine Drehung um einen Punkt wird durch aufeinander folgende Drehungen um mehrere Achsen zusammengesetzt.

Verschieben und Rotieren sind die aus unserer Alltagserfahrung bekanntesten Transformationen, die wir täglich zigmal ausführen. Die Skalierung ist schon seltener. 3D-Objekte werden einfach skaliert, indem die Koordinaten der Punkte mit einem Skalierungsfaktor multipliziert werden. Bei positivem Faktor wird das Objekt größer, d.h., die Punkte entfernen sich vom Ursprung des Objekts, bei negativem Faktor nähern sie sich dem Ursprung.

Dieses Buch kann und soll nicht die Mathematik hinter der 3D-Grafik erklären, oft hilft es aber sich dieser Mathematik bewusst zu sein, auch wenn das tiefe Verständnis nicht vorhanden oder nötig ist. Weiterführende Informationen erhalten Sie z.B. bei [3]. Natürlich sind auch die Klassiker in Buchform wie z.B. [6] zu empfehlen.

## 2.6 Umrechnung von 3D nach 2D

Zur Zeit gibt es keine (erschwinglichen) Anzeigegeräte, die wirklich eine Animation dreidimensional darstellen können. Auch 3D-Brillen basieren auf zwei zweidimensionalen Bildern, die z.B. durch LC-Monitore getrennt dem linken und rechten Auge zugespielt werden. Geräte, die tatsächlich im Rechner konstruierte Objekte dreidimensional ausgeben können, sind z.B. eine computergesteuerte Fräse (CNC) oder auch ein Stereolithographiesystem, bei dem z.B. durch einen UV-Laser Kunstharz gehärtet wird und so ein echtes dreidimensionales Werkstück entsteht.

*3D-Anzeigegeräte*

Für alle anderen Zwecke ist aber eine Umrechnung auf die Zweidimensionalität des Ausgabemediums nötig. Dabei gibt es unterschiedliche Methoden, das Auge zu überlisten.

### 2.6.1 Parallelprojektion

Bei der Parallelprojektion wird die Koordinate für die Tiefeninformation im simpelsten Fall schlicht weggelassen und die beiden übrigen Koordinaten können einfach auf dem Bildschirm dargestellt werden, dies ist die so genannte orthogonale Parallelprojektion.

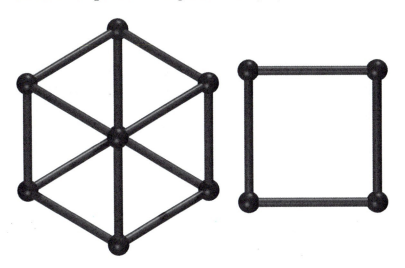

**Abbildung 2-6**
Orthogonale
Parallelprojektion

Je nachdem, welche Koordinate weggelassen wird, erhält man eine Draufsicht, Seitenansicht oder Vorderansicht. Dieses Verfahren wird häufig in der so genannten *Dreiseitenansicht* für technische Zeichnungen verwendet, mit dem Vorteil, dass der Handwerker direkt die Abmessungen des Werkstücks von der Zeichnung abnehmen kann, da keine Verzerrungen zur Darstellung benutzt werden und die Darstellung somit maßhaltig ist.

Dreiseitenansicht

Auch 3D-Programme bieten diese Ansicht, da die Dimensionen und Positionen eines Punktes oder Objekts leicht abgelesen werden können. Der dreidimensionale Eindruck dieser Projektionsart ist aber nur sehr schwach und oft auch verwirrend, weshalb neben der Dreiseitenansichten noch eine vierte Ansicht dargestellt wird, die ein anderes Projektionsverfahren benutzt. Das ergibt dann die für viele Programme typische Aufteilung in vier Hauptfenster.

Neben der orthogonalen Parallelprojektion existieren noch weitere Verfahren, wie z.B. die Kabinettprojektion, bei der in die Tiefe gehende Linien um die Hälfte verkürzt und im 45°-Winkel gezeichnet werden, eine Projektion, die aus der Schule bekannt sein dürfte, oder die isometrische Parallelprojektion, die in vielen Computerspielen mit einer Sicht von schräg oben benutzt wird.

### 2.6.2  Perspektivische Projektion

Weiter entfernt liegende Gegenstände werden kleiner wahrgenommen, diese scheinbare Verkleinerung macht einen großen Teil des Raumeindrucks aus. Zeichner benutzen diesen Trick durch die so genannte Fluchtpunktperspektive, alle nach hinten zeigenden Linien laufen, wenn man sie verlängert, in einem Punkt zusammen. Dies wird besonders bei zum Horizont verlaufenden Eisenbahnschienen deutlich.

*Fluchtpunktperspektive* (margin)

**Abbildung 2-7**
Zentralprojektion (margin)

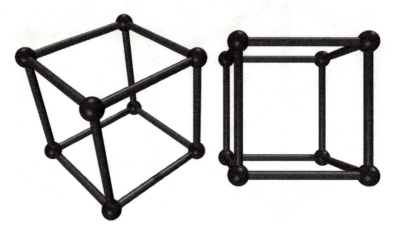

Diese Art der Zentralperspektive ist die am häufigsten genutze Art, 3D-Grafik auf einem zweidimensionalen Medium darzustellen. Dabei werden verschiedene Methoden benutzt, um diese Perspektive zu berechnen. So können die Berechnungen von einer virtuellen Kamera vor dem Bildschirm oder von einem Fluchtpunkt hinter der Bildebene durchgeführt werden.

## 2.7  Animation

Animation ist die Bewegung eines Objekts im dreidimensionalen Raum. So eine Bewegung kann dadurch erzeugt werden, dass jeweils ein Bild berechnet wird, das Objekt ein wenig bewegt wird usw. Dies ist die Technik, die auch beim klassischen Trickfilm benutzt wird. Für eine Sekunde Kinofilm, in dem pro Sekunde 24 Bilder gezeigt werden, muss dieser Schritt somit 24-mal ausgeführt werden. Prinzipiell ist diese Art zu animieren aber auch heute möglich und wird in manchen Fällen auch noch genutzt um spezielle Effekte zu erzielen.

*Keyframes: Schlüsselszenen* (margin)

Im Zeichentrick wurde dann das Keyframing (*Keyframes*, Key hier engl. Schlüssel) (auch Inbetweening oder Tweening genannt) eingeführt. Ein Hauptzeichner erstellt die Schlüsselszenen, und andere Zeichner erstellen die Zeichnungen, die zwischen diesen Schlüsselszenen liegen. Da wir in der Computeranimation in der glücklichen Lage sind, einen extrem fleißigen und nie müden Kollegen zu haben – unseren Computer –, liegt es nahe, die Berechnung der Zwischenbilder den Computer machen zu lassen.

**Abbildung 2-8**
Lineare Bewegung

Eine solchermaßen definierte Bewegung ist in Abbildung 2-8 gezeigt. Es wurden zwei Keyframes, der Startpunkt der Kugel links und der Endpunkt der Bewegung rechts, definiert. Der Computer bzw. das 3D-Programm hat dann die Zwischenbilder gleichmäßig über die gesamte Bewegung interpoliert. Eine Interpolation ist eine mathematische Zwischenwertberechnung nach verschiedenen Verfahren, die im einfachsten Fall eine gerade Verbindung zwischen den Hauptpunkten berechnet, es können aber auch Kurven interpoliert werden.

Automatische Interpolation

**Abbildung 2-9**
Bewegung mit
Beschleunigung und
Abbremsen

Diese gleichmäßigen (linearen) Bewegungen sehen allerdings nicht besonders realistisch aus, da in der realen Welt alle Körper eine Masse besitzen und dementsprechend träge auf Änderungen ihrer Position reagieren und sich so eine Beschleunigung bzw. ein Abbremsen ergibt.

Auch diese per Hand nur schwierig zu realisieren Art der Bewegung beherrscht der Computer mit der entsprechenden Programmierung, wie in Abbildung 2-9 gezeigt. Die Abstände der Kugeln ändern sich hier zu Beginn und am Ende der Bewegung, da die Zeit zwischen den Bildern gleich bleibt, ergeben sich daraus unterschiedlich schnelle Bewegungen.

Durch die Computerunterstützung ist es nun auch ein Leichtes, weitere Keyframes einzufügen oder vorhandene zu löschen, ohne die Animation zu zerstören oder per Hand völlig neu aufzubauen. In der Abbildung 2-10 wurde ein weiterer Keyframe in der Mitte der Animation eingefügt, in dem die Kugel höher platziert wurde. Das Programm interpoliert nun weich zwischen drei Schlüsselpositionen.

Neben der Möglichkeit, Objekte per Keyframeanimation zu bewegen, gibt es in der Computergrafik noch einige weitere, wie z.B. eine Bewegung entlang eines durch Kurven definierten Weges (Pfadanimation) oder der Berechnung der Bewegung anhand von physikalischen Simulationen. Die Keyframeanimation ist aber eine der am einfachsten zu verstehenden Möglichkeiten und wird auch sehr häufig benutzt.

Weitere Animationsarten
neben der
Keyframeanimation

**Abbildung 2-10**
Ein weiterer Keyframe
wurde hinzugefügt

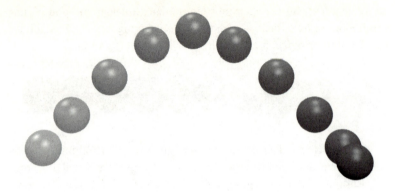

Daneben sind durch Keyframing noch Möglichkeiten gegeben, die anders nur mit viel Aufwand zu realisieren sind. Neben der Animation der Position, Orientierung im Raum (Rotation) oder Skalierung (Größe) von Objekten sind durch Keyframing auch Animationen z.B. der Farbe eines Objekts oder der Dichte von Nebel in einer Szene erzielbar. Ein gutes Programm erlaubt es dem Animator, möglichst alle Parameter einer Szene per Keyframing zu ändern und zu kontrollieren.

## 2.8   Bildberechnung

Auch für die Berechnung von 3D-Grafik gibt es eine Vielzahl von Verfahren, die unterschiedlich gute Ergebnisse erzielen, wobei hier oft die Qualität der berechneten Bilder nicht nur von der aufgewandten Rechenzeit abhängt, sondern auch in der geschickten Implementierung des Verfahrens.

Raytracing

Das *Raytracing* genannte Verfahren, um realistische Spiegelungen und Lichtbeugung (z.B. in Glasobjekten) zu berechnen, ist trotz immer schneller werdender Rechner und diverser Optimierungen des Verfahrens immer noch sehr zeitintensiv und dementsprechend teuer, wenn es gilt, längere Animationen zu erzeugen.

Scanline Rendering

Der Vorläufer des Raytracingverfahrens ist das so genannte *Scanline Rendering*, bei dem im einfachsten Fall (Raycasting) für jeden Punkt in dem zu berechnenden Bild ein »Taststrahl« in die Szene geschickt wird. Trifft der Strahl auf eine Fläche, so wird ein Punkt in dem Bild gesetzt. Auf diese Weise ist natürlich nur ein Schwarz-Weiß-Bild zu erhalten, daher wird die Farbe des Punktes anhand der Flächenfarbe und der aktuellen Beleuchtungssituation berechnet. Hierfür ist natürlich eine vorherige Berechnung der Lampen nötig. Das Scanlineverfahren kann so nahezu beliebig kompliziert werden, wenn z.B. Transparenzen, Bewegungsunschärfe, Schatten etc. mit in den Berechnungsprozess einfließen sollen.

Die einzelnen berechneten Bilder werden dann schnell hintereinander abgespielt um den Eindruck einer fließenden Bewegung zu erreichen. Das menschliche Auge empfindet ab etwa 20 Bildern pro Sekunde eine Bewegung als fließend. Ein sehr einfaches Verfahren ist das alte Daumenkino, beim Kinofilm werden 24 Bilder pro Sekunde gezeigt, Video- und Fernsehverfahren verwenden 25 oder 30 Bilder pro Sekunde, Computervideos werden oft nur mit 15 Bildern pro Sekunde abgespielt.

# 3 Schnellstart

Dem Einsteiger, aber auch dem fortgeschrittenen Anwender von anderen 3D-Programmen stellt Blender einige Hürden in der Bedienung entgegen, die erst einmal überwunden werden müssen. Obwohl die Bedienung in sich konsistent ist, erschweren die vorhandenen Unterschiede die gleichzeitige Verwendung von Blender und anderen 3D-Programmen.

Einstiegshürden

Vielleicht haben Sie Blender schon einmal gestartet und einfach mit der Maus hier und da drauflos geklickt. Möglicherweise konnten Sie Blender noch nicht einmal beenden, nachdem Sie Ihre Versuche durchgeführt hatten. In einigen Grundfunktionen ist Blender nämlich so anders, dass sich diese »Erfolge« fast zwangsläufig einstellen. Um diese frustrierenden Erlebnisse zu vermeiden, sollten Sie diesen Schnellstart durcharbeiten, denn dadurch bekommen Sie ein Gefühl für Blenders Bedienung und seine Eigenheiten.

Blender ist »anders«

Ich empfehle Ihnen diesen Schnellstart auch, wenn Sie schon mehr Erfahrung mit 3D-Grafik haben, da insbesondere die direkte Beschäftigung mit dem Programm einen großen Lerneffekt hat. Mit Routine in 3D-Programmen werden Sie dieses Kapitel in ein paar Minuten mit einer ersten Animation in Blender beenden, aber auch ein Einsteiger wird nicht viel länger auf die ersten Erfolgserlebnisse warten müssen.

## 3.1  3...2...1...Starten von Blender

Die Installation von Blender beschränkt sich auf allen Systemen darauf, das für die Internetübertragung komprimierte Programm zu entpacken und in einen Ordner der eigenen Wahl zu kopieren. Es ist weder eine aufwendige Installationsroutine noch ein Neustart des Systems nötig.

Einfache Installation

Je nach verwendetem Betriebssystem kann Blender dann nach der Installation durch einen Mausklick oder den Aufruf über die Kommandozeile gestartet werden. Auf Windowssystemen wird Blender gestartet, indem mit dem Explorer in das Verzeichnis von Blender gewechselt und dann ein Mausklick (einfach oder doppelt, je nach Windowsversion) auf das Blender-Icon vorgenommen wird. Einen Eintrag in das Startmenü oder eine Verknüpfung auf den Desktop erstellt Blender nicht automatisch. Auf Systemen mit einer Kommandozeile wird Blender am einfachsten durch Wechseln in das Installationsverzeichnis und den Aufruf von

```
cw@mero ~/blender/ >./blender
cw@mero ~/blender/ >
```

gestartet. Je nach verwendetem System sind auch andere Wege möglich, kosultieren Sie hierzu die Handbücher Ihres Systems. Eine ausführliche Beschreibung der Installation und der Startprozeduren befindet sich in Anhang E.

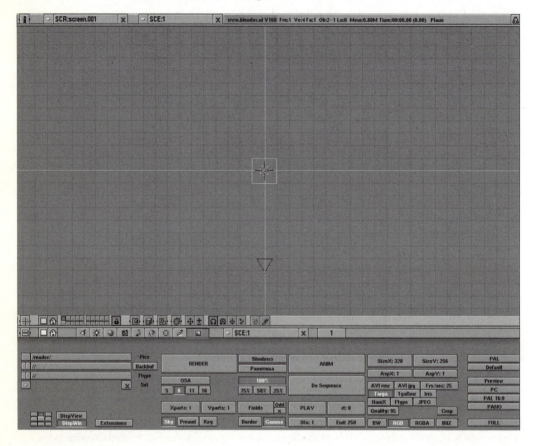

**Abbildung 3-1**
Das Fenster von Blender
mit der Grundszene

Wenn Blender das allererste Mal gestartet wird, kopiert er eine Voreinstellungsdatei in das Heimatverzeichnis des Benutzers oder das Systemverzeichnis von Windows. Wenn Sie also Blender das erste Mal starten, so werden Sie nur ein großes fast leeres Fenster sehen. Drücken Sie jetzt Strg-X und gleich danach Return um die aktuelle Szene zu löschen und die neu erstellte Grundszene zu laden. Wann immer Sie einmal nicht weiterkommen, bringt Sie Strg-X und Return zu einem definierten Zustand von Blender. Denken Sie aber daran, dass die aktuelle Szene so auch gelöscht wird.

Jetzt präsentiert sich Blender, wie in Abbildung 3-1 dargestellt. Je nach Systemumgebung und eventuell dem Windowmanager unterscheiden sich die Fensterdekorationen des Systems, Blender selbst sieht aber unter jedem System gleich aus, da er seine eigene Oberfläche mitbringt. Dies ist sowohl Vor- als auch Nachteil, ein eingefleischter Windows-Benutzer wird anfänglich Probleme mit der Bedienoberfläche haben, allerdings ist Blender deshalb auf allen Systemen absolut gleich zu bedienen.

## 3.2 Nötige Grundfunktionen

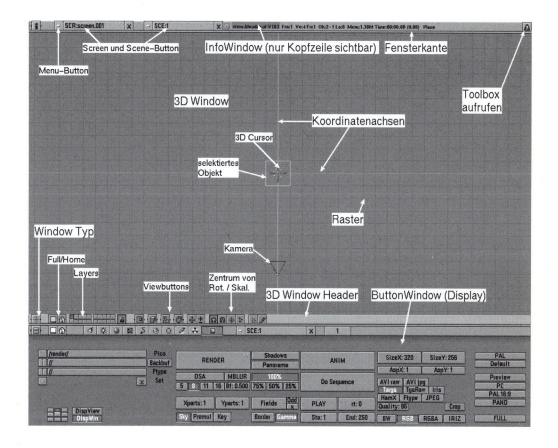

**Abbildung 3-2**
Oberfläche mit
Anmerkungen

In Abbildung 3-2 ist der Bildschirm von Blender direkt nach dem Start dargestellt, zusätzlich ist diese Abbildung mit Anmerkungen versehen, die einige Oberflächenelemente erläutern. Wenn Ihnen nicht alle Begriffe bekannt sind, macht das überhaupt nichts, im Laufe dieses Buches lernen Sie sie kennen, und dann kann diese Abbildung als Erinnerungshilfe dienen.

Leertaste

Die wichtigste Taste in Blender ist die Leertaste, mit der Sie die Toolbox (Abbildung 3-3) aufrufen. Mit der Maus kann die Toolbox aufgerufen werden, indem ganz oben links auf dem Blenderbildschirm das Icon mit dem Fragezeichen angeklickt wird. Die Toolbox wird wieder geschlossen, wenn Sie mit der Maus den Toolboxbereich verlassen oder die Taste Esc drücken.

Toolboxicon

**Abbildung 3-3**
Die Toolbox

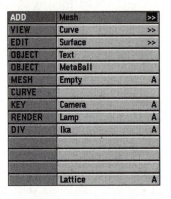

| ADD | Mesh | >> |
|------|---------|----|
| VIEW | Curve | >> |
| EDIT | Surface | >> |
| OBJECT | Text | |
| OBJECT | MetaBall | |
| MESH | Empty | A |
| CURVE | | |
| KEY | Camera | A |
| RENDER | Lamp | A |
| DIV | Ika | A |
| | | |
| | | |
| | Lattice | A |

In der Toolbox sind die wichtigsten Funktionen von Blender mit der Maus aufrufbar. Blender ist auf eine zweihändige Bedienung ausgelegt, eine Hand arbeitet mit der Maus, die andere Hand führt Tastaturkommandos aus. Hier wird mit ein wenig Übung ein großer Vorteil von Blender deutlich: Es ist kaum ein Wechsel der rechten Hand von der Maus zur Tastatur nötig, die Arbeit geht schnell vonstatten. Unterstützt wird dieses Prinzip dadurch, dass die wichtigsten und am häufigsten verwendeten Tastaturkommandos einzelne Tastendrücke verwenden, sodass keine »Fingerakrobatik« nötig ist.

Zweihändige Bedienung

Selektierte Objekte werden in den 3D-Fenstern von Blender immer violett dargestellt. In der von Blender installierten Grundszene ist die enthaltene Fläche bereits selektiert, Sie sehen sie daher als violettes Quadrat in dem großen 3D-Fenster.

Die Ansicht in dem 3D-Fenster ist eine Draufsicht, also eine Sicht von oben auf die Grundszene. Das schwarze Dreieck in dem großen Fenster ist das Symbol einer Kamera, die in Richtung der selektierten Fläche schaut.

Die erste Hürde und gleichzeitig auch die größte Abweichung zu anderen Programmen ist, dass in Blender mit der *rechten* Maustaste selektiert wird. Mit einem Klick der rechten Maustaste über der Kamera kann nun die Kamera selektiert werden; sie wird daraufhin violett dargestellt.

Rechte Maustaste RMB

Linke Maustaste LMB

Mit der *linken* Maustaste setzen Sie den 3D-Cursor, mit dessen Hilfe Sie Objekte präzise, auch ohne eine Dreiseitenansicht, im

Raum platzieren können. Neue Objekte werden immer am 3D-Cursor
erzeugt.

## 3.3   Eine Szene laden

Zum Start dieses schnellen Einstiegs laden Sie bitte die Szene `Grund-`
`szene.blend` aus dem dem Kapitel entsprechenden Unterverzeichnis von der diesem Buch beiliegenden CD. Eine Szene wird mit der
Taste [F1] geladen, in der erscheinenden Dateiauswahl kann dann mit
einem Klick der mittleren Maustaste eine Datei geladen werden. Alternativ, z.B., wenn keine Dreitastenmaus vorhanden ist, kann eine
Datei auch mit der linken Taste angewählt und dann mit einem Druck
auf die [Return]-Taste die Auswahl bestätigt werden.

Unter Windows ist der
Pfadtrenner ein Backslash
»\«

Durch Klicken und Halten der linken Maustaste auf den für Blender sehr wichtigen MenuButton, links oben im Dateifenster, rufen Sie
ein Pop-up-Menü mit Pfaden bzw. die Laufwerksauswahl von Windows auf, mit dem Sie in das Verzeichnis bzw. auf das Laufwerk mit
der CD wechseln können. Der Verzeichniseintrag »..« wechselt in das
nächsthöhere Verzeichnis. Den gleichen Effekt hat der ParentButton.

MenuButton

ParentButton

Diese gerade geladene Szene enthält eine Ebene, die schon passend durch zwei Lichtquellen ausgeleuchtet wird. Eine solche Szene
kann auch mit den persönlichen Einstellungen versehen und dann
als Grundszene, die Blender nach dem Start lädt, verwendet werden.
Dies beschleunigt den Beginn einer neuen Konstruktion erheblich,
da Sie nicht jedes Mal eine komplette Grundlage zum Modellieren
aufbauen müssen. In Abschnitt 4.13 werde ich beschreiben, wie die
Anpassung von Blender an die eigene Arbeitsweise und die entsprechende Konfiguration der Grundszene durchgeführt wird.

Blender sollte sich nach dem Laden der Grundszene wie in Abbildung 3-4 dargestellt präsentieren. In dieser Szene ist die Oberfläche
von Blender in drei Ansichten der Szene geteilt: eine Ansicht der Szene von oben (»Draufsicht«) im großen 3D-Fenster, eine Kamerasicht
im oberen der kleineren Fenster und eine Seitenansicht der Szene.

Die durch eine Pyramide symbolisierte Kamera blickt schräg von
oben auf die Bodenfläche, wie es in der Kameraansicht oben rechts
zu sehen ist. Die Neigung der Kamera ist gut in der Seitenansicht zu
erkennen.

## 3.4   Ja, es ist ein Objekt

Bewegen Sie den Mauscursor über das große 3D-Fenster und drücken
Sie die Leertaste [Space], um die Toolbox aufzurufen. Wenn Sie die
Maus jetzt über die einzelnen Einträge bewegen, so ändert sich das
Toolboxmenü entsprechend. Verlassen Sie mit der Maus den Bereich

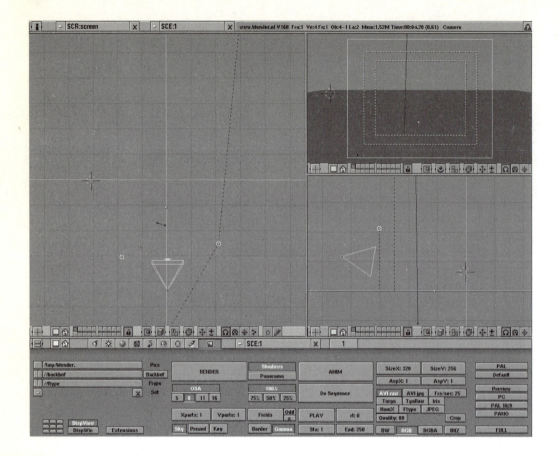

**Abbildung 3-4**
Die für den Schnellstart
vorbereitete Grundszene

der Toolbox, so schließt sie sich wieder. Mit [Space] wird sie in diesem Fall erneut aktiviert.

Bewegen Sie die Maus jetzt auf den ersten grau hinterlegten Punkt Add der Toolbox, dann nach rechts auf den Punkt Mesh und klicken ihn einmal mit der linken Maustaste an. Der hellgraue Teil der Toolbox wechselt jetzt auf andere Menüpunkte, aus denen Sie den Punkt UVSphere auswählen. Bestätigen Sie die zwei folgenden Dialoge mit einem Klick auf OK.

Damit haben Sie eine Kugel am 3D-Cursor erzeugt, die in den Ansichten als Drahtgittermodell mit gelben Eckpunkten erscheint. Nach der Erzeugung von Objekten, wie gerade bei der Kugel geschehen, befindet sich Blender im so genannten *EditMode*, den Sie jetzt bitte mit [TAB] verlassen, woraufhin die Kugel in einem violetten Drahtgitter (weil selektiert) dargestellt wird.

[TAB] : EditMode zum Ändern der Objektform über die einfache Skalierung hinaus

Die Prozedur, um eine Auswahl aus dem Toolboxmenü zu treffen, werde ich im Weiteren etwas abkürzen, da die Bedienung der Toolbox recht schnell zur Gewohnheit wird. Die Schritte zu einer

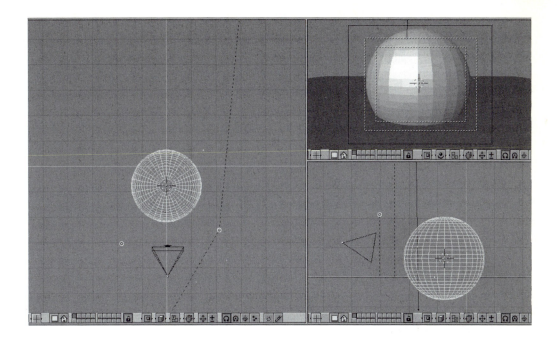

**Abbildung 3-5**
Die gerade erzeugte Kugel
in den drei 3D-Ansichten

Kugel werden dann z.B. so dargestellt: ⌷Space⌷→Add→Mesh→UVSphere. Eventuelle Abfragen wie bei der Kugel können mit einem linken Mausklick auf OK oder der ⌷Return⌷-Taste bestätigt werden. Sind Sie sich unsicher, so bricht ein Druck auf die ⌷Esc⌷-Taste oder ein Verlassen der Abfrage mit dem Mauscursor die Funktion ab.

Wenn Sie vor dem Erzeugen der Kugel den 3D-Cursor nicht versetzt haben, so wird die Kugel nun fast die gesamte Kameraansicht füllen. In der Kameraansicht wird die Kugel mit gefüllten Flächen dargestellt, in den anderen Ansichten als Drahtgittermodell.

## 3.5 Größe der Kugel anpassen

Unsere Kugel ist aber noch viel zu groß und auch nicht richtig in der Szene positioniert, daher verschieben und skalieren wir sie in den folgenden Schritten.

Um die Kugel zu bearbeiten, ist es nötig sie zu selektieren, d.h. für eine Bearbeitung auszuwählen. Wenn die Kugel noch selektiert ist, so erscheint sie in den Drahtgitterdarstellungen violett. Haben Sie zwischenzeitlich ein anderes Objekt mit der rechten Maustaste angeklickt, so positionieren Sie jetzt die Maus über der Kugel in der Draufsicht oder Seitenansicht und klicken einmal die rechte Maustaste. Haben Sie richtig getroffen, so wird die Kugel jetzt violett, also selektiert, dargestellt.

Die rechte Maustaste
selektiert Objekte

S : Scale, Skalieren,
Größe ändern

Mit der Maus über dem großen 3D-Fenster drücken Sie nun die Taste S, die Kugel wird als weißes Drahtgitter dargestellt und kann jetzt durch Bewegen der Maus in der Größe geändert werden. Eine Bewegung der Maus auf die Kugel zu verkleinert sie, eine Bewegung weg von der Kugel vergrößert sie. Die Größenänderung wird in den 3D-Fenstern direkt angezeigt. Drücken Sie jetzt die rechte Maustaste, und die Kugel wird wieder die alte Größe annehmen, da mit der rechten Taste die Funktion abgebrochen wird. Also drücken Sie wieder S und bewegen die Maus so weit auf die Kugel zu, bis sich in der Seitenansicht die Kugel komplett über der grünen Linie befindet, und bestätigen die Skalierung mit einem Klick der linken Maustaste.

## 3.6  Lage der Kugel ändern

Das Verschieben eines Objekts funktioniert ganz ähnlich wie die Größenänderung aus dem vorherigen Abschnitt.

G : Grab, Greifen,
Verschieben

Die Kugel muss dazu auch selektiert sein, damit das Programm weiß, auf welches Objekt sich die Änderung bezieht. Positionieren Sie den Mauszeiger über eine Drahtgitterdarstellung der Kugel und drücken Sie die Taste G. Die Kugel wird wieder als weißes Drahtgitter dargestellt und kann durch Bewegen der Maus verschoben werden. Ein Klick mit der linken Maustaste bestätigt die neue Lage, ein Rechtsklick bringt das Objekt auf die alte Position zurück.

Ein wesentlicher Punkt beim Verschieben ist allerdings die Beschränkung der Objektbewegung auf eine Ebene. Haben Sie z.B. den Mauszeiger über der großen Draufsicht und drücken G, so können Sie die Kugel links und rechts bewegen, sehen aber in der Seitenansicht keine Bewegung nach oben von der Fläche weg. Genauso können Sie auch das Verschieben in der Seitenansicht aufrufen und dann die Kugel von der Fläche weg und in Kamerablickrichtung bewegen. Diese Beschränkung auf eine Ebene ist natürlich nötig, da die Maus ja nur in zwei Richtungen bewegt werden kann und somit gar keine dritte Bewegungsfreiheit besitzt. Aus diesem Grund muss eine Bewegung, die in alle drei Richtungen geht, immer aus zwei Verschiebungen in unterschiedlichen Ansichten zusammengesetzt werden.

Aktives Fenster

Bei diesen Aktionen wird auch ein weiteres wesentliches Konzept von Blender erkennbar: Maus- und Tastenaktionen beziehen sich immer auf das aktive Fenster. Aktiv ist ein Fenster, wenn sich der Mauszeiger darin befindet, d.h., das Fenster muss nicht angeklickt werden.

Platzieren Sie jetzt die Kugel so, dass sie in der Kameraansicht gut sichtbar ist. Dabei sollten Sie beachten, dass die äußere gestrichelte Linie die Grenze des Kamerablickfelds angibt.

Durch einen Druck auf die Taste F12 können Sie nun das erste Bild der von Ihnen in Szene gesetzten Kugel berechnen. Es sollte sich ein Anblick ähnlich wie in Abbildung 3-6 ergeben. Im Unterschied zu der Vorschau im Kamerafenster wirft die Kugel jetzt einen Schatten, die zwei in der Szene vorhandenen Lichtquellen produzieren getrennte Reflektionspunkte auf der Kugel, und Boden und Himmel weisen Farbverläufe auf. Dieser Vorgang, aus der recht simplen Beschreibung einer 3D-Szene einen realistischeren Eindruck zu berechnen, wird in der Computergrafik *Rendern* genannt.

F12: Bild rendern, d.h. berechnen

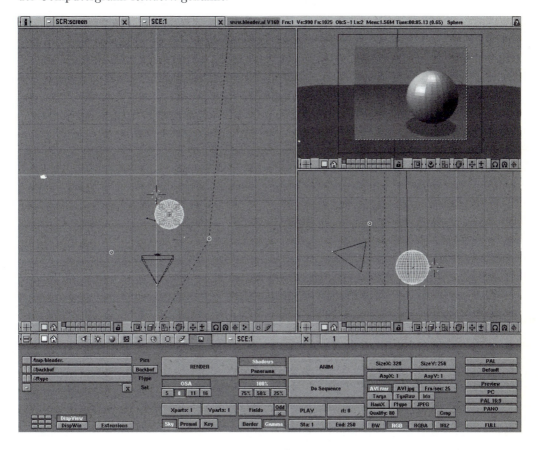

Ein Bild kann übrigens (wie Sie sicher schon vermutet haben) auch durch Anwählen des großen Knopfs mit der Aufschrift Render in dem unteren Fenster gestartet werden. Dieses Fenster nennt sich **ButtonWindow** und ist der Container für verschiedene wichtige Funktionsgruppen in Blender. Im nächsten Abschnitt wird dieses **Button-Window** noch eine besondere Bedeutung bekommen.

Zwischenzeitlich sollten Sie Ihre Szenen speichern, da Blender nur wenig Möglichkeiten des Rückgängigmachens von missglückten Ak-

**Abbildung 3-6**
Blender mit berechneter Szene in der Kameraansicht

tionen bietet. Ein Druck auf F2 oder die Wahl des entsprechenden Menüpunktes aus der Toolbox File→Save File as öffnet ein Dateifenster, in dem der Pfad mit der Maus gewählt und der Name der zu speichernden Szene eingegeben wird. Nach dem Eintippen des Namens müssen Sie übrigens zweimalig Return drücken. Das erste Mal bestätigt den Namen, das zweite Mal beendet das Dateifenster und speichert die Szene.

## 3.7  Grau ist langweilig: Materialvergabe

In dem gerenderten Bild sehen Sie noch deutlich die einzelnen Flächen der Kugel, deren Abbild vom Computer aus eben diesen einzelnen Flächen zusammengesetzt wird. Eine Lösung wäre, viel mehr kleine Flächen zu verwenden, um die Kugel wirklich rund darzustellen, allerdings steigen durch die schiere Masse der Flächen dann auch die nötige Rechenleistung und der Speicherbedarf stark an. Zum Glück ist es durch einen einfachen mathematischen Trick möglich, zu einer glatten Kugel zu gelangen ohne mehr Flächen einzusetzen.

EditButtons

Selektieren Sie die Kugel mit der rechten Maustaste und drücken F9 oder klicken Sie alternativ das Icon der **EditButtons** an, welches sich in der Knopfleiste des ButtonWindow unter den 3D-Ansichten befindet (Abbildung 3-7).

**Abbildung 3-7**
Knopfleiste des
ButtonWindows

In der darunter auftauchenden »Knopfwüste« klicken Sie Set Smooth an, der Knopf befindet sich in der dritten Knopfreihe von links, unten. Im Kamerafenster und in einem gerenderten Bild wird nun die Kugel glatt dargestellt. Sie sehen: Es ist bei der schieren Anzahl von Knöpfen gerade im ButtonsWindow eine Portion Orientierungssinn nötig.

Allerdings sind die Knöpfe größtenteils in sinnvollen Gruppen organisiert, sodass ein Wiederfinden nicht zu schwierig ist. Wenn Sie experimentierfreudig sind, können Sie auch einmal alle Icons in der Knopfleiste (Abbildung 3-7) durchschalten. Da Blender je nach aktivem Objekt andere Knöpfe anzeigt, werden allerdings nicht bei allen Icons sehr viele Knöpfe zu sehen sein.

MaterialButtons

Zurück zu unserer Kugel: Eine graue, wenn auch jetzt glatte Kugel ist nicht sehr aufregend. Daher definieren wir nun ein Material für die Kugel. Bei selektierter Kugel rufen Sie die **MaterialButtons** mit

F5 oder einem Klick auf das entsprechende Icon in der Knopfleiste auf.

In der Kopfzeile des ButtonsWindow klicken und halten Sie mit der linken Maustaste den so genannten *MenuButton* und wählen in dem erscheinenden Pop-up-Menü **ADD NEW**. Dieser MenuButton ist eine Spezialität von Blender und taucht öfters auf. Wenn Sie also so einen Knopf sehen, so denken Sie daran, die Maustaste gedrückt zu halten, damit Sie die Menüeinträge lange genug sehen.

**Abbildung 3-8**
MaterialButtons

MenuButton

Durch diese Prozedur wird ein Material mit dem Namen **Material.001** erzeugt, und es erscheinen die Einstellmöglichkeiten für Materialien (Abbildung 3-8). Die sicherlich wichtigste und auffälligste Eigenschaft eines Material ist die Farbe, die Sie mit Schiebereglern für die drei Grundfarben Rot, Grün und Blau definieren, eine kurze Einführung in die von Blender verwendeten Farbsysteme ist in Abschnitt 2.1.2 vorhanden.

Die Farbregler befinden sich auf der linken Seite der MaterialButtons, in der dritten Spalte (siehe auch Randspalte). Für unser Beispiel soll ein weiß/rot marmoriertes Material entstehen, daher stellen wir die Grundfarbe des Materials auf Weiss ein (R,G,B = 1.0), indem Sie mit der linken Maustaste die kleinen Knöpfe in den Reglern anklicken, die Taste gedrückt halten und die Maus nach rechts bewegen um den Wert des Reglers zu erhöhen. Sie können natürlich auch jede andere Farbe einstellen, ein Goldton ist z.B. R=0.9, G=0.8 und B=0.0.

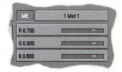

## 3.8 Oberflächen strukturieren: Textur

Die Marmorierung erzielen wir mit einer so genannten Textur. Eine Textur ist vereinfacht gesagt nichts weiter als ein Muster auf dem Objekt, das die Farbe des Objekts bestimmt. Neben diesen einfachen Farbtexturen können Texturen aber noch weitere Parameter wie z.B. die Durchsichtigkeit oder die Leuchtkraft eines Materials steuern. Neben rein mathematisch generierten, so genannten *prozeduralen* Texturen kann eine Textur aber auch z.B. ein Foto sein, welches um eine Kugel »gewickelt« wird.

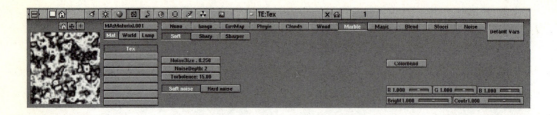

**Abbildung 3-9**
Die TextureButtons

TextureButtons

Zum Erzeugen einer neuen Textur klicken Sie bei selektierter Kugel auf das Icon für die **TextureButtons** oder benutzen F6. Hier erzeugen Sie wie bei der Materialvergabe beschrieben mit dem Menu-Button eine neue Textur.

Als Texturtyp wählen Sie jetzt Marble aus der Reihe der Texturtypen. Dies erzeugt eine prozedurale Textur mit marmorähnlichem Aussehen (Abbildung 3-9). Die Parameter können aus den Vorgaben übernommen werden, den Parameter Turbulence können Sie je nach Geschmack noch auf z.B. 15.0 erhöhen, was eine stärker marmorierte Textur erzeugt. Dazu klicken und halten Sie den Turbulence-Knopf mit der linken Maustaste und bewegen die Maus nach rechts bzw. links um den Wert zu erhöhen bzw. zu verringern. Wenn Sie die Maustaste loslassen, wird die Texturvorschau links in den Texture-Buttons aktualisiert.

Die Methode zum Ändern eines Zahlenwertes in Knöpfen mit Klicken und Ziehen funktioniert generell auf diese Weise in Blender. Wird ein solcher Knopf erst mit der linken Taste gehalten, dazu die rechte Taste gedrückt und dann beide Tasten losgelassen, so kann der Zahlenwert direkt mit der Tastatur eingegeben werden. Diese Prozedur liest sich kompliziert, ist aber in der Anwendung einfach.

In unserem Beispiel produziert ein Testrendering mit F12 eine weiß/violett marmorierte Kugel im berechneten Bild. Möchten Sie die Texturfarbe ändern, so schalten Sie wieder auf die **MaterialButtons** F5 um und stellen sich mit den Texturfarbreglern rechts in den MaterialButtons (Abbildung 3-9) ein Rot ein (R=0.6, G=0, B=0).

## 3.9  Bewegung im Spiel: Animation

CurrentFrame-
Schieberegler zeigt die
aktuelle Bildnummer

Blender bietet vielfältige Möglichkeiten der Animation, auf die wir in Abschnitt 8 näher eingehen werden. In diesem Schnellstart erstellen wir zunächst eine ganz einfache Animation mit so genannten *Keyframes*, also Schlüsselpositionen, zwischen denen Blender selbsttätig die Animation berechnet.

**Abbildung 3-10**
Fertiges Einzelbild der
Schnellstartszene

Vergewissern Sie sich, dass der CurrentFrame-Schieberegler auf »1« steht. Ist dies nicht der Fall, so schieben Sie ihn bitte mit der Maus nach links auf den Wert »1«.

Alternativ dazu ist es auch möglich, mit den Cursortasten rechts → bzw. links ← bildweise durch eine Animation zu schalten. Cursor hoch ↑ und Cursor runter ↓ schalten jeweils zehn Bilder vor bzw. zurück.

Bewegen Sie nun die Kugel mit G in der Draufsicht an die Stelle, an der die Bewegung der Kugel starten soll, die Position ist in der Kameraansicht gut kontrollierbar. Soll die Kugel am Beginn der Animation langsam im Bild auftauchen, so müssen Sie sie so platzieren, dass sie links außerhalb der äußeren gestrichelten Linie in der Kameraansicht ist. Ein Klick mit der linken Maustaste übernimmt die Positionsänderung. Bei weiterhin selektierter Kugel drücken Sie nun I, in dem daraufhin erscheinenden Menü wählen Sie Loc (von location, Ort), um eine erste Schlüsselposition der Kugel in Bild »1« zu erstellen.

I : Insert Key, neue Schlüsselposition

Mit der Maus stellen Sie nun den CurrentFrame-Schieber auf den Wert 51. Wenn Sie die Strg-Taste beim Verschieben halten, so wird das Raster zugeschaltet, und der Wert im Regler ändert sich in Zehnerschritten, was die Einstellung vereinfacht. Alternativ können auch die Cursortasten benutzt werden.

Bewegen Sie nun die Kugel auf die gewünschte Endposition für diese Animation, z.B. rechts außerhalb des Kamerablickfeldes und

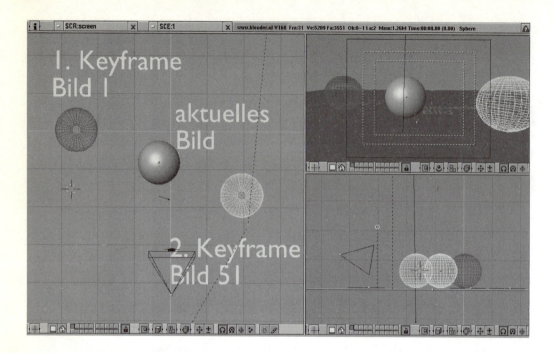

**Abbildung 3-11**
Die zwei Keyframes und die
Position der Kugel im
aktuellen Bild

etwas näher an der Kamera. Abbildung 3-11 zeigt beispielhaft die beiden Keyframepositionen.

Fügen Sie einen weiteren Key mit [I] für die Endposition der Kugel ein, und wählen Sie auch hier wieder Loc aus dem Menü.

Schieben Sie nun den CurrentFrame-Regler auf Bild 1. Mit [Alt]-[A] wird die Animation in dem 3D-Fenster, über dem sich die Maus befindet, abgespielt. [Shift]-[Alt]-[A] zeigt die Animationsvorschau in allen Ansichten. [ESC] bricht die Animationsvorschau ab.

Sie sehen, dass sich die Kugel innerhalb der 50 Bilder auf geradem Weg von der von Ihnen definierten Start- bis zur Endposition bewegt und dann stoppt. Die aktuelle Bildnummer wird dabei im Mauscursor angezeigt. Nach Bild 250 beginnt Blender wieder bei Bild 1 mit dem Abspielen der Animation.

## 3.10   Und nun? Rendering

Auch wenn Computer immer schneller und dabei doch immer billiger werden, so sind sie noch nicht leistungsfähig genug, um eine absolut überzeugende Animation in Echtzeit zu berechnen. Insbesondere eine ausgefeilte Beleuchtung, spiegelnde oder transparente Objekte und sonstige Spezialeffekte wie Rauch oder Nebel überfordern heute sogar noch die leistungsfähigsten und teuersten Computer.

Daher werden die einzelnen Bilder in einem separaten Arbeits-
gang berechnet, was je nach Szene Stunden dauern kann. Nach der
kompletten Berechnung werden die Bilder hintereinander in der gewünschten Geschwindigkeit angezeigt. Dieses Abspielen wird vom
Computer übernommen, kann aber auch durch die Ausgabe auf Videoband oder gar eine Belichtung auf Film erfolgen.

**Abbildung 3-12**
Einige Bilder aus der
Animation

Zur Berechnung der Animation schalten Sie mit F10 oder durch
Anklicken des Icons auf die **DisplayButtons**. Mit den Buttons Sta:1
und End:250 können Sie das Start- und Endbild für die Berechnung
angeben. Da unsere Animation auf 50 Bilder ausgelegt wurde, stellen
wir End:250 mit der Maus auf einen Wert von 51 (die Zählung beginnt
bei Bild 1).

DisplayButtons:
Steuerzentrale für den
Renderer

Wenn sich der Wert nicht genau einstellen lässt, so halten Sie die
Alt-Taste fest, dies sorgt für eine feinere Einstellmöglichkeit mit der
Maus. Mit den Knöpfen 100%-25% in der Mitte der DisplayButtons
kann man sich eventuell, je nach Rechnerleistung und Geduld, eine
verkleinerte Version der Animation berechnen. Die genaue Auflösung
stellen Sie mit den Knöpfen SizeX: und SizeY: ein.

Wohin Blender die Bilder speichern soll, ist mit dem Pfad links
oben in den **DisplayButtons** anzugeben, durch Anklicken mit der linken Maustaste kann mit der Tastatur ein Pfad für das Speichern
bezeichnet werden. Am Ende des Pfades sollte der Bildname stehen,
der von Blender durch die aktuelle Bildnummer ergänzt wird. Ein
Klick auf den grauen Knopf neben dem Pfad bringt das bekannte
Dateifenster zum Erscheinen.

Ein Mausklick auf den großen ANIM-Knopf startet die Berechnung der Animation, die fertigen Bilder werden angezeigt und von
Blender auf der Festplatte abgelegt. Nach der Fertigstellung kann
eine Animationsvorschau mit dem Knopf PLAY angesehen werden,
abgebrochen wird diese Vorschau mit ESC.

Die berechnete Animation wird je nach Einstellung in den DisplayButtons als nummerierte Einzelbildsequenz oder als Digitalvideo
gespeichert. In der Beispielszene ist eine Speicherung als unkompri-
mierte AVI-Datei angewählt, die jedes Programm lesen können sollte, welches AVIs unterstützt. JPEG-komprimierte AVIs benötigen
auf Windows-Plattformen einen recht neuen Abspieler oder Apples
QuickTime in der Version 4.

# 4 Keine Hexerei: Blender bedienen

Blenders Bedienoberfläche wird komplett durch OpenGL bzw. Mesa, einer freien Implementation von OpenGL, dargestellt. Diese Softwarebibliotheken sorgen in Blender, aber auch in vielen anderen 3D-Programmen, für die Darstellung der 3D-Grafik während der Modellierungsphase. Die Idee, dieses System nun auch zum Zeichnen der gesamten Bedienoberfläche (GUI, Graphical User Interface) zu verwenden, unterscheidet Blender von allen mir bekannten Systemen. Dies sorgt unter anderem für ein im Vergleich extrem kompaktes Programm, dass Blender auf jeder der bisher acht unterstützten Plattformen gleich aussieht und die Aufteilung der Oberfläche beinahe beliebig flexibel ist. Die Verwendung von OpenGL erlaubt es z.B. auch, die Knöpfe der Oberfläche von Blender zu skalieren. Als Nachteil steht dieser Flexibilität ein recht eigenes Konzept gegenüber, das ein Neuerlernen erfordert, wenn Sie z.B. die Oberflächen von Windows oder Macintosh gewohnt sind. Insbesondere fallen hier einige Knöpfe, Regler und sonstige Oberflächenelemente auf, für die es keine Entsprechung in anderen grafischen Oberflächen gibt.

Die Oberfläche basiert auf OpenGL

Blender ist dafür ausgelegt zweihändig mit Maus und Tastatur bedient zu werden. Viele Funktionen sind auch allein mit der Maus zu erreichen, aber gerade in der Modellierungsphase ist die Tastatur extrem wichtig. Im ersten Teil dieses Kapitels werden daher diese Eingabegeräte und ihre Rolle in Blender vorgestellt.

Bedienung mit Maus und Tastatur

So wichtige Funktionen wie das Laden und Speichern von Szenen oder die Bedienung und Navigation der 3D-Fenster wird ebenso erklärt wie die Möglichkeiten Objekte zu selektieren und die grundlegendsten Bearbeitungen auszuführen.

Mit diesem Grundwissen und dem Schnellstart sollte es Ihnen leicht fallen, die Tutorials in den folgenden Kapiteln durchzuführen und auch zu verstehen. Anfangs werden Sie ein paar Wiederholungen feststellen, die dazu dienen das Gelernte zu vertiefen. Weiterhin ist es so möglich auch einzelne Tutorials, die Sie vielleicht im Moment nicht interessieren, zu überspringen.

## 4.1 Kleinnager: Die Maus

So weit wie möglich wurden in Blender die Funktionen der Maus vereinheitlicht, sodass sie in den einzelnen Programmteilen gleich funktionieren.

### 4.1.1 Linke Maustaste

Linke Maustaste

3D-Cursor

Mit der linken Maustaste, kurz LMB, werden Schalter, Knöpfe und Regler bedient. Oft ermöglicht eine Kombination von Klicken, Halten und Ziehen weitere Funktionen, z.B. den Wert in einem Zahlenfeld zu ändern.

In den 3D-Fenstern setzt die linke Maustaste den 3D-Cursor, an dessen Position z.B. neue Objekte erzeugt werden.

Zusammen mit Tasten, wie z.B. Strg zum Hinzufügen eines neuen Punktes zu einem Objekt, können noch weitere Funktionen ausgelöst werden, die dann in den einzelnen Abschnitten der Tutorials oder der Erklärung von Blenders Oberfläche genau beschrieben werden.

### 4.1.2 Mittlere Maustaste

Blender entstand auf Betriebssystemen, die Dreitastenmäuse unterstützen bzw. sogar fordern. Ist auf Windows-Systemen keine Dreitastenmaus vorhanden, so kann Blender die mittlere Maustaste durch die Kombination von Alt-Taste und der linken Maustaste ersetzen.

Mittlere Maustaste

Die wichtigste Funktion besitzt die mittlere Maustaste, kurz MMB, bei der Transformation, also Verschieben, Größe ändern oder Drehen von Objekten. Mit der mittleren Maustaste kann weiterhin die Änderung auf eine Achse oder Bewegungsrichtung beschränkt werden. Diese Verwendung der mittleren Maustaste ist sehr wichtig und wird in folgenden Abschnitten noch häufiger auftauchen und genau erklärt werden.

In den 3D-Fenstern dient die mittlere Maustaste zum Verschieben, Zoomen oder Drehen der Ansichten.

### 4.1.3 Rechte Maustaste

Rechte Maustaste

Selektierte und aktive Objekte

Die rechte Maustaste, kurz RMB, dient in Blender (abweichend von nahezu allen anderen Programmen) zur *Selektion* und Aktivierung von Objekten oder Punkten. Wird die Shift-Taste gehalten, kann mit der rechten Maustaste die Auswahl erweitert bzw. bei nochmaliger Anwahl verkleinert werden. Selektierte Objekte werden violett in den 3D-Fenstern dargestellt. Sind mehrere Objekte selektiert, so ist eines (das zuletzt selektierte) hellviolett. Dieses hellviolette ist das *aktive* Objekt, auf das sich weitere Aktionen beziehen.

## 4.2 Tastaturbedienung

Im Gegensatz zu den Tastaturkommandos anderer Programme sind viele Funktionen in Blender durch einzelne Tastendrücke aufzurufen. Dies erspart komplizierte Verenkungen der Hand. Weiterhin sind auch die Funktions- und Sondertasten mit wichtigen Funktionen belegt.

Folgende Tasten bewirken in allen Fenstern die gleichen Aktionen, im Anhang A befindet sich eine ausführlichere Liste zur Referenz.

| | |
|---|---|
| **ESC** | Die Escapetaste bricht Aktionen ab und kehrt gegebenenfalls zu dem vorherigen Zustand zurück. |

**Space** Die Leertaste bringt die Toolbox, das Hauptmenü von Blender, auf den Bildschirm. Die Toolbox ist auch über das Toolboxicon mit der Maus aufrufbar.

Toolbox Icon

**TAB** Die Tabulatortaste startet oder beendet den EditMode.

**F1** Laden einer Szenendatei, das Fenster, über dem sich die Maus befindet, wird zum Dateifenster. Hier ist auch ein Laden von VRML-1 (ASCII) und DXF (ASCII) Dateien möglich.

**Shift**-**F1** Lädt einzelne Elemente aus einer Szenendatei hinzu. Hierzu kann in den Szenen wie in Verzeichnissen navigiert werden. Im »Complete Blender« kann auch die Library-Funktion verwendet werden, welche nur einen Verweis (»Link«) auf die externe Szene generiert.

Ckey

**F2** Speichert die Szene, das aktuelle Fenster wird zum Dateifenster, in dem der Pfad und der Dateiname angegeben werden können.

**Strg**-**W** Schnelles Speichern ohne Dateifenster.

**F3** Speichert ein berechnetes Einzelbild in dem in den **DisplayButtons** eingestellten Format. Das aktuelle Fenster wird zum Dateifenster.

**F4** Schaltet das aktuelle ButtonsWindow (falls vorhanden) auf die **LampButtons** (Einstellungen für selektierte Lichtquellen) um.

LampButtons

**F5** Schaltet das aktuelle ButtonsWindow auf die **MaterialButtons** (Materialeditor) um.

MaterialButtons

**F6** Schaltet das aktuelle ButtonsWindow auf die **TextureButtons** (Oberflächenstrukturen und Muster) um.

TextureButtons

| | | |
|---|---|---|
| **AnimButtons** | F7 | Schaltet das aktuelle ButtonsWindow auf die **AnimBut-tons** (Animationseffekte) um. |
| **WorldButtons** | F8 | Schaltet das aktuelle ButtonsWindow auf die **WorldBut-tons** (globale Einstellungen für die Szene) um. |
| **EditButtons** | F9 | Schaltet das aktuelle ButtonsWindow auf die **EditBut-tons** (objektspezifische Editiermöglichkeiten) um. |
| **DisplayButtons** | F10 | Schaltet das aktuelle ButtonsWindow auf die **Display-Buttons** (Steuerzentrale für die Berechnung) um. |

| | |
|---|---|
| F11 | Bringt das RenderWindow in den Vorder- oder Hinter-grund. |
| F12 | Berechnet das aktuelle Bild. |
| → | Schaltet ein Bild in der Animation weiter. |
| Shift-→ | Schaltet zum letzten in den DisplayButtons eingestellten Bild. |
| ← | Ein Bild zurück. |
| Shift-← | Zum ersten Bild. |
| ↑ | Zehn Bilder weiter. |
| ↓ | Zehn Bilder zurück. |
| Alt-A | Im aktiven Fenster (das mit dem Mauscursor darüber) wird die Animationsvorschau abgespielt. Der Mauscur-sor zeigt die Bildnummern an. Mit ESC wird dieser Modus beendet. |
| Shift-Alt-A | In allen 3D-Fenstern wird die Animationsvorschau ab-gespielt. |
| Q | Beendet Blender nach einer Sicherheitsabfrage. |
| Strg-U | Sichert die aktuelle Szene als Voreinstellung (siehe Abschnitt 4.13) für neue Szenen oder für den Start von Blender als .B.blend im Heimverzeichnis oder Windows-Systemverzeichnis. |
| Strg-X | Löscht die aktuelle Szene komplett, startet mit der Vor-einstellungsszene neu. |

## 4.3 Bedienung und Navigation in den 3D-Fenstern

Der wichtigste Fenstertyp in einem 3D-Programm ist sicher ein Fenster, welches die Objekte und Szenen darstellt. Bei der Darstellung gibt es verschiedene Arten, die dreidimensionale Szene auf den zweidimensionalen Monitor zu bringen. In Abschnitt 2.6 wurden schon einige dieser Darstellungsarten vorgestellt. Die Grundszene nach der Installation von Blender ([Strg]-[X]) startet mit einem 3D-Fenster, das eine orthogonale Projektion der Szene von oben zeigt.

### 4.3.1 Tastaturkommandos in 3D-Fenstern

In der Szene existieren im Moment nur eine kleine Fläche (Quadrat) und eine Kamera, auf die wir von oben hinabblicken (Draufsicht). Die Fläche ist selektiert und deshalb violett. Drücken Sie jetzt [PAD 1] (also die 1 auf dem Ziffernblock) um eine Vorderansicht der Szene zu erhalten. Mit [Shift]-[PAD 1] erhalten Sie ein Ansicht von hinten, analog funktioniert die Shifttaste auch bei den anderen Ansichten. Die Kamera wird nun von hinten betrachtet, ein Pfeil oben auf der Kamera zeigt die Ausrichtung der Kamera an.

[PAD 1]: Vorderansicht

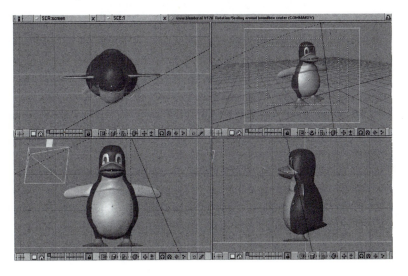

**Abbildung 4-1**
Verschiedene Ansichten
einer Szene

    Denken Sie daran, dass Tastendrücke immer für das aktive Fenster, d.h. dasjenige, über welchem sich der Mauszeiger befindet, gelten. Mit der Taste [PAD 7] wird wieder die Draufsicht dargestellt.

    Mit den Tasten [PAD +] und [PAD −] können Sie jetzt die Ansicht vergrößern bzw. verkleinern (hinein- bzw. herauszoomen).

    Mit [PAD 3] erhalten Sie eine Seitenansicht der Szene und nun wird klar, dass die Kamera durch eine Pyramide symbolisiert wird, deren Grundfläche zum Objekt zeigt. Mit einem Druck auf [PAD 0]

[PAD 7]: Draufsicht

[PAD +]: hineinzoomen

[PAD −]: herauszoomen

[PAD 3]: Seitenansicht

PAD 0 : aktuelle Kamera

wird das 3D-Fenster zu einer Sicht aus der Kameraperspektive. Da Kamera und die Fläche auf einer Höhe liegen, ist von der Fläche nur ein Strich zu sehen, wir schauen genau auf den Rand der Fläche. In der Kameraansicht wird das Blickfeld der Kamera durch die äußere gestrichelte Linie dargestellt.

Einzelansicht von Objekten

Die Taste PAD , zentriert die selektierten Objekte in der Ansicht und zoomt die Objekte ansichtfüllend. Mit der Taste PAD ÷ werden nur noch die selektierten Objekte dargestellt und können dann separat bearbeitet werden.

Schalten Sie jetzt wieder mit PAD 7 auf die Draufsicht oder laden mit Strg-X die Grundszene. Drücken Sie jetzt bitte viermal die Taste PAD 4 und dann viermal die Taste PAD 2 , die Ansicht wird

Drehen und Verschieben der Ansicht

hierbei gedreht, und Sie schauen jetzt von schräg oben auf die Grundszene. Die Tasten 4 , 8 , 6 und 2 auf dem Ziffernblock drehen die Ansicht, mit gehaltener Shift-Taste verschieben Sie die Ansicht. Experimentieren Sie ein wenig mit den Tasten zum Zoomen, Drehen und Verschieben der Ansicht.

**Abbildung 4-2**
Orthogonale und perspektivische Ansicht in 3D-Fenstern

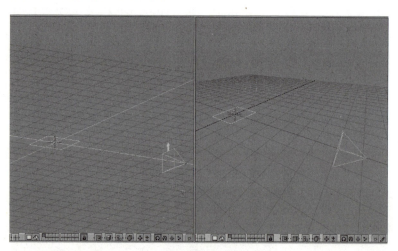

An dem Raster im 3D-Fenster sehen Sie im Moment allerdings noch, dass der dreidimensionale Eindruck schwach oder sogar verwirrend ist. Die orthogonale Perspektive ist für eine echte 3D-Ansicht nicht geeignet.

Ein Druck auf die Taste PAD 5 schaltet in eine perspektivische Ansicht, die die Dreidimensionalität viel besser vermittelt, was insbesondere an dem Raster deutlich wird, deren Linien in der Ferne zusammenlaufen.

### 4.3.2 Mausbedienung der 3D-Fenster

Die im vorherigen Abschnitt eingeführten Kommandos sind auch mit der Maus erreichbar, was oft praktischer ist, da dann die rechte Hand nicht die Maus loslassen muss.

Die Taste, die diese Mausbedienug für die 3D-Fenster einleitet, ist die mittlere Maustaste MMB. In der Grundeinstellung von Blender rotieren Mausbewegungen bei gedrückter mittlerer Maustaste das 3D-Fenster. Hierbei kommt je nach Einstellung des Knopfes Trackball im InfoWindow (Abschnitt 4.13) die Trackball- oder Turntable-Methode zum Einsatz. Die Turntable-Methode erlaubt nur Rotationen um die Hauptachsen des Fensters und ist etwas einfacher zu bedienen, die Trackball-Methode ist flexibler und mit ein wenig Übung gut zu beherrschen.

Wird im InfoWindow Viewmove aktiviert, so verschiebt die mittlere Maustaste den Fensterinhalt. Ich benutze viel öfter die Verschiebung des Fensterinhalts als die Rotation, daher ist diese Einstellung in meinen Szenen aktiviert. Das Fenster wird dann mit gehaltener Shift-Taste rotiert. In der Grundeinstellung verschiebt diese Kombination die Ansicht.

Mit Mausbewegungen, bei Strg-MMB wird die Ansicht gezoomt, d.h. wie bei einem Zoomobjektiv an einer Fotokamera herangeholt (Teleobjektiv) bzw. verkleinert (Weitwinkel).

In der Knopfleiste der 3D-Fenster sind nochmals die wichtigen Funktionen für das jeweilige Fenster abrufbar. In Abbildung 4-3 ist eine solche Leiste gezeigt.

**Abbildung 4-3**
Knopfleiste des 3D-Window

Ganz links befindet sich der IconSlider, der den Fenstertyp umschaltet, hier natürlich auf ein 3D-Fenster eingestellt. Daneben befinden sich Icons, die das Fenster auf den vollen Bildschirm schalten bzw. die Ansicht auf alle Objekte zentrieren.

Als Nächstes folgen die Knöpfe für die Layereinstellungen bis einschließlich des »Schloss«-Icons, die im nächsten Abschnitt erläutert werden.

Rechts neben den Layereinstellungen befindet sich der LocalView-Knopf, mit dem das aktive Objekt allein in dem Fenster dargestellt wird. Alternativ kann für das selektierte Objekt auch mit PAD ÷ auf den LocalView umgeschaltet werden. Dies erlaubt eine Konzentration auf dieses Objekt, das Ausblenden der anderen Objekte erhöht auch die Zeichengeschwindigkeit, sodass zügig mit diesem Objekt gearbeitet werden kann.

Der nächtste IconSlider schaltet zwischen der orthogonalen, perspektivischen und Kameraansicht um, dann folgt der IconSlider für die Umschaltung von Draufsicht, Seitenansicht und Vorderansicht. Mit den zwei Knöpfen daneben kann durch Klicken, Halten und Bewegen mit der linken Maustaste die Ansicht verschoben bzw. gezoomt werden.

Die weiteren Knöpfe definieren das Verhalten von Rotationen und Skalierungen und werden in Abschnitt 4.7.4 erklärt.

## 4.4  Schichtweise: Layersystem

Layer können Sie sich als Stapel von durchsichtigen Folien mit den 3D-Objekten von Blender darauf vorstellen. Die Folien können einzeln aus dem Stapel entfernt werden und sind dann nicht mehr sichtbar.

Mit dem Layersystem von Blender organisieren Sie sich hauptsächlich die Arbeit oder schaffen sich durch das Ausblenden von Objekten auf einzelnen Layer einen besseren Überblick der Szene. Darüber hinaus werden Objekte auf deaktivierten Layern nicht berechnet oder dargestellt, was bei komplizierten Objekten zu einer erheblichen Geschwindigkeitssteigerung insbesondere der Modellierung führt. Weiterhin können Zwischenschritte der Modellierung oder Sicherheistkopien von Objekten auf abgeschalteten Layern gelagert werden.

**LayerButtons**

Die LayerButtons werden in der Fuß- oder Kopfzeile der 3D-Fenster dargestellt. Ein aktiver Layer ist durch einen eingedrückten Knopf symbolisiert. Der aktive Layer kann durch einen Klick mit der linken Maustaste gewählt werden, mit gehaltener Shift-Taste ist eine Mehrfachauswahl möglich.

Die obere Reihe von Layerknöpfen entspricht den Layern 1–10, die untere 11–20. Mit der Tastatur kann der Layer über die Ziffertasten auf der Haupttastatur gewählt werden, die einzelnen Ziffern 1...9 und 0 entsprechen dabei den Layern 1-10. Mit gehaltener Shift-Taste wird auch hier eine Mehrfachselektion durchgeführt. Alt-1...9,0 selektiert die Layer 11-20.

Der zuletzt selektierte Layer ist auch der aktive Layer, auf dem die weitere Arbeit stattfindet und so auch Objekte erzeugt werden.

Objekte können zwischen den Layern bewegt werden, indem entweder in den **EditButtons** F9 der entsprechende Layer mit der Maus aktiviert oder durch M ein Pop-up-Menü aufgerufen wird, in dem wiederum mit der Maus oder den Zifferntasten einer oder mehrere Layer selektiert und dann mit einem Klick auf OK oder Return bestätigt werden. Ein Objekt kann so auch auf mehreren Layern aktiv und sichtbar sein.

Um Ihre Arbeit zu organisieren, sollten Sie sich möglichst bald die Verwendung von Layern verinnerlichen. Insbesondere sollten Sie die Lampen und z.B. den Boden der Grundszene in getrennten Layern halten, damit diese Objekte nicht das Modellieren stören.

Die Layer spielen, über die Organisation von Szenen hinaus, noch eine Rolle für die selektive Beleuchtung (Abschnitt 7.3.2) und auch die Generierung von Spiegelungen (Abschnitt 6.9). Eine noch feinere Aufteilung der Szene ist mit den »Scenes« von Blender möglich (Abschnitt 4.12).

Mit dem deaktivierten (offenen) Schloss-Icon können Sie so mit Layern arbeiten, dass die Einstellungen der Layer nicht bei der Berechnung der Szene berücksichtigt werden.

## 4.5   Laden und Speichern

Besonders wichtige Funktionen sind das Speichern und Laden von Szenen und Objekten, weshalb diesen Funktionen hier ein eigener Abschnitt gewidmet ist.

Die Lade- und Speicherfunktion für Szenen werden über die Tasten $\boxed{F1}$ und $\boxed{F2}$, die Toolbox oder das Toolboxmenü eingeleitet. In der Toolbox existieren unter dem Menüpunkt File die in Abbildung 4-4 dargestellten Einträge, die wiederum ein Dateifenster aufrufen, in dem dann die gewünschten Auswahlen und Eingaben getätigt werden.

Dateifenster

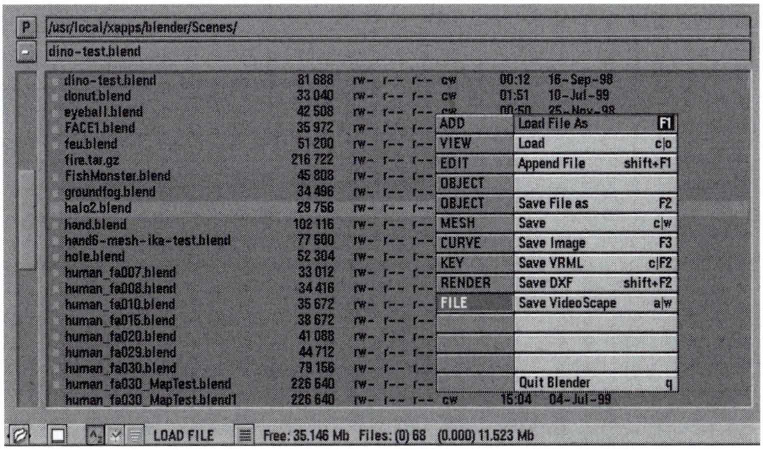

**Abbildung 4-4**
Dateifenster mit Toolbox

Die Abbildung zeigt das Dateifenster für das Laden von Blenderszenendateien, alle anderen Dateifenster bieten aber die gleiche Funktionalität. Mit der mittleren Maustaste kann eine Datei geladen werden. Dateien, die Blender laden kann, werden mit einem gelben Quadrat neben dem Dateinamen gekennzeichnet.

Die linke Maustaste übernimmt den angeklickten Dateinamen in die Dateinamenzeile oben, zum Laden ist jetzt ein Druck auf die Eingabetaste ⌷Return⌷ nötig, vorher können so noch der Datei- oder Verzeichnisname geändert oder erweitert werden. Vor dem Überschreiben von Dateien fragt Blender sicherheitshalber nochmals nach, diese Sicherheitsabfrage kann durch einen Mausklick oder ⌷Return⌷ bestätigt oder mit ⌷Esc⌷ bzw. Herausbewegen des Mauszeigers aus dem Popup-Menü abgebrochen werden.

**⌷PAD +⌷ und ⌷PAD -⌷:
Versionsnummern
erzeugen**

Beim Speichern von Dateien kann durch Drücken der Plus- oder Minustasten auf dem Ziffernblock eine Versionsnummer an den Dateigrundnamen (vor `.blend`) gehängt, bzw. erhöht oder verringert werden.

In der ersten Zeile kann durch Anklicken der Pfad zu den Dateien angegeben werden. Wird hier ein nichtexistenter Verzeichnisname eingetippt, so erstellt Blender dieses Verzeichnis nach einer Sicherheitsabfrage neu.

**P

ParentButton**

Der Knopf mit dem »P« darauf wechselt in das nächsthöhere Verzeichnis. Wird statt eines Dateinamens ein Verzeichnis angewählt, so wird dort hin gewechselt. Besondere Bedeutung haben die Verzeichniseinträge »..« und ».«. Der Eintrag »..« wechselt wie der ParentButton in das nächsthöhere Verzeichnis, der Eintrag ».« bezeichnet das aktuelle Verzeichnis und lädt den Verzeichnisinhalt neu, was praktisch ist, wenn ein anderes Programm neue Dateien in das Verzeichnis geschrieben hat.

**-

MenuButton**

**`.Bfs` zuletzt besuchte
Verzeichnisse**

Der MenuButton oben links präsentiert eine Auswahl zuletzt gewählter Verzeichnisse oder Laufwerksbuchstaben bei Windows-Systemen, wenn er mit der linken Maustaste gehalten wird. Die Information über die zuletzt besuchten Verzeichnisse werden in der Datei `.Bfs`, im Heimatverzeichnis des Benutzers oder im Windows-Systemverzeichnis, gespeichert, die auch mit einem Texteditor bearbeitet werden kann.

In der Statusleiste (normalerweise unten im Fenster, dies ist aber umschaltbar) kann die Sortierreihenfolge der Dateien zwischen einer alphabetischen Sortierung, Dateidatum und Dateigröße umgeschaltet werden. Daneben befindet sich noch ein Knopf, der zwischen einer detaillierten Ansicht (z.B. Dateigröße, Zugriffsrechte, Datum) und einer Kurzansicht (nur Dateiname) umschaltet. Weiterhin werden hier noch der freie Platz auf der Festplatte oder Partition angezeigt sowie Anzahl und Größe der selektierten Dateien (in Klammern) sowie die Gesamtzahl aller Dateien in dem aktuellen Verzeichnis.

Bei Funktionen wie z.B. dem Laden von Bildern können mit der rechten Maustaste Mehrfachselektionen vorgenommen und mit der Taste ⌷A⌷ alle Files im aktuellen Verzeichnis selektiert oder deselektiert werden.

Durch die Tastenkombination [Shift]-[F1] oder den Menüpunkt **Append File** aus der Toolbox können Elemente (Objekte, Materialien etc.) aus einer Blenderdatei nachgeladen werden. Dazu wird die Datei mit der linken oder mittleren Maustaste angeklickt und erscheint nun wie ein normales Verzeichnis, in dem wie gehabt navigiert werden kann. Die einzelnen Objektgruppen wie Materialien (»Materials«), Objekte (»Objects«) etc. werden als Unterverzeichnisse behandelt, in denen sich die einzelnen Elemente befinden und einzeln oder durch Mehrfachselektion in die aktuelle Szene hinzugeladen werden können.

Durch Anwählen von **Link** statt **Append** wird nur ein unveränderbarer Repräsentant des Objekts erzeugt, was z.B. die Arbeit von mehreren Animatoren an einer Szene oder eine firmenweite Materialbibliothek erlaubt. Dieses Library-Prinzip ist der kommerziellen Version von Blender vorbehalten

Die von Blender lesbaren Formate für 3D-Dateien werden über die normale Ladefunktion [F1] geladen, Blender erkennt den Typ selbstständig und konvertiert ihn in seine interne Darstellung. Eine Übersicht der möglichen Dateiformate befindet sich in Abschnitt B.1. Das Exportieren von 3D-Dateien ist hauptsächlich der kommerziellen Blendervariante vorbehalten.

Berechnete Einzelbilder können mit [F3] oder über die Toolbox **Save Image** gespeichert werden. Dazu wird das in den **DisplayButtons** gewählte Format benutzt.

## 4.6  Objekte selektieren

Ein Klick mit der rechten Maustaste auf ein Objekt selektiert das Objekt, es erscheint dann in den Drahtgitterdarstellungen violett. Bereits selektierte Objekte werden dabei deselektiert. Mit gehaltener [Shift]-Taste wird die Selektion erweitert oder durch nochmaliges Anklicken mit gehaltener [Shift]-Taste verkleinert. Bei mehreren selektierten Objekten ist das zuletzt selektierte Objekt das aktive Objekt, d.h., einige Operationen, die nur für einzelne Objekte sinnvoll sind, beziehen sich immer auf das aktive Objekt. Sichtbar gemacht wird dies durch die etwas hellere violette Farbe der Selektion im Drahtgittermodus.

Aktives Objekt

Die Taste [A] selektiert bzw. deselektiert alle Objekte. Sind schon Objekte selektiert, so werden diese deselektiert, sodass [A] nochmals gedrückt werden muss, um alle Objekte zu selektieren.

Mit der Taste [B] erhält man einen Auswahlrahmen, der mit gedrückter linker Maustaste aufgezogen wird und alle Objekte, die teilweise oder vollständig im Rahmen liegen, beim Loslassen der Maustaste selektiert.

Im EditMode erhält man zusätzlich noch die Möglichkeit, mittels B - B einen Kreis zur Selektion von Vertices (d.h. die Kontrollpunkte des Objekts) zu benutzen. Hierbei wird mit gedrückter linker Maustaste selektiert und mit der mittleren Maustaste eine Selektion aufgehoben. Die Größe des Selektionskreises können Sie mit der + bzw. - Taste auf dem Nummernblock ändern.

## 4.7  Objekte manipulieren

Die häufigsten Aktionen bei der Modellierung und dem Bearbeiten von Objekten sind sicher das Bewegen (Translation), Drehen (Rotation) und Ändern der Größe (Skalierung) von Objekten.

Aus diesen grundsätzlichen Manipulationsmöglichkeiten ist jede Bewegung im Raum (Animation) und die Erstellung von Objekten (Modellierung) kombinierbar. Weitere Werkzeuge helfen dem Animator dabei, mehr oder weniger automatisch, kompliziertere Aufgaben in diese Grundoperationen zu zerlegen und werden in den Tutorials zur Animation beschrieben.

### 4.7.1  Verschieben

G von engl. grab, greifen

Mit der Taste G verschieben Sie die selektierten Objekte oder Vertices. Die Bewegung erfolgt dabei immer auf der Bildschirmebene, d.h., es ist keine Verschiebung in die Tiefe möglich, dafür ist ein zweiter Schritt in einer anderen Ansicht nötig. Dieses Vorgehen ist durch die Beschränkung der Maus auf zwei Achsen als Eingabegerät auferlegt, sich in der Entwicklung befindliche Eingabegeräte mit mehr als zwei Freiheitsgraden (Mäuse mit zusätzlichem Rad, 3D-Mäuse etc.) werden zur Zeit noch nicht unterstützt.

Die Arbeit in verschiedenen Ansichten und unter Zuhilfenahme des 3D-Cursors geht aber schnell und vor allem exakt vor sich. Nach dem Drücken von G folgen die selektierten Objekte der Maus, dabei springen die Objekte aber nicht zum Mauszeiger, sondern der Versatz bleibt erhalten, was es vereinfacht, Objekte in Beziehung zu Referenzpunkten auszurichten. Die Verschiebung wird mit der linken Maustaste oder Return bestätigt oder mit der rechten Maustaste bzw. ESC abgebrochen, wobei das Objekt an den alten Platz zurückkehrt. Zur feinen Positionierung können auch die Cursortasten auf der Tastatur benutzt werden.

Je nach den Voreinstellungen für den Rasterfang im UserMenu (Abschnitt 4.13) aktiviert die Taste Strg das Raster, wenn sie während der Verschiebeaktion gehalten wird. Mit Shift wird eine sehr feine Positionierung ermöglicht.

Eine wichtige Rolle spielt beim Verschieben die mittlere Maustaste. Während die Bewegung eingeleitet wird, kann durch einen Klick der mittleren Maustaste die Bewegung des Objekts auf die Hauptbewegungsrichtung beim Drücken der mittleren Maustaste beschränkt werden. Ein weiterer Druck auf die mittlere Maustaste hebt diese Beschränkung wieder auf.

### 4.7.2 Rasterfang

Blender ist kein CAD-Programm, bietet aber trotzdem eine Reihe von Funktionen genau zu modellieren. Darüber hinaus können 3D-Modelle aus CAD-Programmen geladen werden und so die Stärken der einzelnen Programme (CAD: genaues Konstruieren, Blender: realistische, schnelle Visualisierung) kombiniert werden.

CAD: Computer Aided Design, computerunterstütztes Konstruieren/Design

Ein einfaches Verfahren zum exakten Konstruieren besteht darin den 3D-Cursor zu benutzen. Neue Objekte werden immer an der Position des 3D-Cursors gesetzt. Der 3D-Cursor wird mit einem Klick der linken Maustaste in eine 3D-Ansicht (auch Kamerasicht) gesetzt. Dabei ist es durch Kombination von verschiedenen Ansichten möglich, jeden Punkt in der 3D-Welt zu erreichen, obwohl der Cursor mit der Maus natürlich nur in zwei Dimensionen bewegt werden kann.

3D-Cursor

Mit dem SNAP-Menü Shift-S kann der Cursor entweder auf selektierte Objekte (Curs->Sel) oder auf den nächsten Rasterpunkt (Curs->Grid) gesetzt werden. Selektierte Objekte können mit dem SNAP-Menü auf den 3D-Cursor gesetzt (Sel->Curs) oder zum nächsten Rasterpunkt (Sel->Grid) gebracht werden.

SNAP-Menü

Blender verwendet eine Art zweistufige Rasterfangmethode. Wird z.B. ein selektiertes Objekt mit G verschoben, so bewegt Blender das Objekt bei gehaltener Strg-Taste in Rasterschritten, was aber nicht bedeutet, dass das Objekt auch auf das sichtbare Raster springt. Hierzu muss es erst mittels Shift-S→Sel->Grid auf das Raster gesetzt werden. Dies erscheint zuerst umständlich, aber nach einer Gewöhnung wird klar, dass so praktisch zwei Raster existieren und man ein Objekt auch außerhalb des Rasters mit einem festen Abstand (Offset) zu den Rasterpunkten bewegen kann, ohne das Raster ändern zu müssen oder es ganz abzuschalten.

Das Raster passen Sie in den **ViewButtons** an, die hier getroffenen Einstellungen gelten immer nur für das dazugehörige 3D-Fenster, sodass jedes eine individuelle Einstellung des Rasters besitzen kann. Für das aktuelle 3D-Window werden die **ViewButtons** durch Shift-F7 oder entsprechende Auswahl des Windowtyps mit dem IconSlider aufgerufen werden.

ViewButtons

Der Parameter Grid: bestimmt die Rasterweite. Der Parameter GridLines: bestimmt die Anzahl der in den perspektivischen Ansichten gezeichneten Rasterlinien und somit in Zusammenhang mit Grid: die Größe der Rasterfläche. Wird GridLines: auf Null gesetzt, so erscheint keine Rasterfläche in den perspektivischen Ansichten, dies ist insbesondere in der Kameraansicht von Vorteil.

In den orthogonalen Ansichten (z.B. Draufsicht, Seitenansicht etc.) ist das Raster immer vorhanden, sodass hier GridLines: keinen Einfluss besitzt. Wird so weit aus einer Ansicht herausgezoomt, dass die Rasterweite zu klein wird, so stellt Blender nur noch jede zehnte Rasterlinie dar. Damit es hier nicht zu Verwechslungen kommt werden die Rasterlinien jetzt gestrichelt gezeichnet.

In das Raster der orthogonalen und perspektivischen Ansichten werden die Koordinatenachsen farbig eingezeichnet, die X-Achse ist rot, die Y-Achse grün und die Z-Achse blau.

### 4.7.3  Genaue Werteeingabe: Das NumberMenu

**Abbildung 4-5**
NumberMenu zur exakten
Werteeingabe

NumberMenu

Um ein Objekt oder einen Punkt schnell zu transformieren ist das NumberMenu [N] ein wichtiges Werkzeug. Wie in Abbildung 4-5 gezeigt, können die Werte für die Position, Rotation und Skalierung des aktiven Objekts direkt numerisch eingegeben werden. Die Werte sind dabei Absolutwerte, d.h. für Position und Rotation auf Weltkoordinaten bezogen und für die Skalierung auf die Ausgangsgröße des Objekts. Die Winkel der Rotation werden in Dezimalgrad (0...360°) angegeben. Ein Klick mit der linken Maustaste auf OK übernimmt die Änderungen, [Esc] oder das Verlassen des Menüs mit der Maus bricht die Funktion ab.

### 4.7.4  Rotieren

[R] von engl. rotate,
rotieren, drehen

Die Taste [R] dreht ein oder mehrere selektierten Objekte. Als Zentrum für die Rotation dient dabei je nach aktiviertem Knopf in der Fensterleiste der Mittelpunkt eines die Selektion umschließenden

Würfels, der Schwerpunkt der Selektion, der 3D-Cursor oder die Objekte werden alle um ihren eigenen Ursprungspunkt (kleine violette Kugel) gedreht. Als Rotationsachse dient immer die Achse lotrecht zum Bildschirm.

Rotationszentren

Zum Rotieren bewegen Sie die Maus um das Rotationszentrum herum, die Rasterfangeinstellungen arbeiten dabei wie im UserMenu (Abschnitt 4.13) eingestellt. Die linke Maustaste übernimmt die Änderungen, die rechte Taste oder [Esc] stellt den Zustand vor dem Eintritt in den Rotationsmodus wieder her. Die mittlere Maustaste schaltet auf eine gleichzeitige 2-Achsenrotation um.

Werden während des Rotationsmodus die Tasten [X], [Y] oder [Z] gedrückt, so schaltet Blender auf die Rotation um die globalen Achsen um.

### 4.7.5 Skalieren

Mit der Taste [S] können die selektierten Objekte skaliert werden. Wird der Mauszeiger vom Zentrum der Selektion entfernt, so werden die Objekte vergrößert und umgekehrt verkleinert. Je nach der Entfernung des Mauszeigers vom Zentrum der Skalierung beim Drücken von [S] erfolgt die Größenänderung mehr oder weniger stark, womit die Genauigkeit gut zu steuern ist. Das Zenrum der Skalierung kann wie bei der Rotation in der Iconleiste des 3D-Windows eingestellt werden. Wird die mittlere Maustaste während der Skalierung kurz gedrückt, so wird die Skalierung auf eine Achse beschränkt, somit sind dann ungleichmäßige Skalierungen von Objekten möglich. Mit [Shift] erreicht man eine feinere Skalierung, mit [Strg] wird je nach Voreinstellung das Raster zugeschaltet.

[S] von engl. scale, skalieren, Größe ändern

[MMB]: auf eine Achse beschränkte Skalierung

**Spiegelung von Objekten**   Ein Sonderfall des Skalierens von Objekten ist das Spiegeln (Skalieren mit negativem Vorzeichen). Hierzu wird mit [S] in den Skalierungsmodus gewechselt und jetzt können die Objekte mit den Tasten [X] und [Y] entlang der Horizontal- bzw. Vertikalachse des 3D-Windows gespiegelt werden. Um unerwünschte Größenänderungen zu vermeiden, sollte man hier den Rasterfang durch Halten der [Strg]-Taste benutzen oder die Maus nicht mehr bewegen.

Wenn Sie ein bereits rotiertes Objekt spiegeln möchten, kann es vorkommen, dass sich das Objekt beim Spiegeln unerwünscht verformt. In einem solchen Fall sollten Sie vor der Spiegelung mit [Strg]-[A] die Rotation und Größe des Objekts übernehmen (Apply size/rot).

## 4.8    EditMode: Objekte verändern

Ein neues Objekt befindet
sich im EditMode

Wird ein neues Objekt in Blender erzeugt, so befindet sich dieses
Objekt im so genannten *EditMode*. Der EditMode erlaubt die Än-
derung der Objektgeometrie als solche. Der EditMode wird mit der
Tabulator-Taste Tab beendet oder gestartet.

Außerhalb des EditMode wird das Objekt als Ganzes z.B. verschoben oder rotiert, im EditMode sind die Kontrollpunkte des Objekts (Vertices) einzeln editierbar.

Setzen Sie Blender mit Strg-X auf die Grundszene zurück. Die
Fläche in der Mitte des Fensters ist selektiert, wenn nicht, selektieren
Sie die Fläche mit der rechten Maustaste. Eine Verschiebung mit G
eingeleitet, beeinflusst die gesamte Fläche. Bei weiterhin selektierter
Fläche drücken Sie jetzt Tab, um in den EditMode zu wechseln.

Vertices der Objekte

An den Ecken der Fläche erscheinen jetzt die Vertices (Kontrollpunkte) des Objekts. Selektieren Sie mit der rechten Maustaste einen
der Punkte, der daraufhin gelb wird. Drücken Sie jetzt G und verschieben Sie den Punkt. Bestätigen Sie die Verschiebung mit der
linken Maustaste und verlassen Sie den EditMode mit Tab, die Fläche wurde im Aussehen geändert. Auf die gleiche Weise sind auch
Rotationen und Skalierungen mit den Vertices möglich. Bevor Sie den
EditMode verlassen, können Sie mit der Taste U alle im EditMode
gemachten Änderungen rückgängig machen.

Weitere Möglichkeiten im EditMode werden in den Tutorials behandelt, die Möglichkeiten für Flächenobjekte in Abschnitt 4.8.

## 4.9    Knöpfe, Regler und Schalter

Unter den vielfältigen Knöpfen, Schaltern und Reglern von Blender
gibt es ein paar Arten, die so in keiner anderen Oberfläche vorkommen. Auch hier verwende ich die originalen englischen Namen. So
weit möglich wird die Funktion und eine deutsche Übersetzung angegeben, wenn der Knopf das erste Mal in einem Tutorial erwähnt
wird.

Make

BUT: Ein normaler Knopf, der einen bestimmten Prozess startet,
normalerweise in beiger Farbe dargestellt.

Stencil

TOGBUT: Ein Knopf, der zwischen zwei Zuständen umschaltet,
ein aktivierter Knopf wird eingedrückt dargestellt.

TOG3BUT: Dieser Knopftyp kann *aus*, *positiv* oder *negativ* geschaltet sein, eine negative Schaltung wird durch gelben Text dargestellt.

**Glob** Orco **Stick**

ROWBUT: Eine Reihe von Knöpfen, wovon nur ein Knopf aktiv sein kann, da sich die Optionen gegenseitig ausschließen.

ICONSLI: Dieser Icontyp ist an den zwei kleinen Pfeilen links und rechts zu erkennen. Durch [LMB]-Klicks rechts oder links in das Icon wird dieser Knopftyp in seinen Stellungen vor- oder zurückgeschaltet. Zum schnellen Durchschalten kann der Knopf auch mit der linken Maustaste gehalten werden, horizontale Mausbewegungen schalten dann die Möglichkeiten durch.

ofsX 0.000

NUMBUT: Knopf zur Anzeige und Eingabe von numerischen Werten. Der Wert kann auf drei Arten eingestellt werden:

❏ Anklicken mit der linken Maustaste, halten und die Maus nach rechts oder links bewegen erhöht bzw. verringert den Wert. [Strg] ändert den Wert in Schritten, [Shift] erlaubt eine feinere Einstellung.

❏ Wenn der Knopf mit der linken Maustaste gehalten und die mittlere oder rechte Maustaste zusätzlich gedrückt wird, wird der Knopf zu einem Eingabefeld, in dem mit der Tastatur der Wert geändert werden kann. [RETURN] übernimmt den Wert, [ESC] bricht die Eingabe ohne Änderung ab.

❏ Ein Klick mit [LMB] rechts im Knopf erhöht den Wert, ein Klick links im Knopf verringert den Wert. Dies ist insbesondere für ganzzahlige Werte vorteilhaft.

DVar 1.000

NUMSLI: Schieberegler, der durch Halten und Ziehen mit der linken Maustaste zwischen den Grenzen des Wertebereichs eingestellt werden kann. Ein Klick mit [LMB] auf den angezeigten Wert erlaubt eine Eingabe mit der Tastatur.

**MenuButton**

**Automatische Benennung**

**MENUBUT:** Der MenuButton setzt sich normalerweise aus mehreren Elementen zusammen. Klicken und Halten des MenuButtons, bringt ein Pop-up-Menü hervor, welches die Auswahl eines Eintrags oder über **AddNew** das Erstellen eines neuen Eintrags ermöglicht. Der Name des Eintrags erscheint dann neben dem Button und kann dort durch einen Mausklick auch per Tastatur geändert werden. Ein Klick auf den Knopf mit dem × löscht den Eintrag. Wenn ein Knopf mit einem Auto darauf vorhanden ist, benennt Blender den Eintrag automatisch.

## 4.10   Fenster (»Windows«)

Fenster bilden einen wesentlichen Teil der Benutzerschnittstelle von Blender. In ihnen werden alle Informationen zur aktuellen Szene angezeigt, aber auch der integrierte Dateimanager benutzt Fenster zur Anzeige. Fenster in Blender sind praktisch frei in der Größe und Anordnung aufteilbar, sodass hier eine individuelle Arbeitsumgebung geschaffen werden kann.

Header: Kopf oder Fußzeile

Jedes Fenster hat einen *Header* (Kopfzeile oder Fußzeile je nach Konfiguration, dies können Sie durch einen Klick mit der rechten Maustaste auf den Header umschalten), der je nach Fensterart verschiedene Knöpfe und Informationen beinhaltet.

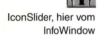

**IconSlider, hier vom InfoWindow**

Ganz links in der Fensterleiste befindet sich ein so genannter IconSlider, der den aktuellen Typ des Fensters anzeigt und auch zum Umschalten der Fenstertypen gedacht ist. Erkennbar sind diese IconSlider an den zwei kleinen Pfeilen links und rechts vom Icon. Ein Klick mit der linken Maustaste rechts oder links in das Icon schaltet eine Position vor oder zurück. Klicken und Halten der linken Maustaste erlaubt es mit Mausbewegungen nach rechts oder links schnell zwischen den Zuständen des IconSliders zu scrollen.

### 4.10.1   Fensterkanten

Immer wenn die Maus über die Kante eines Fensters kommt, wandelt sich der Mauszeiger in einen Doppelpfeil, mit dem nun verschiedene Funktionen durchgeführt werden können. Dabei gelten die Veränderungen immer für das Fenster, aus dem der Mauszeiger über die Fensterkante gebracht wurde!

**Fensterkanten**

#### Verschieben: Linke Maustaste

Mit gedrückter linker Maustaste kann die Fensterkante verschoben werden. Hierbei bewegt sich die Fensterkante immer in Schritten von vier Pixeln um eine genaue Positionierung der Kanten zu gewährleisten und so ein Zusammenfügen der Fenster (Join) zu erleichtern.

### Aufteilen: Mittlere Maustaste

Wird die mittlere Maustaste über einer Fensterkante gedrückt, so erscheint ein Pop-up-Menü, welches mit OK?-Split abfragt, ob das Fenster geteilt werden soll. Wenn Split mit der linken Maustaste bestätigt wird, erscheint eine neue Fensterkante, die mit der Maus bewegt werden kann und mit der linken Maustaste gesetzt wird. Ein Druck auf [Esc] bricht die Aktion ab. Das neue Fenster ist eine Kopie des aufgeteilten Fensters.

Wichtig ist die Seite, von der die Fensterkante mit der Maus angefahren wird, es wird immer das Fenster aufgeteilt, in dem sich die Maus vor dem Überfahren der Fensterkante befunden hat.

### Zusammenfügen: Rechte Maustaste

Ein Klick mit der rechten Maustaste über einer Fensterkante bringt ein Pop-up-Menü OK?-Join, welches beim Klick auf Join die von der Fensterkante getrennten Fenster zusammenfasst. Auch bei dieser Funktion bestimmt die Richtung, aus der die Kante angefahren wurde, welches Fenster erhalten wird.

### 4.10.2 Fenstertypen

Es gibt bisher in Blender zehn Fenstertypen (Abbildung 4-6). Der Typ des Fensters wird ganz links im Header mit einem IconSlider angezeigt und kann dort auch umgeschaltet werden. Von oben nach unten und links nach rechts in Abbildung 4-6 bietet Blender folgende Fenster:

**InfoWindow**
In der Kopfzeile des InfoWindow befindet sich die Infozeile von Blender. Im InfoWindow selbst finden Voreinstellungen wie Pfade zu Dateien, das Verhalten der Kopierfunktion, Sicherheitskopien etc. statt.

**3D-Window**
Fenster mit 3D- und Kameraansichten.

**IPOWindow**
Animationskurven für Objekt, Material, Welt etc.

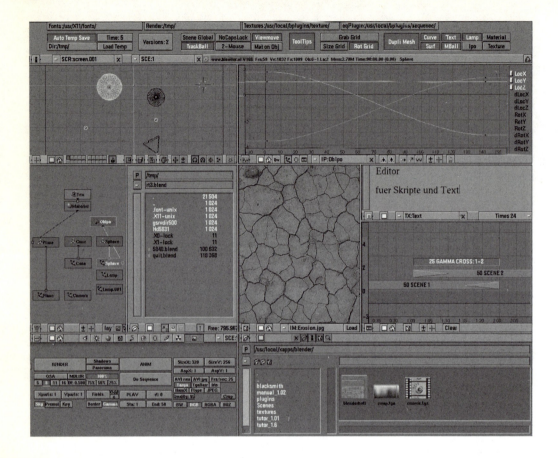

**Abbildung 4-6**
Alle Fensterarten in Blender
gleichzeitig geöffnet

### OopsWindow

Visualisierung der internen Objektstruktur von Blender und der
Beziehungen der Objekte untereinander.

### FileWindow

Fenster zur Auswahl von Dateien zum Laden, Speichern, aber
auch Kopieren von Dateien, Löschen, Verzeichnisse erstellen etc.

### ImageWindow

Anzeige von Bildern für den SequenceEditor o.Ä.

### TextWindow

Texteditor zur Erstellung von Texten und Skripten.

### ■ SequenceWindow

Nachbearbeitung von Animationen und Filmen (Postproduction), Effekte wie Unschärfe, Zusammenfügen von Szenen, Farb-
änderungen etc.

### ■ ButtonsWindow

Darstellung der verschiedenen objektbezogenen Knöpfe, je nach
selektiertem Objekt und Modus (EditMode/Objektmode) erscheinen im ButtonsWindow unterschiedliche Knöpfe, die nach
Funktionsgruppen und Teilbereichen unterteilt sind. Diese Teil-
bereiche können durch Funktionstasten und über die Iconleiste
des ButtonWindows aufgerufen werden (Abbildung 4-7).

### ■ ImageSelectWindow

Auswahl von Bildern mit Vorschauminiaturen (Thumbnails).

### 4.10.3 Schaltzentrale: Das ButtonWindow

Blender arbeitet objektbezogen, d.h., je nach selektiertem Objekt
oder sogar Funktion sind nur für das Objekt sinnvolle Funktionen
vorhanden. So hat es z.B. keinen Sinn, für einen Würfel die Knöpfe
zur Bearbeitung von Kurven anzuzeigen oder bei einer Lichtquelle Materialparameter außer der Farbe darzustellen. Diesem Prinzip
trägt insbesondere das ButtonsWindow (Abbildung 4-6 unten) Rechnung.

**Abbildung 4-7**
Die Icons des
ButtonsWindow

Das ButtonWindow hat eine Iconleiste (Abbildung 4-7), die auf
den jeweiligen Bereich in Blender umschaltet. Dies können z.B. die
MaterialButtons (der Materialeditor) sein oder die EditButtons, die
die jeweiligen Funktionen für 3D-Objekte bereitstellen. Einige Icons
erscheinen nur, wenn der »Complete Blender« benutzt wird und sind
mit dem CKey Symbol ausgezeichnet.
Die einzelnen Bereiche sind:

### ViewButtons `Shift`-`F7`

Einstellungen (Rasterlinien, Hintergrundbild für Rotoscoping
etc.) für das 3D-Window, zu dem diese ViewButtons gehören

### LampButtons `F4`

Einstellungen für die aktive Lichtquelle

### MaterialButtons `F5`

Der Materialeditor von Blender, es werden die Einstellungen
für das Material des aktiven Objekts angezeigt

**TextureButtons** F6
> Textureditor von Blender

**AnimButtons** F7
> Animationseinstellungen für das aktive Objekt, Partikelanimation etc.

**WorldButtons** F8
> Einstellungen für die Umgebung (Welt) der aktiven Szene

**EditButtons** F9
> Einstellungen und Modellierungsoptionen für das aktuelle Objekt

**PaintButtons** F10
> Editor zum Einfärben von Polygonobjekten

**RadiosityButtons**
> Radiosity Renderer

**ScriptButtons**
> Vergabe von Python-Skripten an Objekte

**DisplayButtons**
> Einstellungen für die Berechnung und Ausgabe

## 4.11 Bildschirme (»Screens«)

Arbeitsbereiche schaffen

Anordnungen von Fenstern werden in so genannten *Screens*, also »Bildschirmen«, gespeichert und verwaltet. Mit den Screens können Sie sich für unterschiedliche Arbeiten an Szenen genau angepasste Arbeitsbereiche schaffen.

Die Screens werden mit der Szene gespeichert und somit auch die Anordung der Fenster in den einzelnen Screens, sodass es möglich wird, eine für jede Szene angepasste Arbeitsumgebung vorzufinden.

Im Header von Blenders Hauptfenster befindet sich ein Menu-Button, mit dem zwischen verschiedenen Screens umgeschaltet, neue Screens erzeugt oder Screens gelöscht werden können.

ScreenBrowse

Durch einen Klick auf den Screennamen neben SCR: wird das Textfeld zu einer Texteingabe, mit dem der Bildschirm individuell benannt werden kann. Neben der Umschaltung mit der Maus über den MenuButton kann auch mit Strg-← bzw. Strg-→ zwischen den Bildschirmen umgeschaltet werden, hierbei ist zu beachten, dass manche Betriebssysteme oder Fenstermanager unter dem X-Window-System diese Tastenkombinationen für eigene Funktionen verwenden.

In der von Blender beim ersten Start installierten Voreinstellungsszene (.B.blend) sind drei Screens definiert, screen.001 für die Arbeit in 3D-Fenstern, screen für die Arbeit mit IPOs (Animationskurven)

Abbildung 4-8
Dateimanager in Blender

und screen.002 für die Nachbearbeitung von Animationen mit dem Sequenzer.

Ich habe für meine persönliche Arbeitsumgebung noch weitere Screens definiert, darunter einen wie in Abbildung 4-8 gezeigt, der einen Dateimanager nachbildet und es ermöglicht, Dateien zu kopieren, zu löschen, zu verschieben etc., und auch Bildervorschauen bietet. Aber auch ein spezieller Screen zur Programmierung von Skripten befindet sich darunter.

## 4.12  Szenen (»Scenes«)

Ein weiteres grundlegendes Konzept von Blender ist die Verwendung von mehreren Szenen »Scenes« in einer Datei. Somit ist es möglich mehrere völlig unterschiedliche Ansichten einer 3D-Welt in einer Datei zu haben, die sich auch in der Auflösung oder Qualität der Berechnung unterscheiden können. So kann z.B. eine Animation für eine Multimedia-CD eine Auflösung der Bilder von 320×240 Punkten erfordern, die Standbilder für die CD-Hülle aber 4000×4000 Punkte, durch Verwendung von zwei Szenen ist mit einem Mausklick die Umschaltung getan.

Durch die Benutzung des eingebauten Videoschnittsystems in Blender ist es dann auch möglich, Schnitte und Überblendungen zwischen verschiedenen Szenen in einer Datei zu halten und in einem »Rutsch« zu berechnen, ohne ein einziges externes Programm zu bemühen. Das Konzept von mehreren Szenen in einer Blenderdatei erlaubt es weiterhin die Arbeit noch weiter zu organisieren und auch schnell Testszenen zu erstellen, in denen die Änderungen die Grundszene nicht beeinflussen.

Im Header des InfoWindow (normalerweise die oberste Leiste bei Blender) befindet sich analog zu dem SCR:-Knopf ein MenuButton, mit dem zwischen verschiedenen Szenen umgeschaltet, neue Szenen erzeugt oder Szenen gelöscht werden können.

Beim Erzeugen von neuen Szenen mit AddNew erscheint ein Popup-Menü mit folgenden Wahlmöglichkeiten:

**Empty** Erzeugt eine leere Szene.

**Link Objects**

> Die Objekte der Szene werden in die neue Szene gelinkt. Die Veränderung eines Objekts vererbt sich in die andere Szene. Einstellungen für Layer oder Selektionen sind lokal für die Szene einstellbar. Die Ursprungspunkte verlinkter Objekte aus einer anderen Szene sind zur Kennzeichnung blau.

**Link ObData**

> Die Objektdaten werden in die neue Szene gelinkt, die Positionen/Rotationen werden kopiert. Eine Änderung der Positionen/Rotation vererbt sich nicht in die Ursprungsszene. Die Mesh- oder Kurvendaten der Objekte werden vererbt, d.h., Änderungen im EditMode erscheinen in beiden Szenen.

**Full Copy**

> Volle Kopie der Ursprungsszene.

Das Linken von Szenen bzw. Objekten erzeugt keine neuen Objektinformationen, d.h., die Szene wird nicht größer. Dies ist ideal zum Ausprobieren von Ideen, ohne die aktuelle Szene zu beeinflussen oder gar zu zerstören. Die Einstellungen in den DisplayButtons sind immer lokal für eine neue Szene, somit kann man mit einem Mausklick zwischen Auflösungen, Formaten und Qualitätseinstellungen z.B. für eine Ausgabe auf Video oder die Erzeugung von Einzelbildern für eine GIF-Animation umschalten.

Durch einen Klick auf den Szenennamen neben SCE: wird der Textknopf zu einer Texteingabe, mit dem die Szene individuell benannt werden kann.

## 4.13   Blender an die eigene Arbeitsweise anpassen

Mit den in den folgenden Abschnitten beschriebenen Methoden können Sie sich eine Arbeitsumgebung in Blender anfertigen, die der eigenen Arbeitsweise entspricht. Diese Anpassung erfolgt über eine normale Szenendatei, die Blender beim Start automatisch lädt.

In den Tutorials zu Blender werden Sie Schritt für Schritt die Funktionen von Blender kennen lernen. Parallel zu diesem Prozess fertigen Sie sich so neben eigenen Experimenten eine Grundszene an, die fortan als Grundlage für alle eigenen Szenen dient. Die von mir verwendete Datei befindet sich auf der CD und hat den Namen Tutorial/B.blend.carsten.blend.

Als vordefinierte Objekte empfehlen sich eine Ebene und mindestens zwei Lichtquellen, damit man seine Experimente schnell berechnen kann. In solch einer Szene lassen sich auch z.B. oft benötigte Materialien speichern. Hierbei gilt es zu beachten, dass Blender Objekte (gemeint sind allgemein Objekte, nicht nur 3D-Körper) beim Speichern aus der Szenendatei entfernt, wenn sie nicht in der Szene verwendet werden.

**Abbildung 4-9**
Infowindow / Usermenü

Da Blender die in den Screens organisierten Fensteranordnungen und Scenes in seinen normalen Dateien speichert, lassen sich auch diese Informationen in die Voreinstellungsdatei einbringen.

Haben Sie eine passende Voreinstellung gefunden, so lässt sich diese mit den Tasten ⎡Strg⎦-⎡U⎦ abspeichern, nachdem die Sicherheitsabfrage positiv beantwortet wurde. Diese Voreinstellungsdatei .B.blend wird im Heimatverzeichnis des Benutzers oder im Systemverzeichnis von Windows gespeichert.

Wenn Sie das InfoWindow durch Klicken und Ziehen der Fensterkante mit der Maus vergrößern, finden Sie die Voreinstellungen für Blender, das so genannte *Usermenu* (Abbildung 4-9). Die wichtigsten Einstellungen sind hier die Pfade zu den Zeichensätzen, Textur- und Sequence-Plug-ins, die durch Anklicken mit der linken Maustaste zu Texteingabefeldern werden.

Sicherheit bei der Arbeit bieten die Möglichkeiten, Blender in Mi-

Sicherheitskopien

nutenabständen Sicherheitskopien der Szene erstellen zu lassen und beim Speichern der Szene die vorherigen Versionen zu erhalten. **View-move** vertauscht die Funktion der mittleren Maustaste, sodass eine Mausbewegung mit gehaltener mittlerer Maustaste die Ansicht verschiebt und nicht wie in der Grundeinstellung rotiert. Diese Einstellung kommt zumindest meiner persönlichen Arbeitsweise mehr entgegen als die Grundeinstellung, da ich öfters eine Ansicht verschiebe als rotiere.

Die Einstellung **Mat in Obj** bewirkt, dass beim Erzeugen von Objekten das Material eine Eigenschaft des Objekts ist und nicht der untergeordneten Form, wie z.B. einem Polygonnetz oder einer Kurve. Dies vereinfacht die Arbeit mit Instanzen, also Objekten, die mehrfach in der Szene auftauchen ohne weiteren Speicherplatz zu benötigen, da so jede Instanz ein eigenes Material besitzen kann.

Tooltips
Der Knopf **Tooltips** aktiviert die in der Statusleiste erscheinenden Tooltips, die beim Überfahren von GUI-Elementen mit der Maus erscheinen.

Rasterfang
Die nächsten Einstellungen definieren die Rasterfangeinstellungen für die Funktionen Bewegen (**Grab Grid**), Skalieren (**Size Grid**) und Rotieren (**Rotate Grid**). Dieses Raster ist besonders hilfreich um schnell Objekte mit ganz bestimmten Abmaßen zu konstruieren. Hier empfehle ich, das Raster für die Rotation zu benutzen, da so Rotationen schnell rückgängig gemacht werden können.

In der Grundeinstellung wird kein Raster benutzt, die Änderung ist stufenlos, mit [Shift] aktiviert man eine Art Untersetzung für eine genauere Kontrolle, [Strg] benutzt die großen Rasterschritte und [Shift]-[Strg] die kleinen Rasterschritte. Mit aktiviertem Button **Size Grid** oder **Rot Grid** benutzt die normale Änderung große Rasterschritte, [Shift] kleine Rasterschritte, [Strg] stufenlos und [Shift]-[Strg] benutzt die Untersetzung.

Kopieren und Linken
Rechts im InfoWindow befinden sich die Einstellungen für das Kopieren und Linken in Blender. Durch seine objektorientierte interne Darstellung der Zusammenhänge erlaubt Blender die Wiederbenutzung von Datenblöcken wie z.B. Gitternetze oder Materialien. Diese Wiederbenutzung benötigt wesentlich weniger Speicher, und wenn man das Grundobjekt editiert, ändern sich alle gelinkten Objekte ebenso. Diese Knöpfe bestimmen, welche Objekteigenschaften und Bestandteile beim Kopieren von Objekten mit [Shift]-[D] wirklich kopiert werden.

## Statuszeile des InfoWindow

In der Statuszeile des InfoWindow wird neben der Version von Blender (Nummer, Free/Complete) die aktuelle Bildnummer, die Anzahl der Vertices (3D bzw. Kontrollpunkte) und Flächen in der aktuellen Szene, die Zahl der Objekte und selektierten Objekte, Lampen, von Blender belegter Speicher, letzte Renderzeit und der aktive Objektname angezeigt.

Im EditMode werden die Vertex und Flächenzahlen für das selektierte Objekt angezeigt, jeweils in gesamte Anzahl und selektierte Anzahl aufgeteilt.

Wenn im UserMenu Tooltips aktiviert ist, werden die Kurzbeschreibungen der von der Maus überstrichenden Icons und Knöpfe in der Statuszeile angezeigt.

# 5 Tutorials: Modellierung

In den Tutorials dieses Kapitels werden die grundlegenden Arbeitsweisen von Blender anhand von kleinen beispielhaften Szenen vorgestellt. Die Beispiele sollten Sie durch eigene Experimente vertiefen und verfeinern.

Blender bietet zwei grundsätzlich verschiedene Möglichkeiten zur Modellierung von Objekten. Die Modellierung mit Polygonen, also zwischen Raumpunkten aufgespannten Flächen, erlaubt eine hohe Flexibilität und die absolute Kontrolle über jeden Punkt des zu schaffenden Objekts. Die Modellierung mit (intern) mathematisch beschriebenen Kurven und Oberflächen erlaubt im Gegensatz zu der Modellierung mit Polygonen den schnellen Aufbau von organisch gerundeten Flächen und Objekten. Weiterhin ist der Speicherbedarf von Kurven und Oberflächen wesentlich niedriger und kann auch im Nachhinein ohne Nachteile verringert werden, was bei polygonalen Modellen oft mit einem deutlichen Qualitätsverlust verbunden ist.

## 5.1 Polygone

In Blender ist das kleinste Element für die polygonale Modellierung ein *Vertex* (Plural: Vertices). Im EditMode sind diese Vertices einzeln wählbar und bearbeitbar. Zwei Vertices spannen eine Kante (Edge) auf, drei formen zusammen die einfachste Fläche, ein Dreieck (Triangle). Mehrere Flächen formen zusammen ein Netz (Mesh), welches die Form des Objekts bestimmt. Dabei enthält dieses Mesh aber nur die Information, die die Hülle des Objekts beschreibt, die innere Struktur ist undefiniert, weshalb Sie Löcher in der Geometrie vermeiden sollten.

**Vertex**

Blender hält neun Polygongrundobjekte vor. In die Szene gesetzt werden sie durch die Toolbox Space→Add→Mesh. Hier stehen dann folgende Objekte zur Verfügung:

**Polygongrundobjekte**

**Plane** Eine quadratische Fläche bestehend aus vier Vertices, ideal als Ausgangsobjekt für vielerlei Arten der polyhonalen Modellierung

**Cube** Ein Würfel, gutes Ausgangsobjekt für Platten, Steine etc.

**Circle** Ein Kreis aus Vertices und Kanten, noch ohne Flächen, gutes Ausgangsobjekt für Extrusionsobjekte

**UVSphere**

Kugel, die wie ein Globus aus Längen und Breitengraden besteht, durch die regelmäßige Struktur als Ausgangsobjekt für die weitere Modellierung gut geeignet

**Icosphere**

Kugel bestehend aus gleichschenkligen, gleichseitigen Dreiecken, wirkt bei gleicher Polygonzahl glatter als eine UV-Sphere und die Flächen sind gleichmäßig über die Oberfläche verteilt

**Cylinder**

Zylinder, Ausgangsobjekt für Säulen, Baumstämme etc.

**Tube** Dünnwandige Röhre, durch Extrusion kann leicht eine Röhre mit einer definierten Wandstärke modelliert werden

**Cone** Kegel, Ausgangsobjekt für Spitzen etc. Einen Kegelstumpf erzeugt man aus einem Zylinder, dessen eine Seite skaliert wird

**Grid** Wie die »Plane«, aber mit definierbarer Auflösung der Vertices, ideales Ausgangsobjekt für Landschaften

Die Objekte sind in Abbildung 5-1 dargestellt. Durch eine Montage in GIMP (einem Bildbearbeitungs- und Grafikprogramm für Linux, stark an Photoshop angelehnt) ist die schattierte Oberfläche und der Aufbau durch das Drahtgittermodell sichtbar.

Nach dem Erzeugen eines Objekts befindet sich Blender im *EditMode*, in dem die einzelnen Vertices bearbeitet werden können. Mit TAB verlässt man den EditMode und kann nun das Objekt im Ganzen bearbeiten.

## 5.2   Arbeiten auf Vertexebene: EditMode

Nach dem Sie mit der Tabulatortaste Tab in den *EditMode* gewechselt haben, erscheinen die einzelnen Vertices des Objekts als kleine violette Punkte im Drahtgitter oder der schattierten Ansicht.

Diese Vertices können Sie durch Anklicken mit der rechten Maustaste auswählen, die gewählten Punkte werden dann gelb dargestellt. Wie auch bei der Objektselektion ist durch Halten der Shift-Taste eine Mehrfachauswahl möglich, versehentlich gewählte Vertices können bei gehaltener Shift-Taste mit der rechten Maustaste durch nochmaliges Anklicken wieder deselektiert werden.

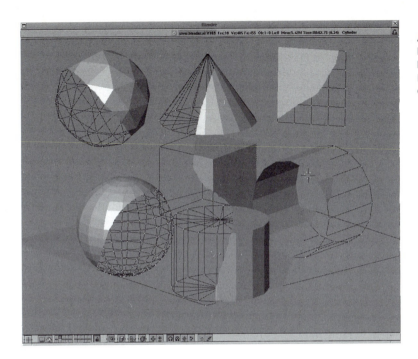

**Abbildung 5-1**
Polygongrundobjekte von
Blender, Flächen- und
Drahtgitterdarstellung in
GIMP montiert

Die Taste $\boxed{A}$ deselektiert oder selektiert alle Vertices, mit $\boxed{B}$ kann der Auswahlrahmen zur Selektion von rechteckigen Bereichen benutzt werden. Eine wichtige Funktion für die Arbeit im EditMode ist weiterhin noch die Kreisselektion, die mit $\boxed{B}$-$\boxed{B}$ aktiviert wird. Es erscheint ein Kreis, innerhalb dessen bei gedrückter linker Maustaste alle Vertices selektiert und bei gedrückter mittlerer Maustaste alle Vertices deselektiert werden. Ein Klick mit der rechten Maustaste bricht die Funktion ab. Die Größe der Selektion kann bei mit den Tasten $\boxed{\text{PAD +}}$ und $\boxed{\text{PAD --}}$ geändert werden.

Im EditMode sind mit den selektierten Vertices nun prinzipiell die gleichen Operationen wie mit kompletten Objekten möglich. So können Sie Vertices verschieben $\boxed{G}$, rotieren $\boxed{R}$ oder skalieren $\boxed{S}$. Auch das Kopieren von selektierten Vertices kann mit $\boxed{\text{Shift}}$-$\boxed{D}$ erfolgen.

Das Grundobjekt »Cone« in Blender erzeugt einen normalen Kegel. Möchten Sie einen Kegelstumpf modellieren, so beginnen Sie zunächst mit einem Zylinder, selektieren alle Vertices eines Endes und skalieren die Vertices herunter, bis die gewünschte Größe des spitzen Endes erreicht ist.

### 5.2.1 Vertices löschen und erstellen

Im EditMode werden neue Vertices mit $\boxed{\text{Strg}}$-$\boxed{\text{LBM}}$ erzeugt. Diese Vertices sind erst einmal einzelne Punkte, zwei selektierte Vertices

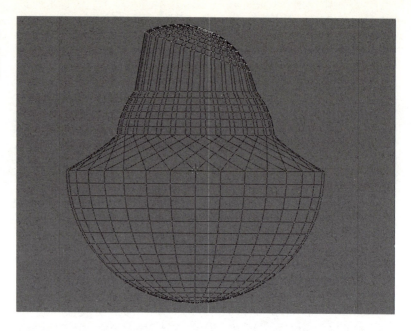

**Abbildung 5-2**
Durch Verschieben,
Skalieren und Rotieren im
EditMode veränderte Kugel

werden mit $\boxed{F}$ zu einer Kante verbunden, drei oder vier Vertices werden zu einer Fläche.

$\boxed{X}$: Aufruf des
Löschmenüs

Mit $\boxed{X}$ wird das **Erase**-Menü für den EditMode aufgerufen, hier können dann Vertices, Flächen, Kanten etc. gelöscht werden.

Da bei komplexen Objekten viele Vertices vorhanden sind und somit die Fehlermöglichkeiten steigen, stellt die Taste $\boxed{U}$ im EditMode den Zustand vor Eintritt in den EditMode wieder her.

## 5.3    Polygonglättung

Polygonobjekte sind anfangs immer ungeglättet, Sie sehen beim Rendern oder in der schattierten Ansicht die einzelnen Flächen, aus denen sich das Objekt zusammensetzt.

EditButtons

Mit dem Knopf **Set Smooth** in den EditButtons kann eine Glättung von Polygonobjekten aktiviert werden. Den gegenteiligen Effekt erreicht man folglich mit dem Knopf **Set Solid** in den EditButtons. Das Glätten funktioniert allerdings bei Objekten mit spitzen Winkeln zwischen Flächen nicht automatisch korrekt. Hier ist eine explizite Angabe der zu glättenden Flächen nötig. Dies geschieht im EditMode, wo man die zu glättenden Flächen durch ihre Vertices auswählt (mit BorderSelection $\boxed{B}$ oder CircleSelect $\boxed{B}$-$\boxed{B}$) und noch im EditMode **Set Smooth** drückt. Dies wurde so bei der Kugel rechts in Abbildung 5-3 durchgeführt um nur eine Hälfte zu glätten.

**Abbildung 5-3**
Falsches und richtiges
Smoothing von
Polygonobjekten

Der Zylinder links in der Abbildung wurde als Ganzes geglättet, was ein falsches Ergebnis produziert, da so auch am Übergang der Enden zum Mantel eine Glättung versucht wird.

Um zum gewünschten Ergebnis wie bei dem mittleren Zylinder zu kommen, ist es nötig, die Flächen der Enden des Zylinders von denen des Mantels abzutrennen. Diese Abtrennung führt aber nicht zu mehreren Objekten!

Die Aufteilung geschieht im EditMode durch die Selektion der Vertices **eines** der Enden und die Taste $\boxed{Y}$ oder im Menü Mesh→ Split, woraufhin Blender mit einem Pop-up-Menü nach Bestätigung fragt, was Sie mit einem Klick der linken Maustaste auf die Frage oder $\boxed{RETURN}$ quittieren.

Nun müssen Sie mit $\boxed{A}$ alle Vertices deselektieren und die Prozedur für das andere Ende des Zylinders wiederholen. Nach dem Verlassen des EditMode sollte der Zylinder im schattierten Modus oder im berechneten Bild richtig dargestellt werden.

Schattierte Darstellung in
3D-Windows

Dieses Vorgehen ist bei einfachen Objekten sicher etwas lästig, allerdings versagen Automatismen bei komplexeren Objekten immer häufiger, sodass dort sowieso Handarbeit angesagt ist, um die Fehler der Automatik zu korrigieren. Blender bietet mit seinem Konzept eine absolute Kontrolle über die Glättung von Polygonoberflächen.

### 5.3.1 Automatisches Glätten: AutoSmooth

Auch wenn die manuelle Kontrolle über die Glättung von Polygonobjekten eine hohe Flexibilität erlaubt, so wäre es doch wünschenswert einen Automatismus zu haben, der die Arbeit erleichtert. Insbesondere ein Import von 3D-Objekten, die in anderen Programmen modelliert wurden, konfrontiert einen oft mit einem Modell völlig ohne Glättung.

Daher besitzt die kommerzielle Blenderversion einen solchen Automatismus in Form des AutoSmooth-Knopfes in den **EditButtons** $\boxed{F9}$. Hierbei definiert der Parameter Degr:, bis zu welchem Winkel Flächen aufeinander stoßen dürfen um noch geglättet zu werden. Der Zylinder aus dem obigen Beispiel kann so mit zwei Mausklicks auf SetSmooth und AutoSmooth korrekt geglättet werden. Im Gegensatz zu der normalen Glättung ist der Effekt aber nur im berechneten Bild sichtbar.

## 5.4   Kuscheltier: PET

Icon des PET-Werkzeugs

In der kommerziellen Version von Blender existiert noch eine weitere sehr interessante Möglichkeit der Modellierung auf Vertexebene, das »PET« (**P**roportional **E**diting **T**ool).

Bei dieser Technik werden neben den selektierten Punkten in einem einstellbaren Abstand proportional auch weitere Punkte beeinflusst. Diese Art der Modellierung ist mit den Magnet-Werkzeugen von anderen Programmen vergleichbar, bietet allerdings mehr Möglichkeiten. So reagiert das PET-Werkzeug auf Selektionen von Vertices, so können Sie z.B. eine Reihe Vertices in einer mehrmals unterteilten Fläche selektieren und mittels PET eine Art Welle erzeugen, indem Sie die Selektion über die Fläche bewegen. Im Gegensatz zu den Magnetwerkzeugen anderer Programme funktioniert das PET auch mit Rotation und Skalierung.

**Abbildung 5-4**
Mittels PET-Werkzeug
bearbeitete Fläche

Wird PET angewählt, so erscheinen neben dem Icon zwei weitere Knöpfe, die einstellen, ob der Einfluss des PET zu den Rändern hin schnell oder langsam abnimmt, Sie können den Unterschied leicht überprüfen, indem Sie einen einzelnes Vertex aus einer Fläche herausziehen und dies mit der zweiten Einstellung wiederholen. Mit der ersten Einstellung produzieren Sie eine scharfe Spitze, mit der zweiten Möglichkeit eine weiche Kuppe.

Solange Sie sich in dem entsprechenden Modus (Verschiebung [G], Rotation [R] oder Skalierung [S]) befinden, kann die Größe des Einflussbereichs mit den Tasten [PAD +] und [PAD −] geändert werden, in den 3D-Windows wird diese Änderung sofort aktualisiert und somit ist eine genaue Kontrolle des Effekts möglich.

## 5.5 Extrude

Der Knopf **Extrude** in den EditButtons bewirkt eine Extrusion der selektierten Vertices bzw. der von ihnen gebildeten Flächen. Mit dieser Methode lassen sich einfach Objekte wie in Abbildung 5-5 erstellen.

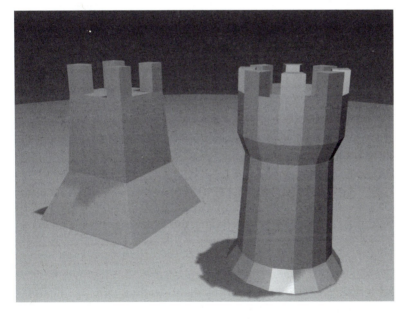

**Abbildung 5-5**
Durch Extrusion erzeugte
Objekte

Um einen runden Turm zu konstruieren erzeugen Sie bitte einen Kreis mit 16 Segmenten in einer Draufsicht mittels Add→Mesh→Circle. Weiterhin im EditMode (die Vertices des Kreises sollten gelb, d.h. ausgewählt, sein) wechseln Sie in die **EditButtons** und drücken Extrude. Der Mauszeiger wird zu einem Fragezeichen, mit dem Sie in eine Seiten- oder Vorderansicht klicken. Die so extrudierten Vertices lassen sich mit der Maus bewegen.

Extrusion von Vertices

Damit der Turm gerade wird (es sei denn, Sie möchten den Turm von Pisa bauen), drücken Sie die mittlere Maustaste, während Sie die extrudierten Vertices nach oben bewegen, Blender schaltet so in den beschränkten Modus für die Bewegung, nun können Sie die Vertices nur noch auf der Hochachse der Ansicht bewegen.

Sollten Sie die falsche Bewegungsrichtung erwischt haben, so drücken Sie nochmals die mittlere Maustaste. Bewegen Sie nun die Vertices hoch, sodass sich ein Turmfuß bildet, die linke Maustaste übernimmt die Änderung.

Drücken Sie nun $\boxed{S}$ um in den Skalierungsmodus zu gelangen und skalieren die Vertices etwas herunter, um den Absatz des Turmfußes zu erhalten. Mit den gleichen Prozeduren konstruieren Sie nun die weiteren Abschnitte des Turms. Hierbei ist es eine Abkürzung, statt des Knopfes **Extrude** in den EditButtons die Taste $\boxed{E}$ zu benutzen.

$\boxed{E}$: Extrusion der selektierten Objekte

Die Zinnen erstellen wir wie folgt: Den oberen Kreis aus Vertices extrudieren wir wieder, drücken Sie aber gleich nach der Extrusion die rechte Maustaste, dies beendet den Bewegungsmodus, die Vertices liegen nun genau auf ihren Ausgangspunkten. Schalten Sie auf den Skalierungsmodus mit $\boxed{S}$ und skalieren die Vertices herunter, sodass sich eine entsprechende Wanddicke ergibt. Um die Zinnen zu erhalten selektiert man nun mit Border- oder CircleSelect in einer Draufsicht die Grundfläche der zukünftigen Zinne und deselektiert mit $\boxed{B}$ und der rechten Maustaste in der Seiten- oder Vorderansicht die zu viel selektierten Vertices unten im Turm. Jetzt kann eine Zinne in einer Seitenansicht extrudiert werden. Dies muss nun für jede Zinne durchgeführt werden, etwas Arbeit kann man sich ersparen, wenn man immer jede zweite Zinne gleichzeitig selektiert und dann gemeinsam extrudiert.

## 5.6 Spin, SpinDup

Spin dient dazu, Polygonzüge (also durch Kanten verbundene Vertices) oder Flächen so zu rotieren und dabei zu verbinden, dass ein Rotationskörper entsteht.

Dazu wählt man die betreffenden Vertices im EditMode aus und setzt den 3D-Cursor in den Mittelpunkt der Rotation. Mit dem Anwählen von **Spin** wird der Mauscursor zu einem Fragezeichen, mit dem die Ansicht, deren Achse in den Bildschirm hinein als Rotationsachse dienen soll, bestimmt wird.

Die Objekte in Abbildung 5-6 sind erstellt worden, indem in der Vorderansicht $\boxed{\text{PAD 1}}$ eine Fläche (Plane) erzeugt wurde, in der Draufsicht der 3D-Cursor rechts neben die Fläche gesetzt wird und nach dem Anwählen von **Spin** bzw. **Spin Dup** mit dem Fragezeichencursor in die Draufsicht geklickt wurde.

**Abbildung 5-6**
Verschiedene durch Spin
bzw. SpinDup erzeugte
Objekte

Noch im EditMode sollte man nun mit ⌐A⌐ alle Vertices auswählen und mit **Rem Doubles** die doppelten Vertices, die an der Nahtstelle entstehen, entfernen, bei einer Drehung um weniger als 360° ist dies natürlich nicht nötig. Den zu rotierenden Winkel gibt man bei **Degr:** ein, so kann man auch mit z.B. 180° einen halben Rotationskörper erzeugen.

**Steps:** gibt an, wie viele Zwischenschritte erzeugt werden, d.h. auch, wie glatt das Objekt wird. Mit **Steps: 4** erzeugt man so z.B. auch einen Vierkant.

Der Unterschied zwischen beiden Spinmethoden besteht darin, dass **Spin** einen kontinuierlichen Körper erzeugt und **Spin Dup** nur das Objekt vervielfacht. Das linke Objekt in Abbildung 5-6 ist mit **Spin** modelliert, das rechte mit **Spin Dup**. Bei beiden Methoden entsteht aber ein zusammenhängendes Objekt.

Die Welle im Vordergrund von Abbildung 5-6 wurde durch einen offenen Polygonzug erstellt, der mit Spin rotiert wurde. Solch einen Polygonzug erhält man, indem eine Plane erzeugt und dann im Edit-Mode drei Vertices gelöscht werden. Nachdem man das übrige Vertex angewählt hat, kann man mit ⌐Strg⌐-⌐LMB⌐ neue Vertices setzen, die automatisch mit Kanten verbunden werden. Ein Beispiel solch eines Objekts ist in der Szene `Polygone/Spin.blend` auf Layer 4 enthalten.

## 5.7 Screw

Screw dreht einen offenen Polygonzug um den 3D-Cursor und erzeugt dabei gewindeähnliche Strukturen. Auch der Korkenzieher in Abbildung 5-7 ist auf diese Art entstanden. Die Szene ist auf der beiliegenden CD als Datei `Polygone/Screw.blend` enthalten. Auf Layer 2 dieser Szene sind einige Polygonzüge zum Experimentieren mit Screw enthalten.

Hierzu sollten Sie zuerst den 3D-Cursor auf den Ursprung der Formen setzen. Genau kann dies erfolgen, indem Sie das entsprechende Polygon anwählen und mittels Shift-S das SNAP-Menü aufrufen. Hier wählen Sie Curs→Sel aus, was den 3D-Cursor auf den Ursprung der Selektion bewegt.

**Abbildung 5-7**
Durch Screw erzeugter
Korkenzieher

Nun schalten Sie in den EditMode und wählen mit der Taste A alle Vertices aus. In den EditButtons kann nun Screw gewählt werden, ein Klick mit dem Fragezeichencursor in eine Vorderansicht führt den Befehl aus. Sollten Sie nicht eine Vorderansicht gewählt haben, so verweigert Blender die Ausführung von Screw.

Ein offenes Polygon erzeugt man am einfachsten aus einer Plane, bei der man im EditMode alle Vertices löscht. Nun kann man mittels Strg-LMB neue Polygone setzen, die auch automatisch verbunden werden.

Möchte man dieses Polygon schließen, um es nicht mit Screw zu verwenden, so wählt man die beiden Endpunkte an und drückt F, dies verbindet die Vertices mit einer Kante. Wählt man nun alle

Vertices und drückt $\boxed{\text{Shift}}$-$\boxed{\text{F}}$, so wird das Polygon gefüllt, d.h., es werden Flächen aufgebaut.

## 5.8 Objekte verbiegen: Warp

Ein interessanter Effekt ist »Warp«, wie er etwas irreführend genannt wird. Seine eigentliche Stärke liegt meiner Meinung nach im Verbiegen von Objekten. Natürlich sind auch extreme Effekte mit Warp möglich, die SF-Fans an einen Warpeffekt denken lassen.

Warp wird im EditMode auf selektierte Vertices angewandt, was es ermöglicht, auch nur Teile eines Objekts zu verformen. Warp ist nicht auf Polygonobjekte beschränkt, sondern funktioniert auch mit Kurven und NURBS-Flächen, Text muss aber mit $\boxed{\text{Alt}}$-$\boxed{\text{C}}$ in Kurven umgewandelt werden.

Erzeugen Sie eine Fläche in der Draufsicht, die Sie ohne den Edit-Mode zu verlassen mit **Subdivide** viermal unterteilen. In einer Vorder- oder Seitenansicht kann jetzt der 3D-Cursor unter der Fläche platziert werden, denn sein Abstand von dem Objekt bestimmt den Radius der Biegung mit Warp. Sind die Vertices nicht mehr selektiert, so drücken Sie $\boxed{\text{A}}$ um alle zu selektieren.

Mit der Maus über der Seiten- oder Vorderansicht drücken Sie jetzt $\boxed{\text{Shift}}$-$\boxed{\text{W}}$ um den Warpeffekt aufzurufen. Die Fläche wird jetzt um 90° um den 3D-Cursor gebogen, mit vertikalen Mausbewegungen wird der Winkel eingestellt und mit der linken Maustaste die Veränderung übernommen und wie gewohnt mit der rechten Maustaste abgebrochen.

Reicht der Winkelbereich nicht aus, so müssen Sie vor Aufruf des Warpeffekts aus der Ansicht herauszoomen, da die Stärke des Effekts auf die Größe der Ansicht bezogen ist. Da aber die Auswirkungen gleichzeitig in allen 3D-Fenstern sichtbar sind, ist die Kontrolle auch bei kleinen Zoomfaktoren gut möglich. Bei der Fläche aus dem Beispiel bedeutet ein Warp von 360°, dass aus der Fläche eine Röhre wird.

Führen Sie die beschriebenden Schritte jetzt noch ein paar Mal mit der schon verbogenden Fläche in anderen Ansichten aus, um weitere Biegeachsen hinzuzufügen. Experimentieren Sie auch mit 3D-Körpern und Teilauswahlen von Vertices.

## 5.9 Weichspüler: Subdivide Smooth

Mit der Funktion **Subdivide Smooth** kann ein Polygonnetz im EditMode feiner unterteilt werden, dabei werden Kanten um einen einstellbaren Betrag gerundet.

Erstellen Sie einen Würfel, im EditMode selektieren Sie alle Vertices und drücken die Taste $\boxed{\text{W}}$. Aus dem erscheinenden Pop-up wählen Sie dann die Funktion **Subdivide Smooth** aus. Es erscheint die Abfrage, wie viel Prozent Einfluss die Funktion nehmen soll. Hier sind auch Prozentwerte über 100% möglich, die Überhöhungen an den Kanten produzieren.

**Abbildung 5-8**
Nessie vor und nach ihrer
Schönheitsoperation mit
Set Smooth

In Abbildung 5-8 ist ein Objekt zu sehen, das mit dem so genannten *Box Modelling* entstanden ist. Hierbei wird ausgehend von einem einfachen Grundobjekt (Würfel, Fläche o.Ä.) eine Ausgangsfigur modelliert. Insbesondere kommen hier die Extrusion von Flächen, Skalierungen und Verschiebungen zum Einsatz. Es ist etwas Übung notwendig, um den Einfluss der Grundfigur auf das endgültige Objekt zu erkennen.

Im Anschluss an die Modellierung wird dann das Objekt mit **Mesh Smooth** und **Smooth** im Ganzen oder in Teilen behandelt, bis die gewünschte Glattheit erreicht ist.

## 5.10 Landschaften aus der Retorte: Höhenfelder

Ein weiterer sehr interessanter Effekt ist **Noise**. Dieser Effekt ist nur für Polygonobjekte verfügbar. Mit Noise lassen sich die Vertices eines Objekts, je nach der Färbung der im Material definierten Textur, in einer Achse verschieben.

Erzeugen Sie für diesen Effekt eine Fläche mit **Add→Mesh→Plane** in der Draufsicht und wechseln, im EditMode bleibend, zu den

**EditButtons** F9. Um genügend Punkte für einen sichtbaren Effekt zu haben, ist es nötig die Fläche zu unterteilen. Versichern Sie sich, dass alle Vertices der Fläche ausgewählt sind (gelb dargestellt), und klicken Sie in den EditButtons den Knopf **Subdivide** an. Die Zahl der Flächen hat sich nun verdoppelt, klicken Sie den Knopf **Subdivide** noch fünfmal an, was eine Fläche mit über 4000 Polygonen produziert und fürs Erste ausreichend sein sollte.

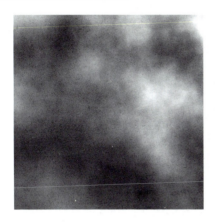

**Abbildung 5-9**
Die Höhentextur für dieses Tutorial

Als nächsten Schritt müssen wir ein Material erstellen, welches die Information für den Versatz der Vertices bereitstellt. Grundsätzlich ist hierfür jeder Texturtyp in Blender geeignet, hierbei ergibt eine weiße Stelle in der Textur den stärksten Effekt, eine schwarze Stelle keinen Effekt. Mit der **Marble**-Textur sind so z.B. wellenförmige Oberflächen erzielbar, mit der **Stucci**-Textur sind dellenförmige Flächen erzielbar, ein radialer Farbverlauf von Schwarz nach Weiß resultiert in einem runden Hügel. Auch normale Bilder oder Fotos sind nutzbar, wobei je nach Helligkeitsverteilung in den Bildern interessante Reliefeffekte entstehen können.

Wechseln Sie in die **MaterialButtons** F5 und erstellen Sie durch Klicken und Halten des MenuButtons und Auswahl von **ADD NEW** ein neues Material. Wechseln Sie in die **TextureButtons** F6 und erstellen hier, ebenfalls mit dem MenuButton, eine neue Textur für das Material. Als Texturtyp wählen Sie hier **Image** aus. In den erscheinenden Knöpfen kann durch Anklicken von **Load** ein Bild geladen werden. Es erscheint ein Dateifenster, mit dem Sie die Textur `tex/Hoehenfeld.tga` (siehe auch Abbildung 5-9) aus dem Textur-Verzeichnis der CD auswählen.

MenuButton

In den MaterialButtons kann **Col** für die Textur abgeschaltet werden, die Noisefunktion funktioniert auch ohne eine Anzeige der von der Textur generierten Farben und die Textur würde bei einem Rendering nur den sichtbaren Effekt stören.

**Abbildung 5-10**
Durch Noise erzeugte
Landschaft

In den **EditButtons** zurück wählen Sie alle Vertices aus und drücken den **Noise**-Knopf so oft, bis die gewünschte Zerklüftung der Fläche erreicht ist. Ein Testrendering mit ⌜F12⌟ sollte jetzt eine zerklüftete Berglandschaft zeigen. Die einzelnen Flächen sind allerdings noch deutlich sichtbar, was durch **SetSmooth** in den EditButtons behoben wird. Indem man eine glatte Fläche blau einfärbt und entsprechend positioniert, kann eine Wasserfläche erstellt werden, um die Szene je nach Höhe des Wasserspiegels in eine Seenlandschaft oder ein Inselgruppe zu verwandeln.

## 5.11    Boolsche Operationen – Mesh Intersect

So genannte *Boolsche Operationen* sind Operationen mit 3D-Objekten, bei denen Objekte miteinander verschmolzen, voneinander abgezogen werden oder eine Schnittmenge gebildet wird. So könnte man sich eine Bohrung in einem Werkstück als Subtraktion eines Zylinders von dem Werkstück vorstellen. Eine Linse entsteht, wenn die Schnittmenge zweier Kugeln gebildet wird. In Blender wird diese

Mesh Intersect     Funktion *Mesh Intersect* genannt.

MeshIntersect wurde aufgrund der hohen Nachfrage wieder in Blender eingebaut, nachdem diese Funktion bei der ersten Veröffentlichung als zu schwierig zu beherrschen angesehen wurde. Da Blender mit polygonalen Objekten arbeitet, sind solche Operationen immer mit Schwierigkeiten verbunden, da die Objekte nicht wirklich solide sind, sondern die Flächen nur eine dünne Oberfläche beschreiben.

**Abbildung 5-11**
Zwei durch MeshIntersect
bearbeitete Kugeln

Die sich daraus ergebenden mathematischen Probleme führen sowohl in Blender als auch in anderen Programmen, die sich an diese Aufgabe wagen, immer mal wieder zu unerwünschten Ergebnissen und in Einzelfällen auch zu einem Absturz von Blender!

Ein einfaches Beispiel, bei dem nicht zu viele Probleme auftreten sollten, sind eine Icosphere und ein Würfel. Lassen Sie eine Ecke des Würfels in die Icosphere hineinragen. Um ein MeshIntersect auszuführen verbinden Sie die Polygonobjekte mittels [Strg]-[J] zu einem Objekt und wechseln in den EditMode, wo Sie mit [A] alle Vertices auswählen. In den **EditButtons** [F9] können Sie nun mit Intersect den Prozess starten, was je nach Rechnergeschwindigkeit und Komplexität der Objekte einige wenige Sekunden dauert.

Ein einfaches Beispiel

Eventuell sehen Sie nun neu erzeugte Vertices an den Berührungspunkten der Objekte. Deselektieren Sie nun alle Vertices mit [A] und platzieren den Mauscursor über einem Vertex eines Ausgangsobjekts. Mit der Taste [L] können Sie jetzt die mit diesem Vertex zusammenhängenden Vertices auswählen und so die einzelnen aus der Boolschen Operation resultierenden Teile je nach dem gewünschten Ergebnis auswählen oder löschen.

Für ein erfolgreiches MeshIntersect sind ein paar Tipps zu nennen:

❑ Es sollten sich keine in einer Ebene liegenden Flächen überschneiden.

**Abbildung 5-12**
Ergebnis des MeshIntersect
von Icosphere und Würfel

❏ Einzelne Flächen sollten so wenig Überschneidungen wie möglich haben, daher hilft eine weitere Unterteilung der Objekte vor der Operation, oft bessere Ergebnisse zu erzielen.

❏ Gleichartige Objekte sollten vermieden werden, z.B. kann man statt zweier UVSpheres eine UVSphere und eine Icosphere oder eine Kugel in einer anderen Unterteilung benutzen.

❏ Fast sicher hilft eine kleine Rotation um den Bruchteil eines Grades der Objekte.

❏ Vor der Operation sollte die Datei gespeichert oder mit `Tab`-`Tab` der EditMode kurz verlassen werden, um die Undo-Funktion mittels `U` zu ermöglichen.

## 5.12   Lattices

Lattices sind dreidimensionale Gitterobjekte, deren Verformung auf das untergeordnete Objekt wirkt. Es können Polygonobjekte, Oberflächen und Partikelströme von Lattices beeinflusst werden. Lattices lassen sich sowohl zur Modellierung als auch zur Animation einsetzen. Die Animation mit Lattices ist in Abschnitt 8.3 kurz beschrieben.

Erzeugen Sie eine UVSphere im Blickfeld der Kamera, verlassen Sie den EditMode und erstellen ein Lattice mit Add→Lattice genau im Mittelpunkt der Kugel. Wechseln Sie bei selektiertem Lattice in die **EditButtons** `F9`, hier kann die Auflösung des Latticeobjekts in den drei Dimensionen U, V, W eingestellt werden. Erhöhen Sie alle drei Werte auf 3. Anschließend skalieren Sie bitte das Lattice so, dass die Kugel gerade eingeschlossen wird. Wählen Sie die Kugel an und dann mit gedrückter Shift Taste zusätzlich das Lattice. Mit Strg-P wird das Lattice zum übergeordneten Objekt (Parent) gemacht.

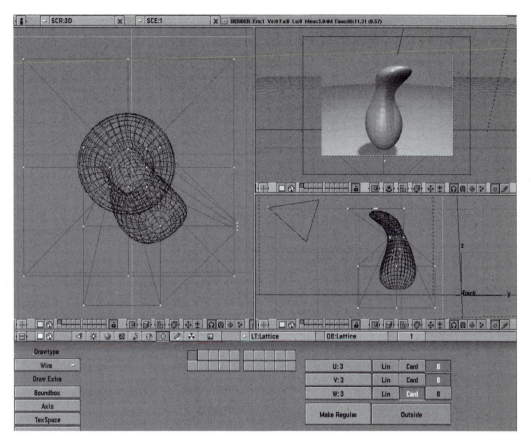

Jede Änderung des Lattice verformt nun das untergeordnete Objekt, so können Einschnürungen erzeugt werden, indem eine komplette Ebene aus Kontrollpunkten (Vertices) des Lattice im EditMode selektiert und herunterskaliert wird oder es können Dellen modelliert werden, indem ein Vertex bewegt wird.

Sollte es erforderlich sein, die Auflösung des Lattice nachträglich zu erhöhen, so wird die Verformung des Lattice leider zurückgesetzt, man sollte sich also vor umfangreichen Arbeiten mit Lattices sicher sein, welche Auflösung das Lattice benötigt. Der gleiche Effekt des Zurücksetzens kann auch mit dem Knopf MakeRegular erreicht werden.

**Abbildung 5-13**
Durch ein Lattice deformierte Kuge

Outside blendet die inneren Vertices des Lattice aus, was es bei Lattices mit hohen Auflösungen erleichtert den Überblick zu behalten. Die nicht dargestellten Lattices sind nun nicht mehr bearbeitbar und werden von Blender automatisch berechnet bzw. interpoliert. Eigene Änderungen an den Kontrollpunkten gehen auch bei dieser Aktion verloren.

Die Knopfreihen Lin, Card, B neben der Latticeauflösung definiert das Interpolationsmodell der Verformung in der entsprechenden Dimension. Die Optionen bedeuten lineare Interpolation, Cardinal-Spline-Interpolation und B-Spline-Interpolation, wobei letztere die sanftesten Verformungen ergibt.

## 5.13  Kurven und Oberflächen

Neben der polygonalen Modellierung bietet Blender noch mathematisch beschriebene Kurven und aus ihnen zusammengesetzte Oberflächen (Surfaces). Vorteil dieser Objekte ist ein geringer Speicherbedarf und die dynamische Auflösungsveränderung. Beim Rendern werden diese Surfaces in Polygone zerlegt, wobei die Auflösung dieser Zerlegung einstellbar ist und somit feine Unterteilungen oder niedrige Rechenzeiten erzielbar sind.

NURBS- und Bezierkurven

Grundobjekte dieser Kurven- oder Oberflächenobjekte sind entweder NURBS- oder Bezierkurven. Mit Hilfe dieser Kurven lassen sich leicht geschwungene, organisch anmutende Objekte kreieren. Jede Kurve besteht aus einer Serie von Kontrollpunkten, zwischen denen die Kurve verläuft. Weiterhin bieten Kurven die Möglichkeit in die Tiefe gezogen zu werden, sowie ein so genanntes Beveling, d.h. gerundete bzw. gefaste (abgeschrägte) Kanten.

Normalerweise sind Kurven zweidimensional, d.h., alle Vertices liegen auf einer Ebene, die Bewegung in die dritte Dimension hinein ist gesperrt. Dreidimensionale Kurven werden für Oberflächen und als Animationspfade verwendet. Geschlossende 2D-Kurven werden automatisch vorn und hinten gefüllt, wobei eine automatische Erkennung von Löchern stattfindet. Zu vermeiden sind Überschneidungen, die in ungewollten Füllergebnissen resultieren können.

### 5.13.1  Bezierkurven

Bezierkurven sind der bekannteste Kurventyp, kaum ein Programm unterstützt diese Kurven nicht. Beziers sind ideal um z.B. Schriftzeichen und Logos zu schaffen. Die Vertices bestehen aus einem Kontrollpunkt, der den Angriffspunkt der beiden Handles (Griffe, Anfasser) bestimmt. Durch Rotieren und Bewegen der Handles und des Kontrollpunktes ist es einfach nahezu jeden Kurvenverlauf zu ge-

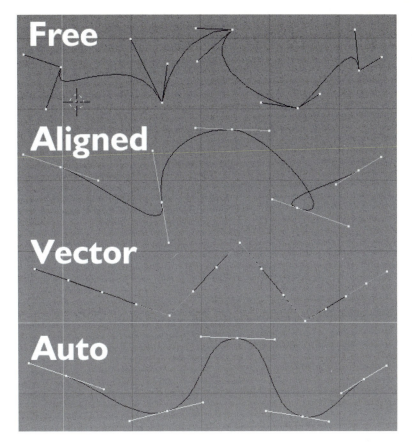

**Abbildung 5-14**
Die verschiedenen Arten
von Kontrollpunkten für
Bezierkurven

nerieren. Bei den Vertices gibt es vier verschiedene Arten, die in
Abbildung 5-14 illustriert sind:

**Free Handle**

Freier Handle, beide Handles sind unabhängig voneinander,
die Handles sind schwarz dargestellt, [H] schaltet ausgewählte
Vertices zwischen free und aligned um.

**Aligned Handle**

Die beiden Handles liegen auf einer Geraden, die Länge der
Handles ist frei, die Handles werden dunkelviolett (nicht selektiert) oder hellrot dargestellt, [H] schaltet ausgewählte Vertices zwischen free und aligned um.

**Vector Handle**

Die Handles werden beim Drücken von [V] auf das nächste
oder vorhergehende Vertex ausgerichtet, diese Ausrichtung
bleibt auch beim Verschieben eines Handles bestehen, die
Handles werden grün oder hellgrün dargestellt.

**Auto Handle**

Die ausgewählten Handles werden mit den Tasten Shift H automatisch berechnet, Auto-Handles werden gelb dargestellt, wird ein Handle bewegt, so wird der Auto-Handle zum Aligned-Handle.

Jede Kurve hat eine in den EditButtons durch **DefResolU:** definierbare Auflösung. Je höher die Zahl, desto glatter ist die Kurve. Bei komplexen Animationen sind hier aber auch benötigte Rechnerleistung und Speicherplatz zu bedenken.

### 5.13.2   NURBS

NURBS-Kurven besitzen eine große Zahl von Parametern, die es erlauben mathematisch korrekte, aber dennoch runde und organische Formen zu erzeugen. Der Preis für die Flexibilität ist aber, dass es einige Erfahrung benötigt, bis man sicher mit NURBS umgehen kann. Insbesondere gehen NURBS-Kurven nicht direkt durch die Kontrollpunkte hindurch, wie es bei Beziers der Fall ist. Eine weitere wichtige Anwendung von NURBS ist die Verwendung als Animationspfade, denen dann Objekte folgen. Hier erzielt man mit NURBS besonders weiche, fließende Bewegungen.

**Abbildung 5-15**
Die Parameter für NURBS
aus den EditButtons

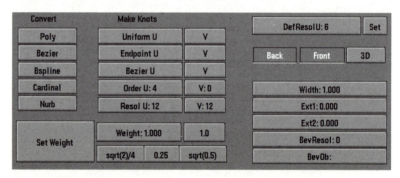

Die wichtigsten Parameter von NURBS-Kurven sind:

**Knots**   Knoten, von denen es folgende Typen gibt:

**Uniform**
Gleichförmige Unterteilung zwischen den Kontrollpunkten, wichtig für geschlossene NURBS.

**Endpoints**
NURBS-Kurve startet und endet am Start- bzw. Endpunkt, diese Punkte sind die einzigen, die genau auf der Kurve liegen.

**Bezier**
Bezierinterpolation zwischen den Kurventeilen.

**Order**   Mathematische Ordnung der Kurvenberechnung, 1 ist ein
Punkt, 2 eine Gerade, 3 quadratisch usw., für Animationspfade sollte immer die fünfte Ordnung verwendet werden.

**Weight**   Gewichtung, jeder Punkt einer NURBS hat eine Gewichtung, die bestimmt, wie stark der Punkt die Kurve beeinflusst.

Bei den in Abbildung 5-16 dargestellten NURBS handelt es sich immer um die gleiche, nicht in den Kontrollpunkten editierte Kurve,
allein die oben besprochenen Parameter in den **EditButtons** F9 (Abbildung 5-15) sind geändert worden.

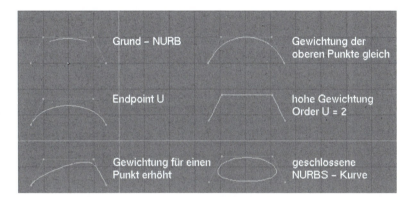

Abbildung 5-16
Verschieden
parameterisierte
NURBS-Kurven

Die Kurve oben links zeigt eine NURBS-Kurve, wie sie direkt
nach der Erstellung in Blender durch ADD→Curve→Nurbs Curve aussieht. Auch bei der Erstellung von Kurven befinden Sie sich im Edit-
Mode, wenn die Kurve erzeugt wurde.

Für die zweite Kurve links wurde Endpoint U in den EditButtons
eingeschaltet, die Kurve beginnt und endet genau in den Kontrollpunkten am Start und Ende der Kurve.

Bei der dritten Kurve links wurde die Gewichtung des oberen
linken Vertex erhöht, indem bei selektiertem Vertex im EditMode
im Feld Weight: die Gewichtung eingetragen und dann Set Weight
angewählt wurde.

Gewichtung der
Kurvenpunkte

Um perfekte Kreise zu erzielen, sind die Gewichtungen entsprechend zu setzen, die Werte existieren als Voreinstellungen in den
EditButtons. Sie können sich die Gewichtungen der Vertices ansehen, indem Sie das entsprechende Vertex wählen und N drücken.

Die Kurve oben rechts wurde erzeugt, indem die Gewichtung des
oberen linken Punktes gleich des oberen rechten Punktes gesetzt wurde. Für die Kurve in der Mitte rechts wurde die **Order U** auf einen
Wert von zwei verringert. Die letzte Kurve schließlich ist mit C
geschlossen worden.

## 5.14   Ein Logo aus Kurven, Rotoscoping

Die Technik, die wir bei diesem Tutorial anwenden werden, nennt sich Rotoscoping und ist eine Möglichkeit Umrisse von Objekten oder auch Bewegungsabfolgen mit Hilfe von Bildern, die einem 3D-Fenster hinterlegt werden, zu erstellen. Ideal ist dieses Verfahren, um Logos die nur auf Papier oder als Pixeldatei vorliegen, nachzuzeichnen.

F1 Datei laden

Laden Sie bitte die die Szene YinYang.blend in Blender. In dieser Datei ist die Szene für die nun folgende Konstruktion eines Logos vorbereitet.

Das große 3D-Window ist eine Vorderansicht PAD 1, bewegen Sie den Mauszeiger in dieses Fenster und schalten den Windowtyp mit dem Buttonslider oder Shift-F7 auf ein **ButtonsWindow** um.

ButtonsWindow

In diesem ButtonsWindow finden Sie einen Knopf BackGroundPic, den Sie nun mit der linken Maustaste anwählen. Es erscheint ein Load-Knopf, mit dem das entsprechende Bild gewählt werden kann. Mit der Dateiauswahl wählen Sie bitte das Bild yinyang.tga aus dem Texturverzeichnis der Tutorials auf CD aus.

**Abbildung 5-17**
Erste Bezierkurve für das
Logo

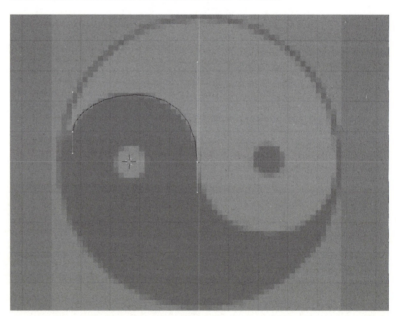

Größe und Deckung des
Hintergrundbildes

Mit den Eingabemöglichkeiten für Size: und Blend ist die Größe des Bildes bzw. seine Deckungskraft im 3D-Fenster einstellbar, die aber bei den Vorgaben belassen werden sollten.

Schalten Sie jetzt mit dem Mauszeiger über dem Fenster mit Shift-F5 oder dem ButtonSlider auf das 3D-Window zurück. Das geladene Bild erscheint im Hintergrund des 3D-Fensters. In dem Fenster kann nun ganz normal gearbeitet werden, Zoomen oder Verschieben beeinflusst das Hintergrundbild mit.

Ich empfehle, das Nachbauen dieses Logos mit Bezierkurven anzugehen, da mit Beziers die spitzen Enden der Elemente leichter zu modellieren sind. Mit Toolbox→Add→Curve→BezierCurve erzeugen wir nun eine Bezierkurve, deren zwei Kontrollpunkte man wie in Abbildung 5-17 anordnet, die Handles senkrecht ausgerichtet. Mit den zwei oberen Handles stellt man dann die Krümmung der Bezierkurve ein, bis sie etwa dem darunter liegenden Bild entspricht. Wenn alle Kurven gezogen sind, werden wir uns an die Feinarbeit machen.

Wählen Sie nun den Kontrollpunkt in der Mitte des Logos aus, sodass die drei Handles gelb werden. Durch einen Klick mit gedrückter Strg-Taste erzeugen Sie einen neuen Punkt für die Kurve, den man am äußeren rechten Rand des Logos platzieren sollte, die Handles werden wieder senkrecht ausgerichtet. Zusammen mit dem unteren Handle von Punkt 2 ziehen Sie nun die beiden Handles nach unten, bis auch hier die Rundung stimmt.

Bei selektiertem dritten Kontrollpunkt erzeugen Sie mit Strg-LMB einen weiteren Punkt knapp links neben dem ersten Punkt. Wir können die Kurve jetzt noch nicht schließen, da andernfalls eine zu scharfe Spitze entstehen würde, die beim anschließenden Beveln außer Kontrolle gerät.

Beveln: Die Objektkanten werden automatisch mit einer Fase versehen

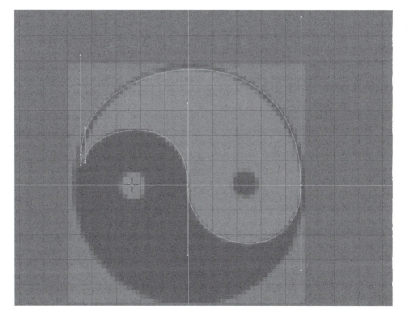

**Abbildung 5-18**
Fertige Bezierkurve

Mit den Handles stellen Sie wiederum die Rundung über die Oberseite des Logos ein. Nun kann man die Kurve mit C schließen und dann etwas in die Konstruktion hineinzoomen, um mit den

Anpassen der Kurve mit den Handles

Handles eine kleine Rundung zwischen dem ersten und vierten Punkt zu erstellen.

Verlassen Sie jetzt den EditMode mit $\boxed{\text{TAB}}$, so ist in einer schattierten Ansicht schon eine gefüllte Fläche sichtbar, nicht jedoch in der Ansicht, in der das Hintergrundbild dargestellt wird, das wir daher im ButtonsWindow $\boxed{\text{Shift}}$-$\boxed{\text{F7}}$ mit einem Klick auf BackGroundPic ausschalten. Zurück im 3D-Window $\boxed{\text{Shift}}$-$\boxed{\text{F5}}$ sehen Sie nun deutlich, dass die Kurven nicht glatt sind. Dies kann bei selektierter Kurve mit der Einstellung DefResolU: in den **EditButtons** $\boxed{\text{F9}}$ geändert werden, was die Auflösung der Kurve definiert. Ein Wert von etwa 30 sollte hier genügen und mit Set bestätigt werden.

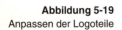
Ein Kurve hinzufügen

Wir wechseln bei selektiertem Objekt in den EditMode um das »Auge« des Logos hinzuzufügen. Die Positionierung kann wiederum mit Hilfe des Hintergrundbildes erfolgen, das man zu diesem Zweck wieder einschaltet. Erzeugen Sie einen Kreis mit Toolbox→ Add→Curve→NURBS Circle. Auch hier könnte man einen Bezierkreis verwenden, allerdings sind NURBS-Kreise etwas runder als Bezierkreise, ganz klar eine Domäne für NURBS. Ohne den EditMode zu verlassen, skalieren Sie den Kreis auf die gewünschte Größe. Sollten Sie versehentlich nicht mehr alle Kontrollpunkte des Kreises angewählt haben, so hilft es, wenn der Mauszeiger über einem Vertex des Kreises platziert wird, dann können mit $\boxed{\text{L}}$ die mit diesem Punkt verbundenen Vertices selektiert werden.

Wenn die Platzierung und Größe stimmt, verlassen Sie den EditMode. Blender erkennt automatisch Löcher und berücksichtigt dies beim Füllen der Kurve.

**Abbildung 5-19**
Anpassen der Logoteile

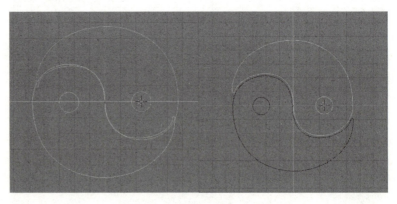

Um das Logo zu komplettieren, werden wir den fertigen Teil spiegeln. Zu diesem Zweck erzeugt man eine Objektkopie, die aber dieselben Kurvenzüge benutzt, damit die Änderung an einer Hälfte automatisch auch die zweite Hälfte beeinflusst.

Mit $\boxed{\text{Alt}}$-$\boxed{\text{D}}$ wird diese Kopie erzeugt, der Grabmode ist aktiv und sollte mit der rechten Maustaste beendet werden. Jetzt starten Sie mit $\boxed{\text{S}}$ den Skalierungsmodus bewegen aber die Maus nicht.

Drücken Sie jetzt $\boxed{\text{X}}$, $\boxed{\text{Y}}$ und $\boxed{\text{RETURN}}$ bzw. die Eingabetaste um die Spiegelung zu übernehmen. Um eine versehentliche Skalierung bei dieser Prozedur zu vermeiden kann auch der Rasterfang mit der $\boxed{\text{Strg}}$-Taste während des Skalierens benutzt werden. Da die beiden Kurvenobjekte denselben Kurvenzug als Grundlage haben, ändert ein Editieren im EditMode(!) eines Kurvenzugs nun beide Objekte und so können die beiden noch nicht 100%ig zueinander passenden Teile gut aneinander angepasst werden (Abbildung 5-19).

Im Skalierungsmodus:
$\boxed{\text{X}}$ : Spiegeln an X-Achse
$\boxed{\text{Y}}$ : Spiegeln an Y-Achse

Jetzt können Sie den EditMode verlassen und dem Logo in den **EditButtons** $\boxed{\text{F9}}$ Tiefe verleihen. Hierfür erscheinen in den EditButtons bei einem selektierten Kurvenobjekt die Knöpfe für Extrusion (in die Tiefe ziehen) und Beveling (Kanten fasen oder runden), wie in Abbildung 5-20 gezeigt.

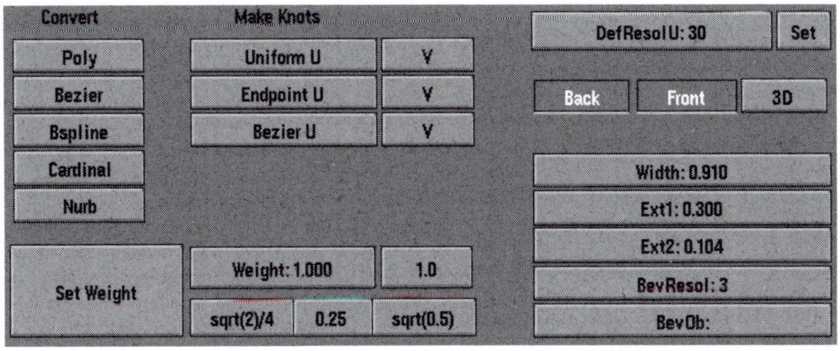

**Abbildung 5-20**
EditButtons für ein Kurvenobjekt (nicht im EditMode)

Mit dem Knopf **Ext1:**, einem NumberButton, kann die Tiefe des Kurvenobjekts eingestellt werden. Dies kann durch Anklicken und Ziehen mit der linken Maustaste geschehen, wobei hier auch wieder durch $\boxed{\text{Strg}}$ und $\boxed{\text{Alt}}$ die Rastereinstellungen benutzt werden können. Eine weitere Möglichkeit ist der »linksrechts«-Klick mit der Maus, der den NumberButton in ein Eingabefeld ändert, in dem nun per Tastatur ein Wert eingetragen werden kann. Auch $\boxed{\text{Shift}}$-$\boxed{\text{LMB}}$ wandelt den Knopf in ein Eingabefeld um.

Dem Objekt Tiefe verleihen

Nachdem mit **Ext1:** die gewünschte Tiefe definiert ist, kann auf die gleiche Weise mit dem Knopf **Ext2:** die Stärke der Fase eingestellt werden. Dieser Wert bestimmt die Ausdehnung der Fase an den Objektkanten. Sollten sich Kanten der Objekte plötzlich bei zu großem Wert von **Ext2:** überschneiden, so kann dies mit **Width:** korrigiert werden.

Kanten des Objekts

Mit **BevResol:** kann man die Auflösung der Fasenbildung einstellen. Mit steigendem **BevResol:** wird die Fase immer mehr zu einer Rundung. Zusammen mit **SetSmooth:** aus den EditButtons ist für

Kurvenauflösung

eine schön runde Kante eine BevResol: von drei oder vier ausreichend. Höhere Werte produzieren schnell große Flächenzahlen, die die Rechenzeit steigern und die Zeichengeschwindigkeit des Objekt verringern, ohne wirklich einen positiven Effekt auf die Qualität zu besitzen.

F12 : Rendern
F11 : RenderWindow
schließen

Wenn Sie mit der Grundszene für dieses Tutorial begonnen haben, so befinden sich auf Layer 1 der Szene eine Kamera und zwei Lichtquellen, mit denen Sie nun ein Testrendering durchführen können. Eventuell ist das Logo noch zu groß und falsch platziert, was Sie nun mit Verschiebe- und Skalierungsfunktionen beider Logoteile korrigieren sollten um einen Anblick ähnlich wie in Abbildung 5-21 zu erhalten.

Materialvergabe

Was noch fehlt, ist die typische Farbgebung (schwarz/weiß) des Logos. Hier folgt nun eine kurze Schritt-für-Schritt-Anleitung, die einzelnen Parameter des Materialeditors werden in Abschnitt 6.1 genauer erläutert.

**Abbildung 5-21**
Fertiges Logo mit Material
versehen

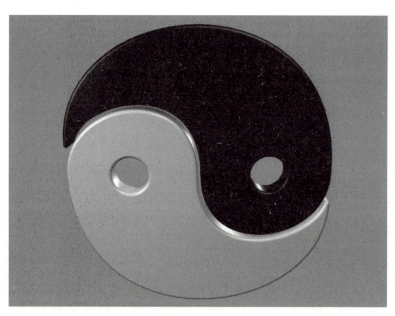

MaterialButtons

Zur Materialvergabe wählen Sie bitte ein Teil des Logos an und öffnen mit F5 die **MaterialButtons** (Materialeditor). Wenn noch kein Material zugewiesen wurde, so befinden sich in den MaterialButtons nur wenige Knöpfe. Wählen Sie nun bitte den beigen Knopf OB, um das später erzeugte Material zu einer Eigenschaft des Objekts zu machen (siehe auch Abschnitt 4.13). Wenn wir das Material dem zugrunde liegenden Kurvenzug zuweisen würden, hätten beide Logoteile immer die gleiche Farbe, genauso wie sie sich den gleichen Kurvenzug teilen.

Nun können Sie durch Klicken und Halten des MenuButton→
AddNew in den MaterialButtons ein neues Material erzeugen. Stellen
Sie die Farbe dieses Materials mit den R-, G- und B-Schiebereglern
links im Materialeditor auf Schwarz ein (Regler für Rot, Grün, Blau
auf 0.0). Dieses Material kann nun noch mit einem Klick der linken Maustaste auf den Namen des Materials MA:Material umbenannt
werden.

MenuButton

Benutzen Sie nun die gleiche Vorgehensweise um für den anderen
Logoteil ein weißes Material mit dem Namen »Weiss« zu schaffen.
Ein Testrendering sollte nun ein Logo mit einem weißen und einem
schwarzen Material ergeben.

## 5.15  Achterbahnfahrt

Mit dem Beveling ist es möglich, Objektkanten an Kurven mit einer
komplizierten Form zu erzeugen. Noch häufiger wird das Beveling
in Blender allerdings dazu benutzt Schienen, Tunnel und ähnliche
Objekte zu konstruieren. Mit dieser Methode ist es einfach, eine
Achterbahnfahrt inklusive Schienen und Looping zu modellieren und
zu animieren. Die Animation ist ein kleiner Vorgriff auf das Kapitel 8,
dort werden die Verfahren, die hier schon angewandt werden, genau
erklärt.

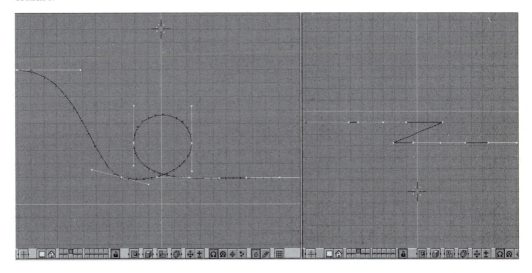

**Abbildung 5-22**
Bezierkurve für die
Achterbahn

Zusätzlich zum Beveling wird in diesem Tutorial noch ein Verfahren zum Einsatz kommen, mit dem es möglich ist, schnell viele
gleiche Objekte an einem Pfad entlang zu erzeugen.

Erzeugen Sie in einer Seitenansicht eine Bezierkurve mit einem
Looping, ähnlich Abbildung 5-22. Um die Kontrollpunkte aus der

Ebene bewegen zu können, müssen Sie in den **EditButtons** [F9] den Knopf 3D aktivieren. Erzeugen Sie eine neue Kamera in der Vorderansicht [PAD0], selektieren Sie die Kurve mit gehaltener [Shift]-Taste hinzu und machen die Kurve mit [Strg]-[P] zum übergeordneten Objekt der Kamera. Um die Ursprungspunkte von Kamera und Kurve übereinander zu bringen, wählen Sie [Alt]-[O] an und bestätigen die Sicherheitsabfrage OK? – Clear origin.

*Kurve zum Pfad machen*     Selektieren Sie die Kurve allein und klicken CurvePath und CurveFollow in den **AnimButtons** [F7] an. Eine Animationsvorschau mit [Alt]-[A] in einem 3D-Window zeigt, dass die Kamera nun dem Pfad folgt, aber noch in die falsche Richtung blickt bzw. gekippt ist. Dies können Sie bei selektierter Kamera in den AnimButtons für die Kamera durch Anwählen von UpX beheben. Wenn Sie jetzt bei selektierter Kamera mit dem Mauszeiger über der Kameraansicht [Alt]-[PAD-0] drücken, wird die Ansicht aus der Kamera auf der Achterbahn gewählt und Sie können mit [Alt]-[A] die erste virtuelle Achterbahnfahrt genießen.

### 5.15.1  Beveling der Schienen

Erzeugen Sie einen Bezierkreis mit [Space]→Add→Curve→Bezier Circle, der den Querschnitt der Schiene bilden wird. Bleiben Sie im Edit-Mode und drücken [V], der Kreis wird zu einem Quadrat, rotieren Sie jetzt das Quadrat um 45° und verlassen den EditMode.

*Querschnitt*     Prinzipiell können Sie jeden beliebigen Querschnitt für die Schienen verwenden, indem Sie die normalen Bearbeitungsfunktionen für Kurven benutzen, der Querschnitt ist jederzeit nachträglich änderbar. Ein Quadrat erzeugt beim anschließenden Beveln wesentlich weniger Flächen, sodass die Geschwindigkeit beim Arbeiten mit der Szene nicht zu gering wird.

Benennen Sie den Querschnitt als »Quer«, indem Sie in den **Edit-Buttons** [F9] den Namen in das Feld OB: eintragen. Selektieren Sie nun die Achterbahnkurve und tragen »Quer« in das Feld BevOb: der EditButtons ein, indem Sie es mit der linken Maustaste anklicken und den Namen mit der Tastatur tippen. Nachdem Sie die Eingabe mit [Return] abgeschlossen haben, erfolgt das Beveln entlang der Kurve.

Selektieren Sie den Querschnitt und skalieren ihn mit [S] kleiner, bis die Schienendicke Ihren Vorstellungen entspricht. Damit die Änderung sichtbar wird, muss die Skalierung mit der linken Maustaste bestätigt werden.

Die zweite Schiene erzeugen Sie, indem mit [PAD-7] ein 3D-Fenster auf die Sicht von oben geschaltet wird, Sie die erste Schiene auswählen und mit [Alt]-[D] ein Duplikat erzeugen, das dann mit der Maus

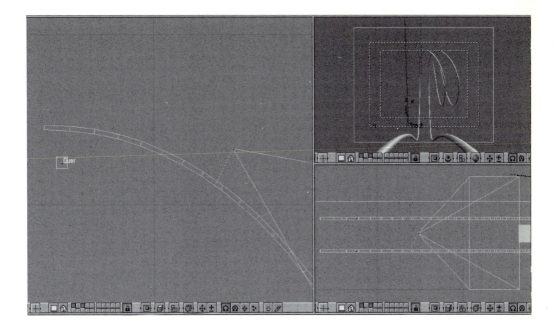

**Abbildung 5-23**
Querschnitt und durch
Beveling erzeugte Schienen

Zweite Schiene

verschoben wird, bis die richtige Spurweite erreicht ist, und dann mit
der linken Maustaste bestätigt wird.

Die Tastenkombination Alt-D erzeugt im Gegensatz zu Shift-D
ein Duplikat des Objekts, dessen zugrunde liegende Kurve die gleiche
ist, d.h., wenn Sie eine Kurve nachträglich bearbeiten, so werden die
Änderungen automatisch auch an der zweiten Kurve durchgeführt.

Die Kamera befindet sich jetzt allerdings genau in der ersten
Schiene, weshalb Sie mit G die Kamera in die Mitte der beiden Schie-
nen und etwas über die Schienen bewegen sollten, um einen besseren
Ausblick auf die Strecke zu haben.

## 5.15.2 Schwellen erzeugen

Blender kann automatisch Objekte erzeugen, ohne dass die Geometrie
wirklich in der Szene gespeichert werden müsste. Dies ermöglicht
es, viele gleiche Objekte in der Szene zu haben und trotzdem wenig
Speicher zu verbrauchen. Mit einer Änderung werden alle Objekte
auf einen Schlag geändert.

Die Methode, die wir verwenden werden um die Schwellen entlang
der Schienen zu erzeugen, wird »Dupliframes« genannt, eine ähnliche Methode ist »Dupliverts«, die Objekte über ein anderes Objekt
verteilt oder Partikel durch echte Objekte ersetzt und im nächsten
Abschnitt beschrieben wird.

Automatische
Objektvervielfältigung

»Dupliframes« setzt eine virtuelle Kopie (»Dupli«) des zu vervielfältigenden Objekts an jeden Schritt (»Frames«) des zugrunde liegenden Animationssystems, z.B. eine Pfad- oder Keyframeanimation.

Wählen Sie eine Schiene an und kopieren Sie diese diesmal mit Shift-D, da wir diese Kurve etwas anpassen werden müssen und daher eine eigenständige Kurve benötigen. Bewegen Sie diese dritte Kurve in der Ansicht von oben genau in die Mitte zwischen den beiden Schienen. Bei noch angewählter Kurve entfernen Sie in den **Edit-Buttons** F9 den Namen des Schienenquerschnitts »Quer«, indem Sie das Feld löschen, die Kurve erscheint jetzt wieder als dünne Linie.

Setzen Sie den 3D-Cursor auf die Kurve, indem Sie bei selektierter Kurve Shift-S 4 drücken, eine Abkürzung durch das SNAP-Menü.

Erzeugen Sie nun einen Würfel, den Sie so skalieren, dass eine Schwelle daraus wird. Selektieren Sie die Schwelle, dann zusätzlich die mittlere Kurve und machen diese mit Strg-P zum übergeordneten Objekt und setzen die Ursprungspunkte der beiden Objekte mit Alt-O zurück.

**Abbildung 5-24**
Standbild aus der
Achterbahnanimation

Bis hierhin haben wir noch nichts anderes getan, als die Schwelle den Kurvenpfad entlang zu animieren, was mit Alt-A auch leicht überprüft werden kann. Jetzt kommt die Dupliframes-Funktion ins Spiel.

Selektieren Sie die Schwelle und wechseln in die **AnimButtons** F7. Hier können Sie jetzt den Knopf Dupliframes aktivieren, woraufhin viele Schwellen entlang des Kurvenpfades verteilt werden. Mit dem

Parameter PathLen: in den AnimButtons für die mittlere Kurve kann jetzt die Anzahl der Schwellen auf dem Pfad eingestellt werden.

Die Schwelle (nur das Ausgangsobjekt ist selektierbar, die anderen Schwellen sind nur scheinbar vorhanden) sollte jetzt noch in einer Seitenansicht gedreht und verschoben werden, bis sie knapp unter den Schienen liegt und parallel zu ihnen ist. Sie können jetzt auch der Ausgangsschwelle im EditMode z.B. Schrauben hinzufügen oder die Schwelle bearbeiten, die Änderungen wirken sich auf alle Schwellen aus.

Die Dupliframes-Methode ist eine gute Möglichkeit, beliebig geformte Anordnungen von Objekten zu erstellen, mit Kreispfaden z.B. ringförmige Anordnungen. Wenn die Anordung ein Teil eines größeren Objekts werden soll, so kann es sinnvoll sein, die virtuellen Kopien zu echten Objekten zu machen, was Sie bei angewähltem Grundobjekt mit der Tastenkombination ⌈Strg⌉-⌈Shift⌉-⌈A⌉ erreichen. Nach einer Sicherheitsabfrage entstehen individuelle Objekte (mit der gleichen Geometrie), die aber auch nicht mehr z.B. durch Einstellen der Pfadlänge beeinflusst werden können.

Erzeugen von Objektanordnungen

## 5.16 Objektvervielfältigung: Dupliverts

Mit der Dupliverts-Methode wird ein Objekt auf den Vertices eines anderen Objekts vervielfältigt. Das zu vervielfältigende Objekt kann ein weiteres Polygonobjekt, eine Kurve, eine Oberfläche oder sogar eine Lampe sein. Das Grundobjekt muss ein Polygonobjekt oder ein Partikelsystem sein. Die Dupliverts-Methode mit einem Partikelsystem wird in Abschnitt 8.8.6 beschrieben.

Erstellen Sie in einer Draufsicht eine Icosphere mit einer Subdivision: von 2. Verlassen Sie den EditMode und erzeugen wiederum in der Draufsicht einen Kegel (Cone). Verlassen Sie den EditMode und skalieren den Kegel auf etwa 0.2.

Selektieren Sie den Kegel und dann mit gehaltener ⌈Shift⌉-Taste die Icosphere. Mit ⌈Strg⌉-⌈P⌉ wird die Icosphere zum Parent des Kegels. Selektieren Sie jetzt die Icosphere allein und wechseln in die **AnimButtons** ⌈F7⌉, wo Sie Dupliverts anwählen.

An jedem Vertex der Icosphere erscheint jetzt ein Kegel. Wenn Sie die Szene rendern, werden Sie sehen, dass die Icosphere nicht mehr gerendert wird. Mit dem Parameter Rot in den AnimButtons kann noch die Ausrichtung der Kegel zur Normalen der Icosphere bewirkt werden, die Kegel richten sich alle gleich zur Icosphere aus. Selektieren Sie nun den Kegel und schalten in den AnimButtons den Knopf Track Z ein, die Kegel richten sich mit den Spitzen von der Icosphere wegzeigend aus.

**Abbildung 5-25**
Fellball mit Dupliverts
modelliert

Wir haben mit einigen Mausklicks ein Objekt fabriziert, das stark an einen Morgenstern erinnert. Ein weniger martialisches Objekt, das mit Dupliverts modelliert wurde, ist in Abbildung 5-25 zu sehen. Die Datei (`Dupliverts/Fellball_Curves01.blend`) hierzu befindet sich auch auf CD, allerdings sollten Sie sich nicht wundern, wenn Ihr Rechner plötzlich recht langsam wird, die Szene enthält sehr viele Flächen und Vertices.

Animationen/MPEG/
furball.mpg

Die Verwendung von Kurven als »Haare« ermöglicht es auch, ein Haarwachstum zu animieren, dies ist ein Vorteil der Dupliverts-Methode, die Ausgangsmodelle bleiben editierbar.

## 5.17    Gutenbergs Erbe: Textobjekte

Blender unterstützt PostScript-Type-1-Zeichensätze. TrueType-Zeichensätze werden auch unter Windows nicht unterstützt, es gibt aber im Internet oder auf Zeichensatz-CDs genügend Fonts zur Verwendung mit Blender. Viele Fonts aus dem Internet oder von Font-CDs sind leider ungeeignet, da sie entweder keine Umlaute besitzen oder gar fehlerhaft sind, was sich in Darstellungsfehlern in Blender zeigt (auch wenn sie in zweidimensionalen Programmen funktionieren).

Mit [Space]→Add→Text fügt man ein neues Textobjekt hinzu, im EditMode kann nun der Text mit der Tastatur eingtippt werden. Nationale Sonderzeichen können als Kombination von Zeichen eingegeben werden, indem zuerst das Grundzeichen getippt wird, dann [Alt]-[Backspace] und dann das zu kombinierende Zeichen. Wenn das

Zeichen allerdings nicht im Zeichensatz vorhanden ist, funktioniert
dieses Verfahren nicht. Beispiele sind:

`A` `Alt`-`Backspace` `"`        ergibt »ä«

`Shift`-`A` `Alt`-`Backspace` `"`    ergibt »Ä«

`O` `Alt`-`Backspace` `/`        ergibt »ø«

`E` `Alt`-`Backspace` `'`        ergibt »é«

`O` `Alt`-`Backspace` `^`        ergibt »ô«

Ganze Textdateien können als `/tmp/.cutbuffer` gespeichert wer-    **Längere Texte einfügen**
den und dann komplett mit allen Sonderzeichen durch `Alt`-`V` bei
aktiviertem EditMode in den Text eingefügt werden. Wichtige Sonderzeichen erzeugen Sie im Text-EditMode wie folgt:

`Alt`-`C`        Copyright »©«

`Alt`-`G`        Gradzeichen »°«

`Alt`-`R`        Registrierte Marke »®«

`Alt`-`S`        Esszett »ß«

`Alt`-`X`        Multiplikationssymbol »×«

`Alt`-`.`        Mittiger Punkt »·«

`Alt`-`1`        Hochgestellte »1«

`Alt`-`2`        Hochgestellte »2«

`Alt`-`3`        Hochgestellte »3«

`Alt`-`%`        Promillezeichen »‰«

Nach dem Verlassen des EditMode wird der Text zuerst flach und    **Dem Text Tiefe geben**
gefüllt dargestellt, mit den Buttons **Ext1:** und **Ext2:** stellt man hier
analog zu Abschnitt 5.14 die Tiefe und die Kantenfasung ein. **Size** re-
gelt die Größe des Fonts, **Linedist** den Abstand der Zeilen zueinander,
**Spacing** den Abstand der Zeichen zueinander, **Shear** die Neigung des
Textes (negativ neigt nach links, positiv neigt nach rechts). **X offset:**
und **Y offset:** geben den Abstand des Textes von seinem Ursprung an,
dies ist insbesondere im Zusammenhang mit **TextOnCurve** wichtig und
hilfreich.

    Mit **LoadFont** kann ein neuer PostScript-Font geladen werden, der    **Einen Font laden**
dann in dem MenuButton darüber auswählbar ist. Der Pfad zu den

Fonts ist im InfoWindow konfigurierbar (siehe Abschnitt 4.13). ToUpper wandelt den Text in Groß- bzw. Kleinbuchstaben um, die Knopfreihe **Left**, **Right**, **Middle** und **Flush** legt die Ausrichtung des Textes fest, **Flush** zieht die Zeilen so auseinander, dass alle Zeilen so lang wie die breiteste Zeile sind.

**Abbildung 5-26**
Textbeispiele

**Text in Kurven wandeln**

Mit Alt - C kann man einen selektierten Text in einen Kurvenzug umwandeln, um z.B. einzelne Buchstaben wie normale Blenderkurven zu bearbeiten. Der umgekehrte Weg ist nicht möglich, allerdings erlaubt es Blender mit **ObFamily**: ganze Reihen von Objekten (die natürlich auch nur abgewandelte Buchstaben sein können) als Zeichensatz zu benutzen und so mit diesen Objekten zu schreiben.

Indem Sie den Objektnamen einer Kurve (Bezier oder NURBS) in **TextOnCurve** eintragen, kann der Text der Kurve folgen. Eventuell ist ein wenig Feintuning, d.h. Skalieren nötig, bis der Text der Kurve genau folgt.

## 5.18   Glibberkugeln: Metaballs

Metaballs sind Objekte in Blender, welche wie eine Flüssigkeit in der Schwerelosigkeit reagieren und untereinander wechselwirken. Metaballs sind ein prozeduraler Objekttyp, der nach mathematischen Gleichungen von Blender berechnet wird und es ermöglicht die Überschneidungen zwischen Metaballs mathematisch zu ermitteln. So sind dann Additionen oder Subtraktionen zwischen Metaballs möglich.

Pro Metaballsystem wird nur ein Material benutzt, welches durch den Hauptmetaball bestimmt wird.

Metaballsysteme, die nicht den gleichen Basisnamen im Feld **OB:** besitzen (am besten in den **EditButtons** [F9] einstellbar), beeinflussen sich nicht gegenseitig. Mit dem Basisnamen ist der Name ohne eine eventuelle Nummer gemeint.

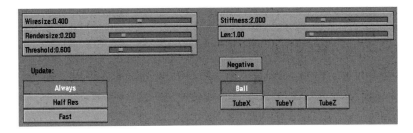

**Abbildung 5-27**
Parameter für Metaballs

Mit der Toolbox und **Add→MetaBall** können Sie einen neuen Metaball erzeugen. In den **EditButtons** [F9] befinden sich jetzt die in Abbildung 5-27 gezeigten Parameter.

Die Einstellungen auf der linken Seite besitzt nur der Metaball mit dem Basisnamen, d.h. dem Namen ohne Nummer. **Wiresize:** bestimmt die Größe des Drahtgitters, mit dem der Metaball in den 3D-Windows dargestellt wird. Kleinere Werte führen zu kleinen Maschen des Netzes und somit zu einer genaueren Abbildung des Metaballs, allerdings erfordert das auch eine erhöhte Rechenzeit in den 3D-Fenstern, was die Modellierung verzögern kann.

*Metaball-Parameter*

**Renndersize:** definiert analog zum **Wiresize:** die Auflösung des Metaball bei der Berechnung eines Bildes. **Threshold:** bestimmt, wie stark der innere Zusammenhalt des Metaballmaterials ist. Mit Verringerung von **Threshold:** wird der Metaball größer und die Anziehung zu anderen Metaballs schwächer. Wenn sich dann zwei Metaballs überlagern, ist der resultierende Metaball kaum größer. Bei einem hohen **Threshold:**-Wert ist das Verhalten wie bei Flüssigkeiten, bei noch höheren Werten ist es wie bei Quecksilber.

*Metaball-Auflösung*

Die Neuberechnung der Metaballs in den 3D-Fenstern, lässt sich auf **Always**, **Half Res** und **Fast** einstellen, was für eine sofortige, in der Auflösung halbierte oder die Neuberechnung nach dem Bewegen der Metaballs in den 3D-Fenstern steht.

Im EditMode besitzen Metaballs die Eigenschaften rechts aus Abbildung 5-27. Mit dem Parameter **Stiffness** lässt sich für jeden Ball separat die Festigkeit angeben, dieser Parameter steht in Zusammenhang mit dem globalen Parameter **Threshold**. Einzelne Bälle können durch **Negative** mit einem umgekehrten Einfluss auf die anderen Metaballs versehen werden, somit sind z.B. Löcher o.Ä. möglich.

**Abbildung 5-28**
Mit Metaballs erzeugtes
Blenderlogo

Neben den Bällen sind auch stabförmige Objekte realisierbar, die mit den Knöpfen **TubeX**, **TubeY** und **TubeZ** im EditMode eingeschaltet werden. Der Parameter **Len:** bestimmt dann die Länge des Stabs. Das Blenderlogo aus Abbildung 5-28 ist mit Metaballs modelliert worden, die anschließend mit [Alt]-[C] in ein Polygonobjekt umgewandelt wurden.

Sollen die Metaballs einzeln animiert werden, so ist es vorteilhaft, sie einzeln zu erstellen, d.h. einen Metaball zu erzeugen, mit [Tab] den EditMode verlassen, den zweiten Metaball zu erzeugen etc.

In einer Szene beeinflussen sich alle Metaballs mit dem gleichen Objektgrundnamen im Feld **OB:**, also den Namen ohne angehängter Nummer. Durch Änderung dieses Objektnamens können so Metaballsysteme erschaffen werden, die sich nicht gegenseitig beeinflussen.

# 6 Tutorial: Materialien

Materialien ergeben zusammen mit der Textur (Oberflächenstruktur) der Objekte eine realistische Szene. Blender bietet mit seinem Material- und Textureditor eine Vielzahl von Möglichkeiten, um Effekte und Materialien zu generieren. Die Material- und Texturvergabe ist ein wesentlicher Teil der Erstellung einer Szene, aber nicht sehr leicht zu beherrschen.

Da insbesondere viel Erfahrung nötig ist, kann ich Sie hier und in den Tutorials nur dazu ermutigen eigene Experimente durchzuführen, um diese Erfahrung zu sammeln. Versuchen Sie, Materialien in Ihrer Umgebung in Blender nachzuahmen, und vergleichen Sie die Ergebnisse mit der Realität.

## 6.1 Die Oberfläche

Die **MaterialButtons** F5 beinhalten eine große Zahl von Parametern, die im Folgenden so weit wie möglich erläutert werden.

MaterialButtons

Laden Sie bitte die Szene `Material/Material01.blend`, die wir für die Experimente mit den Materialien benutzen werden.

Erzeugen Sie für die Kugel in der geladenen Szene ein Material, indem Sie die Kugel anwählen und in den **MaterialButtons** F5 mit dem MenuButton→ADD NEW in der Headerzeile ein neues Material für die Kugel erzeugen.

MenuButton

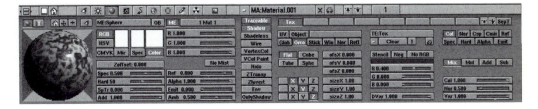

Die augenfälligste Eigenschaft eines Materials ist sicherlich seine Farbe. Die Farben in Blender können über zwei Systeme eingestellt werden, als RGB–System der Grundfarben Rot, Grün und Blau oder im HSV–System, also Hue, Saturation und Value (Farbton, Sättigung

**Abbildung 6-1**
MaterialButtons, der
Materialeditor von Blender

und Leuchtkraft). Umgeschaltet wird mit den entsprechend beschrifteten Knöpfen links in den MaterialButtons.

**Automatische Benennung des Materials**

Die Werte sind dabei im Bereich von 0.0–1.0 einstellbar. Ein sattes Rot im RGB–System ist also R=1.0, G=0.0 und B=0.0, ein Gelb z.B. R=0.8, G=0.8 und B=0.0. Experimentieren Sie ein wenig mit den Farbreglern in Blender, um ein Gefühl für die Farbmischung zu bekommen. Die eingestellte Farbe wird über dem Feld **Color** angezeigt. Wenn Sie auf das kleine »Auto«-Icon, neben dem MenuButton im Header der MaterialButtons, klicken, versucht Blender, das Material anhand der eingestellten Farbe automatisch zu benennen.

**Glanzpunktfarbe**

Klicken Sie auf den Knopf **Spec**, so können Sie mit den Farbreglern die Farbe des Glanzpunktes einstellen. Insbesondere bei Materialien, die einen metallischen Glanz besitzen sollen, empfiehlt es sich die Farbe des Glanzpunktes etwas von der Materialfarbe abweichend einzustellen.

**Spiegelfarbe**

Der Knopf **Mir** gibt die Farbe von reflektiertem Licht bei Verwendung von Reflektionmaps an und wird in Abschnitt 6.9 genauer erläutert.

**Diffuse Lichtreflektion**

Eine weitere wichtige Eigenschaft eines Materials ist die Art und Weise, wie die Oberfläche vorhandenes Licht reflektiert. In diesem Zusammenhang stehen die Regler **Ref** sowie die beiden zusammengehörigen Regler **Spec** und **Hard**. **Ref** bestimmt, wie viel Licht insgesamt von der Oberfläche reflektiert wird, **Spec** bestimmt die Intensität und **Hard** die Größe des Glanzpunktes auf der Oberfläche. Als grobe Regel besitzt Plastik einen hellen kleinen Glanzpunkt und Metall einen weichen, nicht so hellen Glanzpunkt.

**Eigenleuchten**

Der Regler **Emit** gibt an, wie stark das Material selbst leuchten soll. Allerdings leuchtet auch wirklich nur das Material selbst, ohne dabei Licht auf andere Objekte zu werfen, wie es eine Lichtquelle tun würde. Im Zusammenhang mit dem Radiosity-Renderer von Blender bekommt der Emitwert eine besondere Bedeutung, da das Radiosity-Verfahren Materialien mit einem Emitwert über 0.0 als wirkliche Lichtquellen berechnet (siehe Abschnitt 9.3).

Die weiteren Parameter, insbesondere die für transparente Materialien, werden in eigenen Abschnitten behandelt und beschrieben.

Versuchen Sie jetzt einmal die Materialien, die sich in Ihrer Umgebung befinden, mit diesen Möglichkeiten nachzubilden.

## 6.2　Strukturen: Textur

In der Realität gibt es allerdings kaum Oberflächen, die so ideal glatt und einfarbig sind, dass sie mit den Parametern aus dem vorherigen Abschnitt zufriedenstellend nachgebildet werden können. Daher verwendet man in der 3D-Grafik so genannte Texturen, die komplexe Farbgebungen der Oberflächen und Materialstrukturen simulieren. In Blender gibt es drei grundsätzliche Arten von Texturen, die auch in Kombination vorkommen können:

**Intensity Texture**  Gibt einen Wert zurück, der die Intensität eines Oberflächenparameters (wie z.B. Glanz, Reflektionseigenschaften, Transparenz etc.) bestimmt.

**RGB Texture**  Gibt einen Farbwert zurück.

**Bump Texture**  Gibt Werte zurück, die dazu benutzt werden können, eine Struktur der Oberfläche zu simulieren, ohne diese Struktur modellieren zu müssen.

Unter diesen drei Möglichkeiten reihen sich alle in Blender verfügbaren Texturen ein, eine ausführliche Beschreibung der Texturen folgt etwas später in diesem Kapitel.

### 6.2.1 Ein Material mit einer Textur versehen

Als kurzen Überblick in die Arbeit mit Texturen werden wir nun die Kugel aus dem Abschnitt 6.1 mit einer Textur versehen. Laden Sie die Beispielszene mit der Kugel und versehen Sie sie mit einem Material, dem sie mit den Parametern aus Abschnitt 6.1 eine Farbe geben.

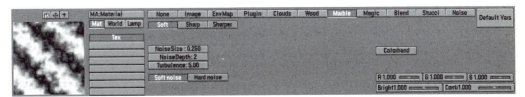

Im rechten Teil der MaterialButtons befinden sich die Parameter, die das Aufbringen der Textur auf das Material bestimmen. Bei selektierter Kugel wählen Sie das Icon für die **TextureButtons** oder drücken die Taste [F6]. Im Header der TextureButtons erzeugen Sie eine neue Textur mit dem MenuButton→**AddNew**.

In den erscheinenden Knöpfen wählen Sie jetzt den Texturtyp **Marble**, das Fenster sollte dann wie in Abbildung 6-2 aussehen.

Sie sollten nun die Textur mit einem sinnvollen Namen versehen oder sich diese Arbeit von Blender durch einen Klick auf das »Auto«-Icon im Header der TextureButtons abnehmen lassen. Insbesondere

**Abbildung 6-2**
Marble Textur in den
TextureButtons

TextureButtons

MenuButton

in komplexeren Szenen erleichtert eine gute Namensgebung die Arbeit erheblich.

Ein Testrendering zeigt nun eine lila marmorierte Kugel. Die Grundfarbe ist so, wie Sie es vorher eingestellt haben. Zurück in den **MaterialButtons** F5, befindet sich rechts im Fenster die Möglichkeit die Farbe der Marbletextur einzustellen (jetzt Lila).

### 6.2.2 Texturparameter

Die Reihe von acht grauen Knöpfen, rechts oben in den MaterialButtons (siehe auch Abbildung 6-1) — in dem ersten steht der Name der gerade erzeugten Textur — sind die Texturkanäle, von denen jedes Material acht Stück besitzt, d.h., es können pro Material acht Texturen gleichzeitig verwendet bzw. kombiniert werden. Für jeden Texturkanal können die Texturparameter unterschiedlich eingestellt werden. Zum Aktivieren des jeweiligen Texturkanals genügt ein Mausklick auf den entsprechenden Knopf, der daraufhin eingedrückt dargestellt wird.

Inputkoordinaten zum
Texturmapping

Die grünen Knöpfe links unter den Texturkanälen definieren die Art, wie die Texturkoordinaten für die Textur generiert werden. Dies wird als die Input(Eingabe)-Texturkordinate bezeichnet und bestimmt unter anderm die Art, wie die Textur auf das Objekt aufgebracht wird.

**UV**        Die Texturkoordinaten kommen von einer NURBS-Oberfläche, bei Verformungen der Oberfläche passt sich die Textur genau an.

**Object**    Ein Objekt, dessen Name im Eingabefeld rechts von diesem Knopf eingegeben werden kann, ist die Quelle der Texturkoordinaten. Dieses Objekt kann auch ein Empty sein, das dann auch rotiert werden kann, um die Textur zu drehen.

**Glob**      Globale Texturkoordinaten auf die gesamte Szene bezogen.

**Orco**      Standardeinstellung, Texturkoordinaten kommen vom Objekt auf dem die Textur ist, im Allgemeinen die Boundingbox, d.h. ein das Objekt umschließender Würfel.

**Stick**      Wie eine von der Kamera aus projizierte Textur, zum genauen Platzieren von Texturen auf 3D-Objekten.

**Win**       Bildschirmkoordinaten dienen als Texturkoordinaten, insbesondere für die Integration von 3D-Objekten in Bilder oder Filme geeignet.

**Nor**     Normalenvektoren der Flächen dienen als Texturkoordinaten, zum Erzielen von Spiegelungseffekten mit vorberech-
neten Bildern.

**Refl**     Reflektionsvektoren der Flächen dienen als Texturkoordinaten, insbesondere mit der Reflection Maptextur können
so Spiegelungen auf Objekten simuliert werden.

Für Texturen, die nur zweidimensionale Koordinaten (wie der Texturtyp Image) liefern, ist es nötig, die 2D-Koordinaten in 3D-Koordina-
ten umzuwandeln. Dieses Verfahren findet besonders beim Mapping
von Bildern auf Objekte seine Anwendung.

Koordinatentransformation

Die Einstellung Flat ist für ebene Flächen, wie Böden, Wände oder
Ähnliches, gedacht, Cube für Objekte mit möglichst rechten Winkeln
zwischen den Seiten, Tube für zylinderförmige Objekte und Sphere
für runde, kugelähnliche Objekte. Die weiteren Parameter erlauben
es die Textur zu verschieben (ofsX,Y,Z) und zu skalieren (SizeX,Y,Z).
Diese Einstellungen können auch interaktiv mit der Maus am Objekt
vorgenommen werden. Dazu selektieren Sie das Objekt und drücken
die Taste [T]. Im erscheinenden Pop-up-Menü kann jetzt zwischen
dem Verschieben (Grabber) und der Größenänderung (Size) gewählt
werden. Mit der Maus kann dann anschließend der Texturwürfel
entsprechend manipuliert werden.

Das Rechteck aus zwölf Knöpfen steuert das Umschalten zwischen
den Koordinaten. Die drei Knopfzeilen stehen für die X-, Y- und Z-
Koordinate, normalerweise wird z.B. die X-Koordinate auch auf X
gemappt. Wird in der ersten Zeile Y angewählt, so wird die Y-Koor-
dinate auf die X-Koordinate geschaltet. Die graue erste Knopfspalte
schaltet die entsprechende Koordinate völlig ab. Ein Beispiel für die
Verwendung dieser Parameter befindet sich in Abschnitt 6.8.

Die grünen Knopfreihen rechts unter den Texturkanälen in den
MaterialButtons definieren, welche Materialeigenschaft von der Textur beeinflusst wird. Zum Beispiel kann ein Bild als Textur dienen,
welches dann die Farbe (Col) und das Leuchten (Emit) der Oberfläche
definiert.

Einige dieser Knöpfe können drei Zustände annehmen, aus-
geschaltet, eingeschaltet und invertierend, bei letzterem wird der
Text im Knopf gelb dargestellt und die Texturwerte invertiert. Im
Einzelnen sind die Output(Ausgabe)-Koordinaten folgende:

Output-Koordinaten der
Textur

**Col**     Die Textur bestimmt die Farbe der Oberflächenpunkte, wenn
der Texturtyp eine Farbinformation liefert.

**Nor**     Die Textur generiert reliefähnliche Strukturen, in Blender
Nor-Maps genannt, in anderen Programmen eher Bumpmaps.

Das zugrunde liegende 3D-Objekt wird aber nicht wirklich verformt.

**Csp** Die Textur bestimmt die Farbe des Glanzpunktes (specularity, Spec in den MaterialButtons).

**Cmir** Mirror-Farbe, im Zusammenhang mit Reflectionmaps wird durch diesen Parameter die Spiegelfarbe bestimmt.

**Ref** Die Textur bestimmt den Wert des Reflektionsparameters des Materials.

**Spec** Die Textur bestimmt die Stärke des Glanzpunktes.

**Hard** Die Textur bestimmt den Hardness-Wert, also die Schärfe des Glanzpunktes, des Materials.

**Alpha** Die Textur bestimmt den Alpha-Wert (Transparenz) des Materials.

**Emit** Die Textur bestimmt den Emit-Wert (Selbstleuchten) des Materials.

Parameter für die Textur

Texturdatenblock und Farbeinsteller

Die Textur kann noch durch weitere Parameter beeinflusst werden, die unter den Knöpfen für die Ausgabeart der Textur angeordnet sind. Die Knopfreihe Mix, Mul, Add und Sub mischen, multiplizieren, addieren oder subtrahieren die Werte der Texturen miteinander. Der Schieberegler Col bestimmt, wie stark der Farbanteil der Textur berücksichtigt wird, Nor definiert die Ausprägung des Bumpmapeffekts und Var beeinflusst generell einen Wert einer Textur, z.B. den Emitwert wenn als Ausgabe Emit aktiviert ist.

Soll eine Textur noch weitere Parameter steuern, so reicht der Var-Regler natürlich nicht mehr für eine getrennte Einstellung. In diesem Fall können die weiteren Parameter über das IPO-Window (Abschnitt 8.1.1) gesteuert werden.

Unterhalb des Textur-Datenblocks, mit dem ohne in die TextureButtons wechseln zu müssen, die Texturen auf die Kanäle verteilt werden können, befinden sich die Regler für die Farbe der Textur.

Mit den RGB-Reglern kann eine Farbe für die Textur eingestellt werden, wenn die Textur keinen Farbwert liefert. Mit dem Knopf No RGB kann die Farbinformation der Textur durch die eingestellte Farbe ersetzt werden, die Stärke der Effekte auf die Texturkanäle kann dann mit dem Regler DVar gewählt werden.

Der aktivierte Knopf Neg negiert die Werte der Textur, bei Farbtexturen entsteht so ein Negativ der Farben.

Die Texturen in den Texturkanälen können völlig von einer Textuur in einem höheren Kanal überdeckt werden. Mit dem Knopf

Stencil kann dies verhindert werden. Überall dort, wo die Textur mit
aktiviertem Stencil einen Wert hat, kann keine weitere Textur einen
Einfluss haben. Ein Beispiel für ein solches Material befindet sich auf
der CD (`Material/Stencil.blend`).

## 6.3  Texturtypen

In Blender sind verschiedene Texturtypen verfügbar, die im Folgenden kurz aufgelistet werden. Mit der Programmierschnittstelle zu
Blender für Textur-Plug-ins ist es möglich, weitere Typen zu programmieren. Einige davon sind auf der CD zum Buch enthalten
(Anhang G) oder im Internet zu bekommen. Zu den bisher veröffent-
lichten Plug-ins gehören unter anderem verbesserte Wolkentexturen,
Spiraltexturen, Punkte, Mandelbrotmengen usw.

Der Texturtyp wird in den **TextureButtons** F6 ausgewählt. Neben
den texturspezifischen Reglern existieren für nahezu alle Texturtypen
noch die Regler Bright und Contr (siehe auch Abbildung 6-3) die eine
Regelung der Helligkeit und des Kontrastes der Textur erlauben.

**Image**     Ist ein sehr häufig verwendeter Texturtyp, bildet ein Bild
              (in den von Blender unterstützten Bild- und Animations-
              formaten) auf dem Objekt ab, Abschnitt 6.4.

**EnvMap**    Umgebungs-Map um Reflektionen zu simulieren, Ab-
              schnitt 6.9.

**Plugin**    Wird dieser Texturtyp angewählt, so kann mit dem Knopf
              Load Plugin ein Textur-Plug-in geladen werden. Nach dem
              Laden erscheinen die Parameter des Textur-Plug-ins.

**Clouds**    Wolkentextur zur Generierung von Wolken, Rauch, Feuer
              aber auch als Bumpmap einsetzbar.

**Wood**      Zur Generierung von holzähnlichen Strukturen in Streifen
              und Ringformen jeweils glatt oder mit Turbulenz.

**Marble**    Marmorähnliche Strukturen

**Magic**     Bunte, zelluläre Strukturen

**Blend**     Farbverläufe, linear, radial, etc.

**Stucci**    Zur Generierung von Oberflächenrauheiten mit Bump-
              maps

**Noise**     Rauschen, in jedem(!) Frame der Animation anders. Ein
              Beispiel befindet sich in Abschnitt 8.1.2.

### 6.3.1    Texturen mit Farbverläufen

Viele prozedurale Texturtypen können mit dem Schalter **Colorband** in den **TextureButtons** F6 mit Farbverläufen versehen werden.

**Abbildung 6-3**
Colorband-Einstellungen in
den TextureButtons

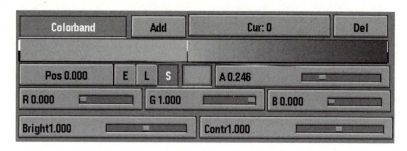

Prinzipiell sind hierfür alle prozeduralen Texturen geeignet, die einen Farbwert produzieren:

❑  Clouds

❑  Wood

❑  Marble

❑  Blend

❑  Noise

❑  Viele Textur-Plug-ins, z.B. Clouds2, Dots, Musgrave, Mandelbrot

Mit dem Knopf **Colorband** werden die Einstellungen aktiviert, die Texturvorschau zeigt dann die Auswirkungen sofort. Die Farbverläufe werden über zwei oder mehrere Farben erzeugt.

Verwenden des Colorband       Mit dem Knopf **Add** wird eine neue Farbe eingefügt, mit **Del** die gerade aktive Farbe (**Cur:**) gelöscht. In der Verlaufsvorschau wird diese aktuelle Farbe als etwas dickerer weißer Strich dargestellt, mit dem die Farbposition durch Anklicken und Bewegen mit der linken Maustaste geändert werden kann. Die Position wird numerisch im Feld **Pos:** angegeben.

Für die aktuelle Farbe kann dann mit den RGB-Schiebereglern die Farbe eingestellt werden. Mit dem Regler **A** wird die Transparenz (Alphawert) der Farbe eingestellt, sodass auch Texturen, die die Durchsichtigkeit beeinflussen, produziert werden können.

Die Knöpfe **E**, **L** und **S** stehen für die Interpolation Ease, Linear und Spline zwischen den Farben. Hier erzeugt **S** die sanftesten Übergänge.

## 6.4    ImageTextur

Die ImageTextur ist sicher eine der am häufigsten benutzen Texturtypen. Durch das Aufbringen von realen oder generierten (in Bildbearbeitungen) Bildern erzielt man schnell einen sehr realen Anblick.
Die Texturen können in allen von Blender unterstützten Formaten
vorliegen, d.h., es sind animierte Texturen möglich (z.B. für einen
Fernseher).

In diesem Tutorial werden wir einen Tisch mit einer Holztextur
versehen. Zu diesem Zweck müssen wir zuerst aus einfachen Grundobjekten (Würfel, Zylinder) einen Tisch bauen. Für die Tischplatte
skaliert man einen Würfel ungleichmäßig (mittlere Maustaste), bis
die Platte den gewünschten Abmessungen entspricht. Alternativ ist
es auch möglich von einer Fläche (Plane) ausgehend die vier Vertices
zu extrudieren.

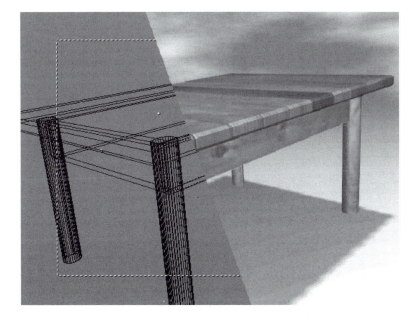

**Abbildung 6-4**
Aufbau des Tisches

Ich bin bei dem Tisch in Abbildung 6-4 diesen Weg gegangen, um
zusätzlich eine kleine Schräge am Tischrand anzubringen. Insgesamt
wurden also die vier Vertices dreimal mit E im EditMode extrudiert
und dann entsprechend skaliert.

Die Tischbeine entstanden aus einer skalierten Röhre (Tube), ein
Zylinder ist nicht nötig, die Enden können offen bleiben. Sie sollten
die Kopien der Beine mit Alt-D erzeugen, dies erzeugt neue Objekte, die mit dem Ausgangsobjekt das Polygonnetz gemeinsam haben.
Wenn nun alle Beine dünner gemacht werden sollen, so wählt man

ein beliebiges Bein aus und ändert es im EditMode(!), damit ändern sich auch die anderen Tischbeine.

Ähnlich verfährt man mit den Brettern zwischen den Tischbeinen, auch hier wird ein Brett erzeugt und die restlichen mit [Alt]-[D] kopiert. Da aber hier nicht alle vier Bretter gleich groß sind, wird die Skalierung außerhalb des EditMode vorgenommen, diese Transformation ist eine Objekteigenschaft und beeinflusst die Polygondaten, die alle Bretter teilen, nicht.

Möchten Sie z.B. ein Tischbein einzeln auf Polygonebene beeinflussen, so wechseln Sie bei selektiertem Objekt zu den **EditButtons** [F9], in deren Header der Mesh-Datenblock angezeigt wird. Hier steht im Fall von Polygonobjekten ein ME:, bei Kurven und Oberflächen ein CU: mit dem Namen des Datenblocks daneben. Ist dieser Datenblock Teil von mehreren Objekten, so ist dieser DataButton bläulich gefärbt und es steht die Anzahl der ihn benutzenden Objekte (User, Benutzer) neben dem Namen. Um einen solchen Datenblock für das selektierte Objekt lokal zu machen, klickt man mit der linken Maustaste auf diese Zahl und beantwortet die Sicherheitsabfrage mit einem Klick auf Single User? positiv.

**ME:Bein          4**
DataBlock

Abbildung 6-5
Fertige Szene

Selektieren Sie die Tischplatte und wechseln mit [F5] in die **MaterialButtons**, wo Sie durch Klicken und Halten des MenuButtons und Auswahl von ADD NEW ein neues Material erzeugen.

MenuButton

Wechseln Sie jetzt in die **TextureButtons** [F6] und erzeugen mit dem dortigen MenuButton eine neue Textur. Als Texturart wählen Sie durch Anklicken von Image eine Imagetextur aus. Jetzt

klicken Sie **Load** und wählen im erscheinenden Dateifenster die Textur
`planken.jpg` aus dem Verzeichnis `Tutorial/tex/` der beiliegenden CD.

Die Textfelder für Pfadangaben in Blender erlauben auch relative Relative Pfade
Pfade, mit denen eine Szene nicht mehr von der Lage auf dem Spei-
chermedium abhängig ist. So kann eine Textur mit `//tex/` als Pfad
aus dem Verzeichnis `tex` im aktuellen, d.h., in dem sich die Szene befindet, Verzeichnis geladen werden. Die Szene kann dann (zusammen
mit dem `tex`-Verzeichnis) verschoben werden, ohne dass Probleme
mit absoluten Pfadnamen auftreten. In diesem Zusammenhang ist
auch der relative Pfad `..` wichtig, er bezeichnet ein Verzeichnis eine
Ebene höher als das aktuelle. Die Texturen auf der CD zum Buch
liegen beispielsweise im Verzeichnis `Tutorial/tex/`, eine Szene im
Verzeichnis `Tutorial/Kapitel6/Material/` kann jetzt mit dem
Pfad `//../../text/` auf die Texturen zugreifen, egal in welchem
Laufwerk die CD liegt.

Eine Testberechnung mit F12 sollte jetzt schon die Tischplatte
mit der darauf befindlichen Textur zeigen, allerdings ist das Holz noch
viel zu glänzend.

Wechseln Sie wieder in die **MaterialButtons** F5 und ändern Sie die
Parameter **Spec:** auf etwa 0.200 und **Hard:** auf einen Wert unter 15.
Wenn Sie nahe mit der Kamera an die Tischplatte herangehen möch-
ten, kann es sinnvoll sein auch **Nor** rechts im Materialeditor für die
Textur zu aktivieren, was eine gewisse Oberflächenrauheit simuliert.

Für die Bretter unter dem Tisch erzeugen Sie ein weiteres Ma-
terial und versehen es mit der Textur `brett.jpg`. In den **Material-
Buttons** sollte jetzt noch **Cube** für die Koordinatentransformation des
Bildes aktiviert werden, was dafür sorgt, dass das Bild auf alle vier
Bretter richtig aufgebracht wird.

Für die Beine kann ein Material ähnlich dem der Bretter verwendet werden, wegen der Zylinderform muss allerdings als Koordinatentransformation **Tube** gewählt werden.

### 6.4.1 Quellen für Bildtexturen

Im Internet sind viele Texturen und Hintergrundbilder zu finden,
allerdings sollten Sie sich die jeweiligen Lizenzbedingungen genau
durchlesen, bevor Sie die Textur für ein Projekt einsetzen, da viele dieser Sammlungen nur für einen privaten Einsatz gedacht sind.

Auf den Blenderseiten im World Wide Web sind einige Links
zu Texturen gesamelt, hier finden sich auch erste Hinweise auf die
jeweiligen Lizenzen. Die Adresse lautet `http://www.blender.`
`nl/stuff/texture.html`.

Professionelle Texturen sind auch auf CD erhältlich, auf der CD zum Buch befindet sich eine Auswahl von Texturen aus der »digital design box«[7] des dpunkt-Verlags im Verzeichnis `designbox/`. Die Texturen liegen hier als JPEG-Format in einer Bildschirmauflösung vor, auf den »design box«-CDs befinden sich darüber hinaus die Texturen auch in druckfähiger Auflösung.

**Eigene Texturen erstellen**     Früher oder später wird auch der Wunsch entstehen, eigene Texturen zu erstellen, was dank der preiswerten Scanner heute immer einfacher wird. Flache Objekte können auf Flachbettscannern direkt gescannt werden, die Tiefenschärfe beträgt oft einige Zentimeter. Darüber hinaus ist eine gute Spiegelreflexkamera immer noch die beste Art um zu Bildmaterial zu kommen, eventuell ist es auch günstig ein Fotolabor damit zu beauftragen die Bilder auf CD zu bringen.

Auch Digitalkameras werden immer preiswerter, bieten aber oft noch nicht die entsprechende Auflösung für gute Texturen. Schneller als mit einer Digitalkamera wird man aber nicht zu eigenen Texturen kommen. Zur Nachbearbeitung der Texturen sind dann gängige Bildbearbeitungen nötig, die oft Scannern oder Digitalkameras beiliegen oder als Free- oder Shareware zu bekommen sind. Im Anhang befinden sich ein paar generelle Tipps zu Bildbearbeitungen.

## 6.5  Multimaterialien

Ein Objekt in Blender kann mehrere Materialien besitzen, die verschiedenen Flächen des Objekts zugeordnet werden können. Diese Zuordnung ist eine Eigenschaft der Vertices bzw. der von ihnen gebildeten Flächen und erfolgt in den **EditButtons** F9 im EditMode des Objekts.

Erzeugen Sie sich eine Szene mit einem Würfel, der im folgenden als Beispielobjekt dienen soll. Alternativ können Sie die Szene `Material/MultiMaterial01.blend` von der beiliegenden CD benutzen.

Weisen Sie dem Würfel ein Material zu. In den **EditButtons** F9 zeigen sich jetzt die hier in der Randspalte dargestellten Knöpfe. Über diesen Knöpfen steht der Name des aktuellen Materials, dessen Farbe oben links in der Knopfbank angezeigt wird.

Neben der Materialfarbe befindet sich der Materialindex **1 Mat: 1**, dessen erste Zahl angibt, wie viele Materialien das Objekt besitzt, und deren zweite Zahl den aktuellen Materialindex angibt.

Der Materialindex ist ein NumberButton, der über Mausklicks links oder rechts in den Knopf eingestellt werden kann, die weiteren Möglichkeiten, solch einen Knopf zu ändern, sind in Abschnitt 4.9 beschrieben. Bevor eine solche Änderung des Materialindexes aber funktioniert bzw. sinnvoll ist, müssen noch weitere Indices erzeugt

werden. Wenn Sie New anklicken, erhöht sich die erste Zahl im Materialindex. Entsprechend löscht Delete den aktuellen Materialindex.

Erzeugen Sie zunächst einmal zwei weitere Indices für unseren
Würfel. Danach steht der Materialindex auf 3 Mat: 3, der Materialname hat sich allerdings nicht geändert, da Blender nicht zwei zusätz-
liche Materialien erzeugt hat, sondern nur weitere Verknüpfungen mit
dem Ausgangsmaterial.

Wechseln Sie jetzt in die **MaterialButtons** [F5], auch hier findet
sich der Materialindex wieder, der Materialname in der Kopfleiste ist
blau, um anzuzeigen, dass das Material mehrmals verwendet wird,
die Zahl neben dem Namen gibt die Anzahl der Verwendungen an.

Schalten Sie den Materialindex jetzt auf 3 Mat 1 um und klicken
die Zahl neben dem Materialnamen an. Nach der Bestätigung OK? –
Single user wird ein separates Material erzeugt, dessen Eigenschaften
Sie jetzt ändern können.

Führen Sie diese Schritte für die anderen zwei Materialien ebenfalls durch und geben Sie ihnen jeweils eine andere Farbe bzw.
auch eine andere Textur, z.B. jeweils die entsprechenden Zahlen
von der CD im Verzeichnis `DigitalDesignBox/PhotoTypes/`
`Newcomer/`. Wenn Sie diese Zahlen verwenden, so empfiehlt es sich,
in den **TextureButtons** noch die Optionen CalcAlpha und NegAlpha für
jede Textur zu aktivieren, dies sorgt dafür, dass das Grundmaterial
als Hintergrund erhalten bleibt.

Kehren Sie nun in die **EditButtons** mit [F9] zurück, wo wir jetzt
die eigentlichen Materialzuweisungen durchführen werden.

**Abbildung 6-6**
Würfel mit mehreren
Materialien

Noch besitzen alle Flächen das gleiche, erste Material. Selektieren Sie im EditMode alle vier Vertices einer sichtbaren Würfelseite und stellen den Materialindex in den **EditButtons** auf 3 Mat 2 ein. Ein Klick auf Assign weist jetzt dieser Würfelfläche das zweite Material zu. In gefüllten Ansichten des 3D-Fensters sollte die Änderung sofort sichtbar werden, schattierte Ansichten erfordern ein Verlassen des EditMode. Versehen Sie nun auch die anderen Seiten des Würfels mit Materialien.

**Selektion von Vertices nach dem Material**

Wenn Sie sich im EditMode befinden, können mittels Select bzw. Deselect die Vertices selektiert bzw. deselektiert werden, deren Materialindex gerade eingestellt ist. Dies ermöglicht es nicht nur, komfortabel weiteren Flächen ein Material zuzuweisen, sondern auch die Erstellung von Vertexgruppen, auf die später leicht im EditMode zugegriffen werden kann.

## 6.6 Halomaterialien

Halos sind kleine runde Leuchterscheinungen, die an die Stelle der Vertices des materialtragenden Objekts (nur Polygonobjekte und Partikel) gesetzt werden. Da Halos wie 3D-Objekte behandelt werden und auch den Z-Buffer (Tiefeninformation) nutzen, können sie auch von Objekten verdeckt werden. Wird in den MaterialButtons die Option Halo angewählt, so erscheinen die Optionen für Halos und Lensflares (Abbildung 6-8).

**Abbildung 6-7**
Neun von nahezu unendlich vielen Möglichkeiten Halos zu erstellen

In Abbildung 6-7 sind neun Möglichkeiten von nahezu unendlich vielen Kombinationen dargestellt. In Schwarz-Weiß erhält man allerdings nur einen schwachen Eindruck, laden Sie daher bitte die Szene `Material/Halo.blend` und berechnen das Bild mit F12. Alternativ sind die berechneten Bilder, Abbildungen und Animationen auch auf der CD im Verzeichnis `Abbildungen/` enthalten.

## 6.6.1 Grundparameter

Die wichtigsten Einstellungen für Halos sind erst einmal die Farben für das Halo selbst sowie die Farbe für Linien und Ringe, die Teil des Halos sein können.

Genau wie bei den Materialien wählt man hier das einzustellende Detail an (Halo, Rings oder Line) und kann so mit den RGB- oder HSV-Reglern die Farbe einstellen. Die Darstellung von Ringen und Linien aktivieren Sie mit den hellblauen Knöpfen **Lines** und **Rings** in der Mitte der **MaterialButtons**. Die Anzahl der Linien und Ringe kann dann mit **Rings:** und **Lines:** eingestellt werden. **Star** gibt dem Halo eine Sternform, dessen Zackenzahl mit **Star:** eingestellt werden kann.

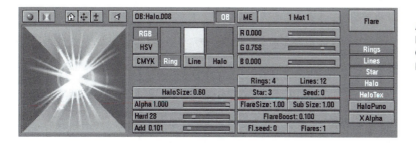

**Abbildung 6-8**
MaterialButtons mit den Optionen für Halos und Lensflares

Mit **HaloSize:** wird die Größe des Halos eingestellt. Der Schieberegler **Alpha** definiert, wie durchsichtig das Halo ist, Alpha=0.0 bedeutet ein völlig unsichtbares Halo. Der Wert von **Hard** bestimmt, wie sanft das Halo in den Hintergrund übergeblendet wird, ein hoher Wert für Hard blendet sanft über, ein Wert von Null schafft harte Kanten.

**Add** bestimmt, wie stark der Lichteffekt des Halos ist. Ein Add-Wert von 0.0 bedeutet kein Lichteffekt, was für Halos mit Texturen wichtig ist. Halos emittieren aber nicht wirklich Licht, d.h., es wird kein Widerschein auf Objekten entstehen, mit Blenders Möglichkeiten ist es aber auch kein Problem, jedem Vertex mit Halo noch eine Lichtquelle zuzuordnen (Dupliverts, siehe auch Abschnitt 8.8.6).

Die Lage der Ringe und Linien eines Halos werden nach einer Tabelle mit 255 Einträgen eingestellt, sodass bei einem Objekt mit mehreren Vertices die Halos unterschiedlich sind. Mit **Seed:** stellt man den Startwert dieser Verteilung ein. Wenn das Objekt nur aus einem Vertex besteht, kann man so mit **Seed** direkt das Aussehen des Halos beeinflussen.

### 6.6.2 Halotextur

Ein weiterer sehr wichtiger Effekt mit Halos ist der Punkt **HaloTex**. Wenn **HaloTex** nicht aktiviert ist, wird der Texturbereich des mit dem Halomaterial versehenden Objekt benutzt, d.h., die einzelnen Halos werden entsprechend der darunter liegenden Textur gefärbt. Mit aktiviertem **HaloTex** bekommt jedes einzelne Halo einen Texturbereich, die Textur erscheint vollkommen auf jedem Halo. Zur Verdeutlichung befindet sich auf dem vierten Layer der Szene `Material/Halo.blend` eine mehrfach unterteilte (Subdivide) Fläche mit einem Halomaterial, welches in den **EditButtons** F5 erscheint, wenn die Fläche angewählt wird.

Berechnen Sie das Bild einmal mit nicht aktiviertem **HaloTex** und einmal mit aktiviertem **HaloTex**, damit der Unterschied (siehe Abbildung 6-9) deutlich wird.

In Abbildung 6-7 wurden bei vier Halomaterialien Texturen verwendet. Insbesondere die Wolkentextur (Clouds) schafft interessante Halos.

**Abbildung 6-9**
Unterschied zwischen
inaktivem (links) HaloTex
und aktivem HaloTex

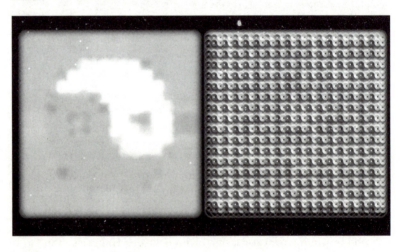

## 6.7 Nobody is perfect: Lensflares

Lensflares sind Störungen, die in der Linse von Kameras entstehen, wenn Licht ungünstig in die Optik scheint. Jeder gute Kameramann wird versuchen diese Effekte zu vermeiden.

In der 3D-Grafik werden Lensflares benutzt, um den klinisch perfekten Eindruck von berechneten Animationen zu mindern. Insbesondere bei Weltraumanimationen aus dem Science-Fiction-Genre wurden diese Linseneffekte in der Vergangenheit geradezu verschwenderisch benutzt. Sparsam und an der richtigen Stelle eingesetzt, kann aber ein Lensflare einer Animation den letzten Schliff geben, der Auge und Gehirn eine Realaufnahme vorgaukelt. Auch für spezielle Effekte, die nicht die Realität wiedergeben, können Lensflares gut genutzt werden.

Zu bedenken ist bei Lensflares, dass sie in der Realität durch eine Lichtquelle hervorgerufen werden, so ist bei nahen Objekten eventuell eine Lichtquelle in das Zentrum des Lensflareobjekts zu setzten, um einen realistischen Effekt zu erzielen. Weiterhin gilt es zu bedenken, dass das Lensflare verschwindet, wenn die Lichtquelle von einem Objekt verdeckt wird. Weiterhin ist der Effekt abhängig von der Kameraperspektive in Bezug auf das Lensflareobjekt.

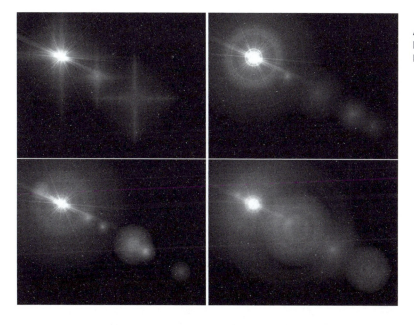

**Abbildung 6-10**
Möglichkeiten von
Lensflares

## 6.7.1 Grundparameter

Lensflares sind genau wie Halos eine Materialeigenschaft. Dabei ist vom Objekt nichts mehr sichtbar, nachdem ein Lensflarematerial zugewiesen wurde. Die Haloparameter gelten wie in Abschnitt 6.6 weiterhin, dazu muss nun noch Flare angewählt werden. Auch die Einstellungen für Anzahl der Ringe, Linien usw. sind wie bei den Halos beschrieben.

Neue Parameter sind die Flaresize:, die die Größe des Lensflares, und Subsize:, welche die Größe der Unterflares angibt, die in der Rea-

lität durch die weiteren Linsen in dem Objektiv entstehen. FlareBoost:
schließlich definiert die Stärke des Lensflares. Fl.seed: bestimmt wie
bei den Halos das Aussehen des Lensflares anhand einer Tabelle von
256 Möglichkeiten.

Flares: gibt die Anzahl der Flares und Subflares an, was in der
Realität in etwa der Linsenzahl des Objektivs entspricht. In Abbildung 6-10 sind einige wenige Möglichkeiten dargestellt, ein Farbbild
befindet sich auf der CD zum Buch im Verzeichnis Abbildungen/,
die Szene mit einigen Lensflareobjekten in verschiedenen Layern befindet sich in Material/LensFlares.blend.

## 6.8   Durchblick: Transparente Materialien

Durchsichtige Objekte sind nicht unbedingt die Domäne von Programmen wie Blender, der kein Raytracing unterstützt. Insbesondere wenn es darum geht, Glas oder ähnliche Materialien zu berechnen, kommen neben der reinen Transparenz auch Eigenschaften wie
Reflektion (Spiegelung) oder Refraktion (Lichtbrechung) hinzu, die
schwierig bis überhaupt nicht von einem Renderer zu simulieren sind.

Durchsichtigkeit      Die zentrale Einstellung für eine Transparenz ist der **Alpha**-Regler
in den **MaterialButtons** F5, der die Durchsichtigkeit des Materials von
0.0 (völlig durchsichtig) bis 1.0 (nicht durchsichtig) definiert. Absolut
wichtig ist bei Verwendung von Alphawerten unter 1.0 die Aktivierung der **ZTransp**-Option.

Erzeugen Sie eine Kugel auf einer Bodenfläche oder laden Sie die
Szene Transparenz01.blend. Versehen Sie die Kugel mit einem
Material und stellen den Alphawert auf 0.200. Rendern Sie die Szene
ZTransp         jetzt einmal ohne aktiviertes **ZTransp** und einmal mit, um den Ef-
fekt zu sehen. Mit **ZTransp** sollte sich schon eine transparente Kugel
zeigen. Die Farben können Sie je nach gewünschtem Material ändern.

Die meisten durchsichtigen Gegenstände in unserer Welt sind aus
Glas oder ähnlichen Materialien, wie durchsichtigem Plastik. Für
einen zufriedenstellenden Glaseffekt können Sie die Parameter **Spec**
und **Ref** auf 1.0 erhöhen. Der erste Parameter sorgt für intensive
Glanzpunkte auf der Oberfläche, **Ref** für einen Eindruck von reflektiertem Licht.

Specular Transparency      Eine wichtige Eigenschaft von Glas ist weiterhin, dass es an Stellen, wo sich eine Lichtquelle spiegelt, praktisch undurchsichtig wird.
Dies kann mit dem Parameter **SpTr** (Specular Transparency) simuliert
werden, der zu diesem Zweck auf 1.0 erhöht werden sollte.

Reflektionen      Die Reflektionen eines Objekts können mit dem freien Blender
nur über so genannte *Reflectionmaps* simuliert werden. Als Reflectionmaps können verschiedene Texturen in Frage kommen, für Chrom
zum Beispiel bietet sich eine Marble- oder Cloudtextur an. Für ein

**Abbildung 6-11**
Ein transparentes Objekt

Glasobjekt im Freien kann ein Bild mit einem Wolkenhimmel darauf sinnvoll sein.

Die Wirkung von Reflectionmaps sollte nicht unterschätzt werden, z.B. werden solche Maps bei vielen Animationen von Chromlogos benutzt, da diese oft in einer sehr einfachen Umgebung (schwarzer Raum, einfarbige Hintergründe) animiert werden. Eine echte Reflektion würde auch nur diese einfache Welt abbilden, was extrem langweilig wirkt.

Fügen Sie zum Material der Kugel jetzt in den **TextureButtons** [F6] eine neue Textur mit dem MenuButton hinzu. Als Typ wählen Sie Marble und stellen die Noise Size: auf etwa 0.9 und die Turbulence: auf 16.

Kehren Sie mit [F5] in die **MaterialButtons** zurück und aktivieren Refl in den grünen Knöpfen der Koordinateneingabe.

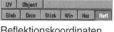

Reflektionskoordinaten

Jetzt sollte die Texturfarbe mit den RGB-Reglern rechts in den **MaterialButtons** auf Weiß eingestellt werden. In den Ausgabeknöpfen für Texturen rechts muss noch Cmir und Ref aktiviert werden.

Koordinatenausgabe

Regeln Sie die Schieber unten rechts für Col auf 0.250 und Var auf 0.5. Die Reflectionmap ist fertig und eine Bildberechnung sollte schon ein wesentlich »lebendigeres« Glas zeigen. Die Tatsache, dass nicht wirklich die Umgebung gespiegelt wird, fällt bei Animationen kaum auf und je komplexer die Umgebung wird, desto weniger bemerkt man diesen Trick. Weiterhin ist es möglich, gerenderte Bilder der Umgebung als Reflectionmap zu verwenden.

**Abbildung 6-12**
Transparente Objekte
mit und ohne
Environmentmapping

In Abbildung 6-12 befindet sich links ein mit Reflectionmapping
berechnetes Glasobjekt, die anderen Glasobjekte sind mit dem so
genannten *Environmentmapping* berechnet, was es ermöglicht auch
ohne Raytracing Spiegelungen zu berechnen. Das Environmentmapping wird im nächsten Abschnitt erläutert und ist ein Feature des
»Complete Blender«. Szenen mit Environmentmapping können in
den freien Blender geladen und auch berechnet werden, allerdings
sind keine Änderungen an der Environmentmap möglich.

Environmentmapping

Die Szene zu dieser Abbildung befindet sich auf der CD und hat
den Namen `Transparenz05_EnvMap.blend`.

In dieser Szene wird noch ein weiterer Trick benutzt um Glasef-
fekte besser darzustellen: Wenn gerade auf eine Glasfläche geschaut
wird, so ist das Material fast vollständig durchsichtig; wird in einem
flachen Winkel geschaut, so reflektiert Glas sehr stark.

Dieser Trick wird mit einer radialen Blend-Textur erreicht, die
die Transparenz des Objekts steuert. Sie können das Material mit
Shift-F1 in eine eigene Szene laden oder sich die (relativ komplexen)
Parameter für die Blend-Textur in der Szene ansehen. Hier nur eine
kurze Übersicht, welche Parameter wie eingestellt werden müssen:

### TextureButtons

❏ Texturtyp Blend

❏ Sphere als Verlaufstyp

❏ Helligkeit auf **Bright**= 1.800 regeln

- ❏ Kontrast auf Contr= 2.000

**MaterialButtons**

- ❏ Eingabekordinaten auf Nor

- ❏ Koordinatenumschaltung auf X, X, Y (von oben nach unten)

- ❏ SizeX= 0.80, SizeY= 0.30 und SizeZ= 0.80

- ❏ Ausgabekoordinaten Col deaktivieren

- ❏ Ausgabekoordinaten auf negativ Alpha (Alpha zweimal anklicken)

## 6.9 Environmentmapping

Environmentmapping ist eine Möglichkeit, ohne Raytracing spiegelnde Oberflächen zu simulieren. Hierzu werden entweder vorgefertigte Texturen verwendet um eine stark diffuse Reflektion zu simulieren (insbesondere für metallische Objekte geeignet) oder während des Renderns die Texturen »on the fly« berechnet.

Das Prinzip hinter dem automatischen Environmentmapping besteht darin, von der Position des reflektierenden Objekts aus sechs Ansichten in alle Richtungen zu berechnen. Damit ist auch klar, dass das Objekt selbst von dieser Berechnung ausgenommen werden muss.

Funktionsweise des Environmentmappings

Die so entstandenen Bilder werden dann auf das Objekt gemappt. Natürlich läuft dieser Prozess automatisch in Blender ab. Da aber wirklich sechs weitere Ansichten berechnet werden müssen, steigt die Rechenzeit entsprechend.

Beim Environmentmapping ist zu bedenken, dass diese Maps nur einen realistischen Eindruck machen, wenn auch eine Umgebung vorhanden ist, die sich in den Objekte spiegeln kann. Wichtig ist in diesem Zusammenhang die Einstellung Real in den **WorldButtons**!

Sind die Maps einmal berechnet, so können Kameraanimationen in der Szene durchgeführt werden, ohne dass eine erneute Berechnung der Environmentmaps nötig ist. Bewegen sich Objekte in der Szene, die sich in anderen Objekten spiegeln, so muss für jedes Bild eine neue Map berechnet werden.

Erstellen Sie sich eine Szene, in der sich ein paar Objekte, ein Boden und ein Himmel befinden, die sich in unseren Environmentmaps spiegeln können. Auf der CD zum Buch befindet sich die Szene `Environment/EnvMap00.blend`, in der sich ein Teekessel als Objekt für unsere Versuche befindet.

Selektieren Sie den Teekessel und fügen in den **MaterialButtons** F5 ein neues Material hinzu. Erstellen Sie in den **TextureButtons** F6

**Abbildung 6-13**
Teekesselchen in
Renderland

eine neue Textur für dieses Material. Den Typ der Textur setzen Sie auf EnvMap.

Tragen Sie den Namen des Objekts, das die Environmentmap tragen soll, in das Feld Ob: ein, indem Sie es mit der linken Maustaste anklicken und den Namen (im Beispiel »Teapot«) eingeben. Beachten Sie hierbei die Groß- und Kleinschreibung, da Blender diese unterscheidet.

Bei einem Rendering berechnet Blender jetzt zuerst die sechs Environmentmaps, dann wird das eigentliche Bild mit den Maps berechnet. Der Teekessel scheint jetzt mit Bildern der Umgebung beklebt zu sein, für eine echt wirkende Spiegelung müssen noch ein paar Parameter des Materials bearbeitet werden.

Wechseln Sie in die **MaterialButtons** F5. Für einen besseren Eindruck, wie das Material aussieht, können Sie die rote Kugel links, direkt über dem Vorschaufenster, anwählen, dies stellt das Material auf einer Kugel in der Vorschau dar.

Materialvorschau

Ausgabeeinstellungen der
EnvMap

Die Eingabekoordinaten für die Textur sind schon auf Ref gesetzt, was Blender automatisch macht und für die Generierung von Reflektionskoordinaten für die Textur sorgt.

Rechts in den **MaterialButtons** müssen noch Col deaktiviert und dafür Cmir und Ref aktiviert werden. Diese Einstellungen sorgen dafür, dass die Textur auf die Spiegelfarbe des Materials (Cmir, von Color Mirror) und die Reflektivität Ref des Materials Einfluss hat.

Je nachdem wie gut poliert und geputzt Ihr Teekessel erscheinen soll, sind noch die Parameter Col und Var einzustellen, insbesondere

Col sollte nicht zu hoch sein, da es in der Realität kaum perfekt Licht reflektierende Gegenstände gibt.

Im Folgenden werde ich die weiteren Parameter von Environmentmaps erklären, wechseln Sie deshalb wieder auf die **TextureButtons** F7 des Materials.

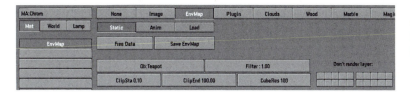

**Abbildung 6-14**
Parameter der
Environmentmap

Die grünen Knöpfe bestimmen, wie und wann eine Environmentmap berechnet wird. **Static** berechnet die Environmentmap nur einmal beim ersten Rendern der Szene oder wenn Parameter an der Environmentmap geändert wurden. Wie eingangs erwähnt ist es, wenn nur die Kamera animiert wird, nicht nötig die Environmentmaps währen der Animation erneut zu berechnen.

Mit aktiviertem Knopf **Anim** berechnet Blender für jedes Bild einer Animation neue Environmentmaps.

Mit **Load** können Sie bereits berechnete und mit **Save EnvMap** gespeicherte Environmentmaps laden. Hierbei unterstützt Blender alle ihm bekannten Dateiformate (natürlich keine Animationen), allerdings müssen die Maße der Environmentmaps stimmen. Die Environmentmap aus dem Beispiel ist in Abbildung 6-15 dargestellt.

**Abbildung 6-15**
Die automatisch berechnete
Environmentmap aus dem
Beispiel

Das Eingabefeld **Ob:** definiert, welches Objekt als Position für die Environmentberechnung dienen soll. Hier kann auch ein Empty benutzt werden, um etwa das Objekt selbst auf der Environmentmap zu haben. Dies kann für transparente oder hohle Objekte eingesetzt werden. Mit den Layereinstellungen unter »Don´t render layer:« können Layer bzw. die Objekte darauf von der Berechnung der Environmentmaps ausgeschlossen werden.

Der Wert **Filter:** gibt an, wie stark die Environmentmap gefiltert wird, d.h., wie unscharf die Abbildung ist. Dies kann für rauhe Oberflächen genutzt werden.

**CubeRes** definiert die Auflösung einer Teil-Environmentmap, d.h., die gesamte Map wird sechsmal so groß (3 · CubeRes × 2 · CubeRes).

**ClipSta** und **ClipEnd** definieren, in welchem Bereich um das Objekt eine Berechnung erfolgen soll. So können weit entfernte oder sehr nahe Flächen bzw. Objekte von der Berechnung ausgenommen werden.

# 7 Tutorial:
# Licht, Schatten und die Welt

Ein nicht zu unterschätzender Teil einer guten Animation oder statischen 3D-Szene wird durch die Beleuchtung vorgegeben. Hierbei ist ähnlich wie bei Film und Fernsehen ein entsprechender Aufwand für eine gute Ausleuchtung zu betreiben. Dabei bedeutet gute Ausleuchtung nicht, dass an allen Stellen gleich viel Licht gesetzt wird, sondern dass mit dem Licht die Raumtiefe oder einzelne Objekte betont werden. Allgemeine Tipps und Informationen zur Beleuchtung in Blender werden im ersten Teil dieses Kapitels gegeben.

Eine weitere globale Eigenschaft der 3D-Szene sind die Welteinstellungen. Hier können Nebel, Farbverläufe des Himmels, Sterne, eine globale Beleuchtung und Ähnliches definiert werden. Diese Möglichkeiten werden im zweiten Teil des Kapitels besprochen.

Schließlich wäre eine Szene nicht komplett, wenn sie nicht durch eine virtuelle Kamera aufgenommen werden würde. Die Kameras in Blender sind so angelegt, dass sie sich möglichst wie reale (Film-)Kameras verhalten. Die Kameraeinstellungen werden daher im letzten Teil dieses Kapitels erläutert.

## 7.1 Beleuchtung bei Film und Video

Ein häufig benutztes Schema für die Beleuchtung beim traditionellen Film oder auch bei TV-Produktionen ist ein Dreipunktsystem. Es besteht primär aus einem *Hauptlicht*, welches das natürliche Licht in der Szene simuliert, also z.B. Sonnenlicht oder auch das Kunstlicht einer Deckenlampe. Im Allgemeinen wird es 30-45° von der Achse Kamera-Aufnahmegegenstand entfernt und 30-45° erhöht platziert. *(Randnotiz: Dreipunktbeleuchtung, Hauptlicht)*

Das *Fülllicht* ist dazu gedacht, die Schatten, die das Primärlicht erzeugt, aufzuhellen bzw. weicher zu machen. Es besitzt eine geringere Helligkeit als das Hauptlicht und streut stark, um keine harten Schatten zu werfen. Es wird üblicherweise, von der Kamera aus gesehen, dem Hauptlicht gegenüberliegend platziert, etwa auf der Objektivhöhe der Kamera. Ist das Fülllicht zu stark, so wirkt die Szene flach mit geringen Kontrasten. *(Randnotiz: Fülllicht)*

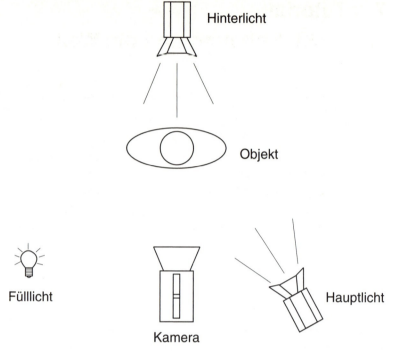

**Abbildung 7-1**
Dreipunktbeleuchtung

Hinterlicht — Das *Hinterlicht* (Backlight, nicht mit dem Hintergrundlicht zu verwechseln) wird von der Kamera aus hinter und über dem Aufnahmegegenstand, außerhalb des Kamerablickwinkels, platziert. Das Licht darf dabei nicht direkt in das Objektiv der Kamera scheinen. Das Hinterlicht sorgt für eine Betonung der Konturen des Aufnahmegegenstands und hebt ihn vom Hintergrund ab.

Aufwendigere Beleuchtungssysteme können noch eine Vielzahl von weiteren Lichtquellen enthalten, z.B.:

❑ »Kicker Light«, ähnlich dem Hinterlicht, nur wird es am Boden platziert, oft dem Hauptlicht gegenüber.

❑ »Eyelight«, fokussierbares Licht, das ursprünglich dafür gedacht war funkelnde Reflektionen in den Augen von Darstellern zu erzeugen. Wird auch benutzt um Reflektionen z.B. in Schmuckstücken zu erzielen.

❑ »Backgroundlight«, *Hintergrundlicht*, beleuchtet den Hintergrund.

Mit der Lichtgestaltung in der Szene sollen unter anderem folgende Effekte erzielt werden:

❑ Das Auge des Betrachters auf wichtige Objekte und Szenenteile lenken

❏ Stimmung, Atmosphäre, Dramatik erhöhen

❏ Raumtiefe schaffen oder erhöhen

❏ Das passende Licht zu Tageszeit, Jahreszeit oder Innenbeleuchtung schaffen

❏ Die Persönlichkeit eines Charakters unterstreichen (Held im strahlenden Licht, Bösewicht in finsterer Ecke...)

In der Computergrafik und -animation werden vereinfachte mathematische Modelle zur Beleuchtungsberechnung verwendet, um die Rechenzeiten in erträglichen Rahmen zu halten. Aufgrund dieser Einschränkungen ist der Beleuchtung in computergenerierten Szenen besondere Aufmerksamkeit zu widmen. So kann z.B. mit punktuell gesetzten eventuell leicht farbigen Lichtquellen eine Tiefenwirkung erzielt werden und auch das diffuse Licht, das alle nicht schwarzen Objekte reflektieren, simuliert werden. Blender bietet als weiteres Werkzeug noch eine Radiosity-Lichtberechnung (Abschnitt 9.3) an, die diesem Umstand Rechnung trägt, aber nicht ganz einfach zu beherrschen ist.

*Beleuchtungsberechnung*

## 7.2 Lichtarten in Blender

Mit Add→Lamp aus der Toolbox wird der aktuellen Szene eine neue Lichtquelle hinzugefügt. In den **LampButtons** F4 können nun die Parameter für die Lichtquelle eingestellt werden. Allen Lampen gemein ist die Einstellung von Intensität des Lichtes mit dem Regler Intensity und der Farbe mit den Schiebereglern für den Rot-, Grün- und Blauanteil des Lichtes. Standardmäßig erzeugt Blender ein Punktlicht. In den LampButtons kann dann der Lampentyp auf folgende Möglichkeiten eingestellt werden:

*LampButtons*

**Lamp**   Punktlicht, strahlt Licht in alle Richtungen gleichmäßig ab. Der Parameter Dist: bestimmt die Entfernung, auf die das Licht wirkt. Mit Sphere wird dieser Wirkungsradius sichtbar gemacht und die Lichtabnahme in Abhängigkeit von der Entfernung zur Lichtquelle berechnet. Mit der Option Quad wird eine quadratische Abnahme der Intensität berechnet, was besonders natürlich wirkt.

**Spot**   Scheinwerfer, die im Moment (Version 1.70) einzige Lichtquelle, die Schatten werfen kann. Hierzu ist in den Lamp-Buttons und in den DisplayButtons Shadows einzuschalten. Die Berechnung erfolgt mit Hilfe von Shadowmaps, die eine

schnelle Berechnung von Schatten ohne Raytracing ermöglichen, allerdings auch einige Einschränkungen mit sich bringen (siehe Abschnitt 7.3). Mit SpotSi ist der Öffnungswinkel
des Lichtkegels einstellbar, SpotBl definiert die Schärfe des
Lichtflecks, hohe Werte erzeugen einen weichen Lichtfleck.
Die Einstellung Dist: gibt die Wirkungsweite des Lichts an,
die Intensität wird hierbei entweder quadratisch (Quad angewählt) oder linear abnehmend in Abhängigkeit von der
Entfernung zur Quelle berechnet.

**Sun**       Sonne, erzeugt ein Licht, dessen Intensität von der Entfernung unabhängig ist, die Position der Lichtquelle ist daher
irrelevant. Die Richtung des Lichtes ist über eine Rotation der Lichtquelle einstellbar und wird durch eine zweite
gestrichelte Linie dargestellt.

**Hemi**      Der Typ Hemi erzeugt ein gleichmäßiges gerichtetes Licht
ausgehend von einer imaginären Halbkugel, wie es z.B. bei
bewölktem Himmel auftritt.

Neben diesen Lichtarten bietet Blender noch so genanntes *ambientes*
Licht, auch Umgebungslicht genannt. Dieses Licht entsteht in der
Realität dadurch, dass Objekte Licht reflektieren und so praktisch
selbst zu einer Lichtquelle werden. Aus diesem Grund gibt es keine
wirklich schwarzen Schatten. In 3D-Programmen wird dieses ambiente Licht meist dadurch simuliert, dass jede Stelle der Szene etwas
aufgehellt wird. Das Bild wird dadurch aber »flach«, sodass wenn
möglich auf die Verwendung von ambientem Licht verzichtet werden
sollte und statt dessen lieber weitere (eventuell sogar leicht farbige)
Lichtquellen eingesetzt werden sollten.

Ambientes Licht       Die Einstellungen für das ambiente Licht befinden sich in den
**WorldButtons** F8, hier kann die Intensität der drei Grundfarben des
ambienten Lichts mit den AmbR-, AmbG- und AmbB-Reglern eingestellt werden.

Spielt das ambiente Licht eine große Rolle in einer Szene, so ist die
Verwendung des Radiosity-Renderers (Abschnitt 9.3) von Blender in
Betracht zu ziehen, der die diffusen Lichtreflektionen mathematisch
berechnet.

## 7.3   Kein Licht ohne Schatten

Blender benutzt zur Berechnung von Schatten den so genannten
»Shadow-Buffer«-Algorithmus, welcher von vielen Nicht-Raytracing-
Programmen benutzt wird. Dieser Algorithmus berechnet im Prin-
zip ein Bild ausgehend von der Lichtquelle (einem Spotlight), wobei

aber nur die Entfernung eines berechneten Pixels zur Lampe in einem 24-Bit-Wert gespeichert wird. Beim Rendern wird dann durch einen Vergleich der Pixelentfernungen festgestellt, ob der Punkt Licht empfängt oder im Schatten liegt. Der Shadow-Buffer wird komprimiert gespeichert, sodass ein 1024×1024 großer Buffer nur ca. 1,5 Megabyte Speicher benötigt.

24 Bit entsprechen über 16 Millionen Abstufungen

**Abbildung 7-2**
Guter Schatten, schlechter Schatten...

Ein Spotlight wird im 3D-Fenster mit einer so genannten *ClippingLine* gezeichnet. Die Start- und Endpunkte dieser ClippingLine werden durch ClipSta: und ClipEnd: in den **LampButtons** F4 definiert. Alle Objekte, die von der Lampe aus gesehen vor ClipSta: liegen, sind voll beleuchtet, alle Objekte hinter ClipEnd: befinden sich im Schatten. Da der Shadow-Buffer nur eine begrenzte Auflösung hat (im aktuellen Blender 2560 Pixel im Quadrat), sind die Werte für ClipSta: und ClipEnd: sorgfältig einzustellen, um eine qualitativ hochwertige Schattenberechnung zu erhalten, d.h., der Abstand sollte möglichst gering sein. Dazu stellen Sie ClipSta: so ein, dass der Startpunkt knapp über den Objekten der Szene liegt und ClipEnd: knapp unter den Objekten.

Wirkbereich eines Lichts

Die Berechnung von Schatten mit der Shadow-Buffer-Methode kann zu zwei Problemen führen (siehe auch Abbbildung 7-2):

**Aliasing** Die Kanten der Schatten bekommen eine pixelige, grobe Struktur. Diesem Effekt kann durch eine Erhöhung der Shadow-Buffer-Auflösung BufSi, einer Verkleinerung des

Lichtkegelwinkels SpotSi und einer Erhöhung des Sample-Wertes Samples: entgegengewirkt werden.

**Biasing** Flächen, die im vollen Licht liegen, bekommen dunkle band-artige Muster. Diesem Effekt kann durch eine Erhöhung des Wertes Bias: und einer Verringerung des Abstands von ClipSta: und ClipEnd: entgegengewirkt werden.

Die Einstellungen für die Schattenparameter können Sie in der Datei Licht/GuterSchattenSchlechterSchatten.blend einsehen und vergleichen.

### 7.3.1 Beleuchtung von Außenszenen

Der Lampentyp Sun kann in Blender bisher keine Schatten generieren, daher ist es besonders schwierig, für Außenszenen mit einem weiten Sichtbereich eine adäquate Beleuchtung zu finden. Probleme ergeben sich hier aus der Tatsache, dass Spotlights durch die Shadow-Buffer-Berechnung nur eine beschränkte Auflösung des Schattens liefern können, somit eine großflächige Ausleuchtung nicht möglich ist und der Lampentyp Sun keine Schatten liefert.

LampButtons

Die Lösung für dieses Problem kann in der Kombination beider Lichttypen liegen. Zuerst erzeugen Sie eine Lichtquelle von Typ Spot und richten sie entsprechend aus, achten Sie auf sinnvolle Einstellungen für die Schattenparameter in den **LampButtons** F4, wie oben besprochen. Der Öffnungswinkel sollte so gewählt werden, dass alle Objekte Schatten empfangen. Selektieren Sie nun die Lampe und kopieren Sie sie mit Shift-D, den Typ dieser Kopie setzen Sie auf Sun.

Dies produziert einen sehr dunklen Schlagschatten, die Energy-Einstellung des Spotlichts sollte gesenkt werden, um den Schatten weniger hart zu machen.

Da das Sonnenlicht durch die große Entfernung der Sonne zur Erde fast parallel auf die Erde trifft, sollte das schattenwerfende Spotlicht weit genug von der Szene entfernt platziert werden, um Verzerrungen der Schatten zu vermeiden.

### 7.3.2 Selektive Beleuchtung

Layer sorgen für eine selektive Beleuchtung

Wird in den **LampButtons** der Punkt Layers aktiviert, so wirkt das Licht nur auf Objekte, die auf denselben Layern wie die Lampe liegen. Mit F9 schalten Sie für eine selektierte Lampe auf die **EditButtons** um, wo für eine Lampe die aktiven Layer eingestellt werden können. Mit Shift und linker Maustaste können auch mehrere Layer aktiviert werden. Die Szene, die Grundlage für Abbildung 7-2 ist, benutzt

diesen Effekt, um die Kugeln in einer Szene unterschiedlich zu be-
leuchten.

## 7.4 Halolichter

In staubigen oder nebligen Umgebungen sowie unter Wasser sieht
man den Lichtkegel einer starken Lichtquelle. Dieser Effekt kann in
Blender durch so genannte *Halos* für das Spotlicht simuliert werden.
In anderen 3D-Paketen wird diese Art von Licht oft Volumenlicht
genannt.

**Abbildung 7-3**
Halo- oder Volumenlicht

Laden Sie bitte die Szene `Licht/VolumenLicht01.blend`
von der CD. Erzeugen Sie eine Lampe, die Sie in den **LampButtons**
F4 zu einem **Spot** machen. Die Lampe sollte sich schon an der richtigen Stelle befinden, wenn Sie die vorgefertigte Szene nicht verändert
haben. Um das Zielen mit dem Scheinwerfer zu erleichtern, werden
wir nun den Spot auf das Dummyobjekt »Ziel« ausrichten.

Hierzu wählen Sie die Lampe aus und erweitern die Selektion mit
Shift-RMB um das Objekt »Ziel«. Mittels Strg-T und Bestätigung
der Sicherheitsabfrage stellen Sie die Ausrichtung des Spots auf das
Ziel (Track) ein.

Wenn Sie die Lampe in der Draufsicht erzeugt haben, so ist der
Scheinwerfer schon richtig ausgerichtet. Bei einer Seitenansicht muss
jetzt noch bei selektierter Lampe Alt-R angewählt werden, um die
Rotation der Lampe zurückzusetzen.

Diese Ausrichtung ist permanent, und durch Bewegen des Ziels (vorher Lampe deselektieren!) kann nun einfach mit dem Scheinwerfer gezielt werden. Eine Testberechnung sollte nun einen weichen Lichtfleck auf der Ebene ergeben.

Selektieren Sie wieder den Spot und schalten in den **LampButtons** F4 die Option Halo ein. Eine erneute Berechnung zeigt jetzt einen deutlichen Lichtkegel.

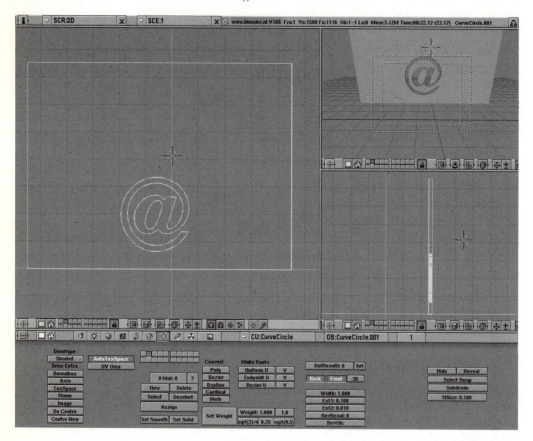

**Abbildung 7-4**
Die Wand mit Durchbruch

Erstellen Sie in der Vorderansicht PAD1 auf einem neuen Layer ein BezierCircle mit Add→Curve→Bezier Circle. Ohne den EditMode zu verlassen, drücken Sie nun V, was den Kreis zu einem Rechteck macht, welches noch um 45° gedreht wird.

Durch ungleichmäßiges Skalieren mit der mittleren Maustaste formen wir nun eine rechteckige Wand und verlassen den EditMode.

Die Wand soll einen Durchbruch in Form eines Buchstabens oder Zeichens bekommen. Dies ist auch der Grund, die Wand nicht als Polygonobjekt zu erzeugen, sondern die leistungsfähigen Kurventools mit der automatischen Erkennung von Löchern zu nutzen.

Erstellen Sie mit Add→Text einen Text in der Vorderansicht, löschen Sie den Vorgabetext, tippen den gewünschten Buchstaben und verlassen den EditMode mit TAB. Ich habe für dieses Beispiel ein »@« als Zeichen gewählt, da es kompliziert genug ist um interessante Effekte zu erzielen. Nachteilig ist der »schwebende« Mittelteil des Zeichens.

Skalieren Sie nun das Textobjekt auf etwa ein Viertel der Wandgröße und platzieren Sie es im unteren Teil der Wand. Da wir den Text skaliert haben, sollten Sie die Auflösung der Kurven mit DefResolU: in den **EditButtons** F9 auf einen Wert von ca. 15 erhöhen und mit Set bestätigen, um glatte Kanten zu erzielen. Mit Alt-C konvertieren wir nun das Textobjekt in ein Kurvenobjekt, erweitern die Selektion mit Shift-RMB um die Wand und vereinen die beiden Objekte mit Strg-J zu einem Objekt.

In einer schattierten Ansicht ist nun schon erkennbar, dass die Wand mit einem Durchbruch in Form des gewählten Buchstabens versehen ist. In den **EditButtons** F9 kann nun der Wand mit Ext1: eine Dicke und mit Ext2: eine rundere Kante gegeben werden. Jetzt schalten Sie die beiden ersten Layer ein (mit Shift-LMB) und bringen die Wand in eine Position, bei der der Scheinwerfer durch den Durchbruch scheint.

Eine Testberechnung sollte nun ein helles Abbild des Zeichens auf dem Boden ergeben, allerdings hat das Halo noch immer die Form des gesamten Lichtkegels.

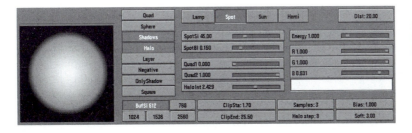

**Abbildung 7-5**
Einstellungen für das Halolicht

Um die Schattenerkennung für ein Halolicht einzuschalten, ist der Parameter Halo Step: auf einen Wert über Null zu setzen. Ein Wert von eins bedeutet hierbei die höchste Genauigkeit, aber auch höchste Rechenzeit, ein Wert von acht hat sich als guter Kompromiss zwischen Qualität und Rechenzeit erwiesen. Für einen besseren Effekt sollte man zusätzlich noch die Werte von ClipSta: und ClipEnd: an die Szene anpassen und die Intensität des Halos mit HaloInt heraufsetzen (Abbildung 7-5). Ein leicht gefärbtes Licht ergibt einen besonders starken Effekt. Wenn wie in dieser Szene ein Halolicht gegen den Himmel erscheinen soll, so ist in den DisplayButtons Gamma abzuschalten, da sonst das Halo von einem dunklen Schleier umgeben ist.

## 7.5 Die Welt

WorldButtons

MenuButton

Die **WorldButtons** F8 sind dazu gedacht, schnell eine Umgebung für die Szene zu schaffen. Dies beinhaltet die Einstellungen für ambientes Licht (Umgebungslicht in der Realität durch Abstrahlung beleuchteter Flächen), Nebel, Sterne und die Himmelsfarben. Die Einstellungen in den WorldButtons gelten immer für die gesamte Szene.

Eine neue Welt wird erzeugt, indem Sie über den MenuButton in den **WorldButtons** ADD NEW anwählen. In der erzeugten Welt gibt es einen Farbverlauf (**Blend** aktiviert) von Dunkelblau am Horizont nach Schwarz am Zenit.

**Abbildung 7-6**
WorldButtons

Diese Farben werden über die RGB-Schieberegler **ZeR**, **ZeG**, **ZeB** für die Zenitfarbe und **HoR**, **HoG**, **HoB** für die Horizontfarbe eingestellt. Für einen wolkenlosen Himmel stellen Sie ein Hellblau für den Horizont (R=0.6, G=0.6, B=0.85) und ein strahlendes Blau (R=0.25, G=0.25, B=0.9) für den Zenit ein.

Der Parameter **Real** sollte eingeschaltet werden, damit die Horizontfarbe wirklich am Horizont startet, dies ist von der Kamerabrennweite abhängig und wird entsprechend berechnet. Diese Einstellung ist weiterhin für eine korrekte Darstellung des Himmels auf spiegelnden Flächen per Environmentmapping nötig.

### 7.5.1 Welttexturen

Eine Welt kann auch einen Texturblock tragen, die dann auf den Himmel projiziert wird. Hierbei ist jeder Texturtyp von Blender möglich, aber bei Texturen, die nur Bumpmaps produzieren, nicht sinnvoll.

Wird eine Imagetextur, z.B. eines Sonnenuntergangs (siehe Szene `Welt03_ImageTextur.blend`), als Welttextur benutzt, so erzielt man schnell einen realistischen Effekt. Problematisch ist aber, dass die Textur eine hohe Auflösung haben muss und dort eine sichtbare Stoßkante entsteht, wo sich die beiden Texturkanten treffen.

Wechseln Sie zum Aufbringen einer Welttextur aus den **WorldButtons** F8 in die **TextureButtons** F6 und laden Sie die entsprechende Textur.

Zurück in den **WorldButtons** schalten Sie die beiden Blend-Knöpfe links und rechts in den WorldButtons ab. Schalten Sie statt dessen Hori rechts in den WorldButtons an.

Möchten Sie eine Szene berechnen, in der sich die Kamera nicht bewegt, so können Sie nun **Paper** links in den WorldButtons einschalten. So wird, egal wo die Kamera hinblickt, immer die gesamte Textur am Himmel dargestellt.

Soll sich die Kamera in der Szene bewegen und die Blickrichtung wechseln, so muss **Real** aktiviert und **Paper** wieder deaktiviert werden. Eine Testberechnung zeigt jetzt höchstwahrscheinlich, dass die Textur unter den Horizont gerutscht ist. Mit dem Parameter dY kann die Textur in der Vertikalen verschoben werden. Für die Textur `Abendroete_gross.jpg` aus dem Verzeichnis `DigitalDesignBox` der CD ist ein Wert von −0.90 geeignet. Diese Verschiebung hängt von der Lage des Horizontes im Texturbild ab.

Wenn die Nachteile einer Imagetextur als Welttextur nicht akzeptabel sind, kann auch eine prozedurale Textur verwendet werden. Hier bieten sich natürlich insbesondere Wolkentexturen an. Besonders gute Effekte erhalten Sie auch mit dem Textur-Plug-in »Clouds2«, die dann mit einem blau nach weißem Farbverlauf (**Colorband**) versehen werden. Es ist auch möglich bis zu sechs Texturen gleichzeitig für eine Welt zu benutzen und so durch Überlagerung fast jeden Wolkentyp zu erzeugen.

### 7.5.2   Es wird undurchsichtig: Nebel

Für Außenszenen spielt Nebel oder ein gewisser Dunst eine große Rolle für den realitätsnahen Eindruck. Auch dieser Effekt wird, für die ganze Szene geltend, in den **WorldButtons** F8 vergeben. Die Stärke des Nebels hängt vom Abstand von der aktuellen Kamera ab, ist mithin wie eine Sichtweite definiert. Zum Erzeugen eines Nebeleffekts ist in den WorldButtons der Knopf Mist anzuwählen.

Nebelparameter in den WorldButtons

Die Einstellungen für den Nebel können in 3D-Fenstern visualisiert werden. Dazu wählen Sie die Kamera an und wechseln zu den **EditButtons** F9, wo Show Mist auszuwählen ist. Zurück in den **WorldButtons** kann nun mit den Einstellungen Sta: der Start und mit Di: der Nebelbereich eingestellt werden, was im 3D-Fenster an der Kamera direkt mit zwei durch eine Linie verbundenen weißen Punkten dargestellt wird.

Wie der Nebel in diesem Bereich zunimmt, bestimmen die drei Knöpfe **Qua**, **Lin** und **Sqr**, die für eine quadratische, lineare oder invers quadratische (Quadratwurzel) Zunahme des Nebels stehen. Den Effekt dieser Einstellungen können Sie mit der Szene `Welt02.blend`

aus dem zu diesem Kapitel gehörenden Unterverzeichnis der CD ausprobieren.

Bodennebel ist durch einen Wert ungleich Null im Feld Hi: mach-
bar. Hi: gibt die Höhe (Y-Wert) des Nebels vom Koordinatenursprung aus an. Der Koordinatenursprung ist die Schnittlinie der drei
farbigen Linien in den 3D-Fenstern von Blender.

### 7.5.3  Fremde Welten: Sterne

Die Sterne, die in den WorldButtons von Blender berechnet werden
können, sind echte dreidimensional positionierte Objekte (genauer
Haloobjekte). Daher ist es möglich mit der Kamera einen Flug durch
Sterne, wie es in vielen Science-Fiction-Filmen zu sehen ist, zu berechnen.

Sternenparameter in den
WorldButtons

In den **WorldButtons** $\boxed{F8}$ ist die Generierung von Sternen mit
dem grünen Knopf Stars zu aktivieren. Der erste Parameter StarDist:
gibt die Dichte bzw. die mittlere Entfernung (von engl. distribu-
tion=Verteilung) der Sterne zueinander an. Kleine Werte erzeugen
einen dichteren Sternenhaufen. Der nächste Parameter MinDist: definiert einen Bereich in Weltkoordinaten um die Kamera, in dem sich
keine Sterne befinden.

Der Parameter Size: gibt die mittlere Größe der Sterne in Pixeln
auf dem Bildschirm an. Dieser Parameter ist je nach der zu ren-
dernden Auflösung einzustellen. Mit Colnoise: kann schließlich eine
zufällige Färbung für die Sterne definiert werden, wie es in der Natur
durch die Erdatmosphäre oder die Eigenfärbung der Sterne hervorgerufen wird. Der Wert definiert die Intensität der Färbung in einem
Bereich von 0.0—1.0 (0—100%).

Auf der CD befindet sich die Szene Welt/SF_Sterne.blend,
welche einen Flug durch Sterne beinhaltet. Die Blendersterne sind
sehr schnell berechnet, sodass eine Berechnung nicht zu lange dauern
dürfte. Wenn Sie den CKey für Blender besitzen, so wird die Szene
mit Motion-Blur (Bewegungsunschärfe) berechnet, was der Animation den letzten Schliff gibt. Je nach Einstellung des Motionblurs
(siehe Abschnitt 9.2.2), kann sich die Rechenzeit aber vervielfachen!

## 7.6  Eine Frage der Perspektive: Die Kamera

Eine Szene in Blender kann beliebig viele Kameras enthalten, zur Berechnung wird allerdings immer nur die aktive Kamera herangezogen.

Möchten Sie mehrere Einstellungen einer Szene berechnen, so
muss die jeweilige Kamera zur aktiven Kamera gemacht und die Berechnung von Hand gestartet werden. Alternativ existiert mit dem
Sequenzeditor die Möglichkeit, beliebig viele Szenen, die sich die Ob-

jekte teilen, sich aber von der Kamera her unterscheiden, zu berechnen (siehe Abschnitt 8.10).

### 7.6.1 Interaktive Ausrichtung der Kamera

Mit PAD 0 wird das aktuelle 3D-Fenster zu einer Kameraansicht wie in Abbildung 7-7 dargestellt. Mit der Tastenkombination Strg-PAD 0 schalten Sie das aktuelle 3D-Fenster auf die selektierte Kamera um und machen sie auch zur aktiven Kamera. Dies funktioniert auch mit beliebigen anderen Objekten, d.h., man kann aus der Perspektive einer Lichtquelle (vorzugsweise ein Spot) schauen und auch eine Berechnung durchführen, was bei der Ausleuchtung von Szenen extrem hilfreich ist. Mit Alt-PAD 0 schaltet man auf die vorherige Kamera um.

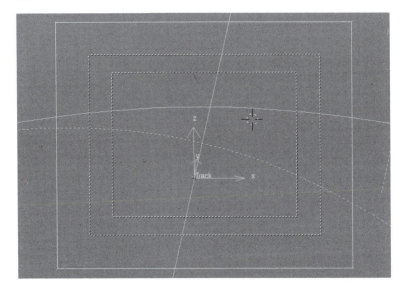

**Abbildung 7-7**
Kameraansicht im
3D-Fenster

    Eine Kameraansicht besteht aus einem äußeren Rahmen, der das Kameraobjekt symbolisiert und auch dazu dient, die Kamera in dieser Ansicht zu selektieren. Der äußere gestrichelt gezeichnete Rahmen bestimmt die berechnete Fläche in der in den DisplayButtons eingestellten Auflösung. Der innere gestrichelte Rahmen ist der Bereich, der bei einer Berechnung in Videoauflösung noch sicher auf allen Fernsehern zu sehen ist (»title safe«).

Title Safe

    In einer Kameraansicht haben die Tasten G für das Verschieben und R zum Drehen besondere Bedeutungen für die interaktive Positionierung der Kamera. Mit G verschieben Mausbewegungen die Kamera in der Kameraebene, die mittlere Maustaste schaltet auf eine Verschiebung in Blickrichtung um. Mit der rechten Maustaste werden die Änderungen verworfen, die linke bestätigt die Änderungen.

Im Rotationsmodus mit [R] in einer Kameraansicht wird die Kamera um die Achse der Blickrichtung gedreht, mit der mittleren Maustaste schaltet man in einen Modus, der die Blickrichtung der Kamera interaktiv ändert.

### 7.6.2  Kameraparameter

EditButtons

Die Parameter der selektierten Kamera werden in den **EditButtons** [F9] eingestellt. Der sicher wichtigste Parameter ist hier die Brennweite der Kamera, die bezogen auf Kleinbildfilm mit Lens: in mm eingestellt wird. 35 mm ist ein leichtes Weitwinkelobjektiv, 50 mm entsprechen in etwa dem Blickwinkel des menschlichen Auges und 135 mm sind entsprechend ein leichtes Teleobjektiv.

Mit ShowLimits können die *Clippingbereiche* der Kamera visualisiert werden. Mit den Parametern ClipSta: und ClipEnd: wird dieser Bereich eingestellt, der definiert, welche Flächen mit in die Berechnung einbezogen werden. Bei komplexen Szenen kann so einiges an Rechenzeit gespart werden, wenn z.B. in Architekturanimationen nicht das ganze Gebäude mit berechnet werden muss, welches durch die Wände eines Raums nicht sichtbar ist. Weiterhin sollte man den Clippingbereich so klein wie möglich halten, damit der Z-Buffer-Algorithmus möglichst gut funktioniert.

Der Z-Buffer-Algorithmus sorgt dafür, dass Flächen von weiter vorn liegenden verdeckt werden

Der Punkt ShowMist wurde schon in Abschnitt 7.5.2 angesprochen und visualisiert die Nebeleinstellungen der WorldButtons. DrawSize definiert die Größe des Kamerasymbols in den 3D-Fenstern.

Mit Ortho schaltet man die Kameraprojektion von einer Zentralperspektive auf eine Parallelprojektion um (siehe Abschnitt 2.6). Die Parallelprojektion empfiehlt sich z.B. für 3D-Effekte auf Seiten für das World Wide Web, insbesondere für Schriftzüge mit 3D-»Look«. Im Gegensatz zur Zentralprojektion gibt es hier keine Verzerrungen an den Rändern, und Linien in Schriften bleiben parallel.

# 8 Tutorials: Animation

Die eigentliche Stärke von Blender liegt sicher in der Animation von Objekten. Mit seinem sehr schnellen Renderer bleiben auch bei komplexen Szenen die Rechenzeiten, auch auf leistungsärmeren Computern, im Rahmen. Das Spektrum der Animationsmöglichkeiten reicht hier von einigen wenigen Bildern für GIF-Animationen über Animationen, die auf Video oder im Fernsehen wiedergegeben werden, bis zu tausenden von Bildern, die in Kinoauflösung berechnet und dann auf Film belichtet werden.

*Blenders Stärke ist die Animation*

Prinzipiell gibt es in Blender drei Möglichkeiten, eine Animation zu erzeugen. Die ersten beiden, Keyframeanimation und Pfadanimation, haben teilweise Berührungspunkte und Gemeinsamkeiten und entfalten gerade in der Kombination ihre Stärken. Die dritte Möglichkeit sind automatisch von Blender berechnete Animationen, wie z.B. Partikel, Wave, Build und inverse Kinematik, bei denen der Benutzer nur die Anfangsparameter vorgibt und Blender dann die Animation berechnet.

*Drei grundsätzliche Möglichkeiten der Animation*

Weiterhin gibt es natürlich die Möglichkeit, spezielle Effekte mit der Skriptsprache von Blender, Python, zu programmieren.

## 8.1 Keyframeanimation

Mit Keyframeanimation wird in der Animation (2D und 3D) ein Verfahren bezeichnet, in dem der Animator nur die groben Schlüsselpositionen (Keyframe) bestimmt und dazwischen der Computer oder im klassischen Zeichentrick die Zeichner interpolieren.

Laden Sie bitte die Datei `Animation/Keyframes00.blend` aus dem zu diesem Kapitel passenden Unterverzeichnis. Prinzipiell können Sie auch Ihre eigene Grundszene benutzen, in der vorgefertigten Szene ist noch ein Bildschirm enthalten, der speziell für die Arbeit mit Keyframes gemacht ist.

Wenn Sie nicht die vorbereitete Szene benutzen, erzeugen Sie nun einen Würfel, den Sie nach Beenden des EditMode etwas kleiner skalieren und knapp außerhalb des Kamerablickwinkels platzieren. Vergewissern Sie sich, ob der Bildschieber (Frameslider) auf Bild 1 steht.

**1**

*Frameslider*

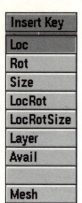

Bei selektiertem Würfel und mit der Maus über dem 3D-Fenster mit einer Draufsicht drücken Sie nun die Taste $\boxed{\text{I}}$, was ein Keyframe an diesem Bild erzeugt. In dem erscheinenden Pop-up-Menü wählen Sie Loc für einen Keyframe der Position.

Durch fünfmaliges Drücken von $\boxed{\uparrow}$ schalten wir nun auf Bild 51, dies würde einer Animation von zwei Sekunden in PAL Video (25 Bilder pro Sekunde) entsprechen, bei NTSC (30 B/s) oder Film (24 B/s) entsprechend weniger oder mehr.

Bewegen Sie den Würfel in der Draufsicht mit $\boxed{\text{G}}$ und unter Zuhilfenahme der mittleren Maustaste auf gerader Bahn nach rechts, bis knapp außerhalb des Kamerablickwinkels. Hier drücken Sie wiederum $\boxed{\text{I}}$ und wählen Loc um die zweite Schlüsselposition einzufügen.

Wird nun der FrameSlider auf Bild 1 zurückgestellt und in einem 3D-Fenster $\boxed{\text{Alt}}$-$\boxed{\text{A}}$ gedrückt, so sollte sich der Würfel in der gewählten Ansicht bewegen.

In der Kameraansicht taucht der Würfel links auf, beschleunigt und verschwindet rechts abbremsend wieder aus dem Blickfeld. Auf diese Weise wären auch die Rotation des Würfels etc. per Keyframes zu steuern. Allerdings ist die Realisierung von komplizierteren Bewegungen allein mit der Keyframeanimation schwierig, insbesondere ist die genaue Kontrolle der Bewegung kaum möglich, da die Interpolation zwischen den Keyframes automatisch erfolgt. Dieses Problem ist durch die Verwendung von IPO-Kurven zu lösen.

### 8.1.1    IPOs — Animationskurven

Zur Darstellung der IPO-Kurve schalten Sie ein Fenster zu einem IPOWindow um oder wechseln, wenn Sie die Szene `Keyframes.blend` als Grundlage benutzen, auf den Screen SCR:IPO.

**IPOWindow**

Bei selektiertem Würfel ist hier die Animationskurve für die Verschiebung entlang der X-Achse zu sehen. Um die Kurven formatfüllend darzustellen, wählt man den HomeButton im IPOWindow an (siehe auch Abbildung 8-1).

**HomeButton**

Eine IPO-Kurve stellt den Wert des zu animierenden Parameters über den Bildern der Animation dar. Die X-Achse des IPOWindow ist also immer gleich und gibt direkt die Bilder an, die Y-Achse ist je nach Parameter unterschiedlich. Für unseren Fall wird der Weg des Würfels über der Zeit (in Bildern) dargestellt, in einem solchen Diagramm ist die Steigung der Kurve die Geschwindigkeit, hier erkennt man mit einem Blick, dass der Würfel anfangs beschleunigt, bei Bild 25 die größte Geschwindigkeit hat und anschließend wieder abbremst.

Die IPO-Kurven dienen nicht nur der Visualisierung, sondern können direkt im IPOWindow bearbeitet werden. Dabei sind IPO-

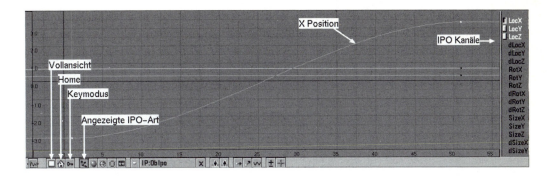

**Abbildung 8-1**
Darstellung der IPO-Kurve
für eine Verschiebung auf
der X-Achse im IPOWIndow

Kurven nichts anderes als Bezierkurven und werden genauso behandelt (siehe Abschnitt 5.13.1).

Wollen Sie zum Beispiel eine lineare Bewegung des Würfels ohne eine Beschleunigung, so selektieren Sie die Kurve für die X-Position und wechseln in den EditMode. An den Kontrollpunkten der Bezierkurve erscheinen die Handles, mit denen die Beziers verändert werden können.

Eine weitere Möglichkeit, global für eine ganze IPO-Kurve den Interpolationstyp umzuschalten, ist es, die Kurven anzuwählen und dann [T] zu drücken. In dem Pop-up kann dann zwischen folgenden Möglichkeiten umgeschaltet werden:

IPO-Typ

### Constant

Der Verlauf der IPO Kurve ist immer waagerecht, d.h., zwischen verschiedenen Werten auf der Y-Achse wird gesprungen. Dieser IPO-Typ ist ideal für Funktionen, die nur einen Zustand beschreiben, etwa die Layer-IPOs.

### Linear

Zwischen den Punkten der IPO-Kurve wird eine gerade gezogen. Dementsprechend gibt es auch keine Beschleunigung am Anfang und Ende der Bewegung. Zusammen mit der »Cyclic«-Option sind so schnell kontinuierliche Bewegungen möglich.

### Bezier

Weiche Interpolation zwischen den IPO-Punkten, dies ist die Standardeinstellung

Zyklische IPO

Mit [A] wählen Sie nun alle Kontrollpunkte der Kurve und schalten mit [V] die Handles in den Vektormodus, der Kurvenverlauf ist nun linear. Rückgängig kann man diese Änderung machen, indem mit [Shift]-[H] die Handles in den Automodus geschaltet werden.

Vergleichen Sie die beiden Bewegungen, indem Sie in einer Draufsicht die Animation mit [Alt]-[A] abspielen. Im IPOWindow funktio-

Navigation im IPO-Window

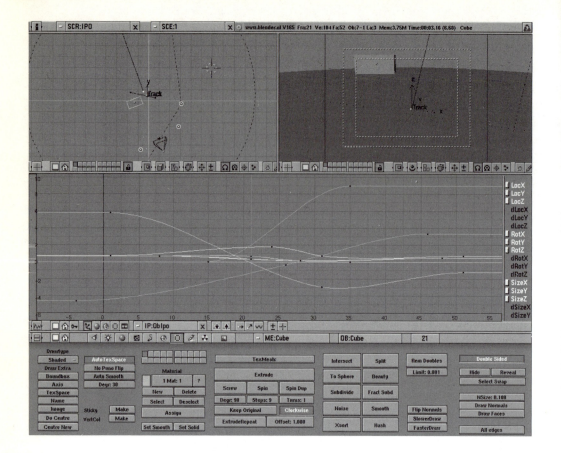

**Abbildung 8-2**
Blender mit IPOs für
Verschiebung, Rotation und
Skalierung des Würfels

nieren die üblichen Funktionen von Blender wie die (Mehrfach-)Selektion, das Verschieben und das Skalieren weiterhin (Rotieren nicht!). Die Kurven verhalten sich wie normale Bezierkurven.

Fügen Sie nun der Bewegung des Würfels eine Y-Komponente hinzu, indem Sie z.B. den Würfel an Bild 1 in der Y-Richtung verschieben und einen neuen Key mit ⌊I⌋ einfügen. Im IPOWindow erschient sofort die Änderung an der Kurve für die Y-Position.

Experimentieren Sie auch mit weiteren Keyframes hinter Bild 51 oder zwischen den beiden ersten Keyframes. In Abbildung 8-2 wurden der Würfelanimation noch ein paar Keyframes für Verschiebung, Rotation und Skalierung hinzugefügt. Wie man sieht, beginnt das IPOWindow langsam unübersichtlich zu werden. Deshalb gib es die Möglichkeit die Kanäle im IPOWindow auszublenden. Mit einem Mausklick auf den Namen eines Kanals blendet man diesen ein, die anderen Kanäle werden ausgeblendet. Mit ⌊Shift⌋ ist eine Mehrfachselektion oder das Ausblenden eines bereits eingeblendeten Kanals möglich. Analog lassen sich durch Klicken auf die Farbfelder neben dem Namen die Kurven selektieren. Zoomen funktioniert in den IPOWindows genauso wie in den 3D-Fenstern, wenn im InfoWindow **Viewmove** angewählt ist, d.h. mit Mausbewegungen bei gedrückter mittlerer Maustaste.

Mit IPOs lassen sich in Blender nicht nur 3D-Objekte animieren, sondern nahezu alle Elemente und Parameter von Blender, wie Materialien, Weltparameter etc.

Nahezu alles ist in Blender per Keyframes animierbar

## 8.1.2  Materialanimation

Mit Keyframeanimation und den IPO-Kurven sind auch alle Parameter eines Materials und seiner Texturen animierbar. So ist es kein Problem ein Objekt verschwinden zu lassen, indem der Alphawert animiert wird.

Erzeugen Sie in Ihrer Grundszene ein Objekt, dem Sie in den **MaterialButtons** [F5] ein Material zuweisen. Da wir den Alphawert animieren wollen, muss **ZTrans** eingeschaltet werden.

Stellen Sie die Animation mit dem Frameslider oder durch [Shift]-[←] auf Bild 1 ein. Bewegen Sie die Maus über die MaterialButtons und drücken [I] um einen Keyframe einzufügen. In dem Pop-up-Menü wählen Sie mit der linken Maustaste **Alpha** an.

Wechseln Sie in einem 3D-Fenster auf ein IPO-Window und klicken das MaterialIPO-Icon an. Im IPO-Window ist eine blaue waagerechte Linie erschienen, die den Alphawert repräsentiert.

Wahl der MaterialIPO

Schalten Sie die Animation mit dem Frameslider so weit vor, wie die Animation in Bildern dauern soll, oder benutzen Sie [↑] um in Zehnerschritten bis zum gewünschten Bild weiterzuschalten.

Ändern Sie jetzt den Alphawert auf 0.0 (oder höhere Werte, wenn das Objekt nicht völlig verschwinden soll) und drücken abermals mit der Maus über den MaterialButtons die Taste [I]. Wählen Sie wie oben den Punkt **Alpha** aus dem Pop-up. Die Gerade im IPO-Window wird jetzt zu einer geschwungenen Kurve, die den Verlauf des Alphawerts angibt.

Damit ist eine einfache Materialanimation fertig und es kann eine Berechnung stattfinden. Ihr Objekt sollte innerhalb der Animation durchsichtig werden.

Ein Problem besteht darin, dass auch das völlig unsichtbare Objekt einen Schatten wirft, da Blenders Art, Schatten zu berechnen, keine Transparenzen berücksichtigt. Als Lösungsmöglichkeit würde sich hier die selektive Beleuchtung anbieten um dann die schattenwerfende Lampe (**Only Shadow** einschalten) dunkler werden zu lassen. Dieses Prinzip wird in der Szene `MaterialAnim02.blend` verwendet.

Wie schon gesagt sind auch die Texturparameter mit IPOs animierbar. Wählen Sie das Objekt mit der Materialanimation und erzeugen in den **TextureButtons** F6 eine neue Textur vom Typ Noise.

**Abbildung 8-3**
Material- und
Texturanimation

Der Texturtyp Noise erzeugt ein Rauschen, welches in jedem Bild der Animation anders ist. Benutzen Sie diesen Texturtyp nicht als Bumpmap in Animationen! Ideal ist er zur Darstellung von »Schnee« auf TV-Schirmen oder Ähnlichem.

Zurück in den **MaterialButtons** F5 schalten Sie jetzt Col aus den Ausgabeeinstellungen der Textur ab und dafür Alpha und Emit ein. Es befindet sich jetzt ein Rauschen auf dem Objekt, das zusammen mit dem Objekt verblasst. Allerdings besitzt schon das Ausgangsobjekt dieses Rauschen, es wäre schön, wenn das Rauschen erst später einsetzten würde. Hier kommt jetzt die Animation der Texturparameter ins Spiel.

Die Stärke des Rauschens kann mit dem Parameter Var rechts unten in den MaterialButtons geregelt werden. Schalten Sie auf Bild 1 der Animation und regeln Var auf Null. Fügen Sie einen Key durch Drücken der Taste I ein. Aus dem Pop-up wählen Sie All Mapping.

Mit dieser Methode werden noch für weitere Parameter der Textur Keys gesetzt, was uns aber nicht stört, da wir diese nicht verändern werden.

Schalten Sie jetzt die Animation auf Bild 10 vor und fügen ohne den Var-Wert zu ändern einen weiteren Key wie oben beschrieben ein. Dies sorgt dafür, dass das Rauschen erst ab Bild 10 einsetzt. Schalten Sie die Animation weiter vor bis etwa 10 Bilder vor ihrem Ende. Dort regeln Sie Var auf 1.0 und fügen einen Key für All Mapping ein.

Gehen Sie zum Endbild der Materialanimation (in der Beispielszene Bild 51) und regeln den Wert von Var auf 0.0. Fügen Sie einen weiteren Key All Mapping ein.

Die entstandene IPO-Kurve verläuft jetzt zuerst fast waagerecht bei Null, steigt dann bis auf über 1.0 und fällt dann wieder auf Null.

Wenn Sie die Animation berechnen, so erhalten Sie einen Effekt, der stark an das »Beamen« in Star Trek erinnert. Eine Szene, die diesen Effekt noch etwas verfeinert, befindet sich in der Datei `Scott_` `me_up.blend` auf der CD zum Buch.

## 8.2  Pfadanimation

Eine bequeme Möglichkeit, ein Objekt in einer Animation zu bewegen, ist die Pfadanimation. In Blender gibt es verschiedene Arten, solch einen Pfad zu generieren:

### 8.2.1  Pfadobjekt

Mit Add→Curve→Path wird der Szene ein Pfadobjekt hinzugefügt. Dieses Pfadobjekt hat schon die benötigten Eigenschaften um eine weiche Animation zu erzielen.

Nach dem Erzeugen des Pfades sehen Sie im EditMode das Pfadobjekt, welches eine NURBS-Kurve mit fünf Kontrollpunkten ist. Die Kontrollpunkte können nun, wie in Abschnitt 5.13.2 beschrieben, bearbeitet werden. Insbesondere wichtig ist hier wieder das Hinzufügen von weiteren Kontrollpunkten. Dazu wählt man einen Endpunkt des Pfades im EditMode und ein Mausklick der linken Maustaste bei gehaltener [Strg]-Taste erzeugt einen neuen Punkt.

Möchte man einen Punkt zwischen zwei vorhandenen Punkten erzeugen, so wählt man diese an und klickt in den **EditButtons** [F9] Subdivide an. Das Pfadobjekt ist entgegen der Standardeinstellung von Kurvenobjekten schon mit dem Parameter **3D** versehen, sodass die Punkte frei im Raum positionierbar sind. Einen zyklischen Pfad erhält man, indem alle Punkte (oder mindestens Anfangs- und Endpunkt) selektiert werden und dann die Taste [C] gedrückt wird.

EditButtons

Wenn Sie sich noch im EditMode befinden, verlassen Sie diesen mit [TAB] und fügen der Szene ein Objekt hinzu, welches auf dem Pfad bewegt werden soll. Verlassen Sie den EditMode, das Objekt sollte selektiert sein, und erweitern Sie die Selektion mit [Shift]-[RMB] um das Pfadobjekt. [Strg]-[P] macht den Pfad nun zum übergeordneten Objekt für das zu animierende Objekt, was durch eine gestrichelte Linie zwischen den Objekten angezeigt wird.

Mit [Alt]-[A] kann die Animation schon in einem 3D-Fenster abgespielt werden, je nach Platzierung des Animationsobjektes folgt es dem Pfad mehr oder weniger stark versetzt. Dieser Versatz kann durch eine Verschiebung des Objekts genau auf den Pfad behoben werden, oder Sie selektieren beide Objekte und wählen Objekt→Clear Origin aus der Toolbox oder benutzen [Alt]-[O]. Nach Bestätigen der Sicherheitsabfrage wird das Objekt genau auf dem Pfad platziert.

Wenn man die Bewegung betrachtet, fällt hier, wie bei der Animation mit Keyframes, auf, dass Blender die Bewegung sanft be-

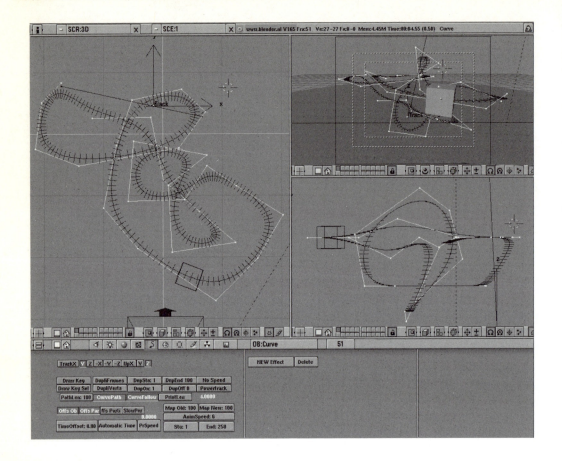

**Abbildung 8-4**
Verrückter Pfad, zyklisch,
FollowPath angewählt

IPOWindow

Speed IPO

AnimButtons

schleunigt und am Ende abbremst und dass die Bewegung nur während 100 Bildern erfolgt. Wie nahezu alles in Blender wird dieses Verhalten von einer IPO-Kurve definiert. Diese IPO-Kurve kann bei selektiertem Pfad bearbeitet werden, indem ein Fenster zu einem IPOWindow gemacht und dort der gekurvte Pfeil für das SpeedIPO angewählt wird.

Wird die IPO für die Geschwindigkeit (Speed) hier gelöscht, so bestimmt die Animationslänge im Folgenden nur PathLen in den **AnimButtons** F7 und die Animation erfolgt linear über die Pfadlänge. Wesentlich flexibler ist allerdings die Steuerung mit der Speed-IPO, dies erlaubt auch ein Zurückgehen auf dem Pfad und die zyklische Animation auf einem Pfad. Die IPO gibt an, an welcher Position das zu animierende Objekt sich zu der entsprechenden Zeit befindet, also Weg pro Zeit, was die Definition für eine Geschwindigkeit ist. Die Position auf dem Pfad wird bezogen auf den gesamten Pfad in einem Bereich von 0.0 bis 1.0 angegeben.

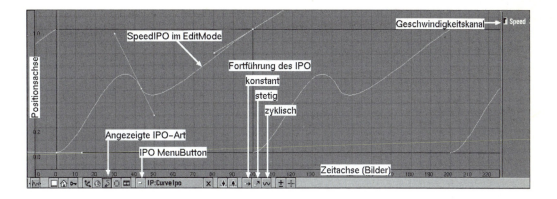

**Abbildung 8-5**
Fenster mit SpeedIPO

In Abbildung 8-5 ist ein SpeedIPO abgebildet, welches das Objekt in der Mitte des Pfades abbremst und ein Stück zurückgehen lässt, bevor es dem Pfad weiter folgt. Für dieses IPO wurde auch die Option »zyklisch« angewählt, was zur Folge hat, dass das Objekt nach Ablauf von (hier) 100 Bildern wieder am Anfang des Pfades startet.

Bei einem zyklischen Pfad ist darauf zu achten, dass die Kurven am Anfang und Ende des IPOs die gleiche Steigung haben, damit es nicht zu einem Stocken der Animation kommt.

## 8.2.2  Kurvenpfade

Neben dem Pfadobjekt, gibt es in Blender die Möglichkeit, jede beliebige Bezier- oder NURBS-Kurve in einen Pfad zu wandeln. Möchte man einen bestimmten Weg für das zu animierende Objekt erstellen, so sind Bezierkurven besser geeignet, da hier die Kurve direkt durch die Kontrollpunkte geht.

NURBS mit einer Order U: von fünf oder sechs (wie auch das Pfadobjekt) produzieren allerdings weichere, natürlich wirkendere Animationen. Die Lösung besteht darin, den Pfad als Bezier zu erstellen und dann in ein NURBS umzuwandeln. Diese Wandlung kann nicht vollkommen sein, da den beiden Kurventypen verschiedene mathematische Prinzipien zugrunde liegen, aber der so entstehende Pfad sollte einen guten Startpunkt liefern.

Erstellen Sie mit ein paar Grundobjekten und einer Bezierkurve als Pfad, einen kleinen Parcours ähnlich wie in Abbildung 8-6.

Eine offene Bezierkurve kann beim mindestens einem selektierten Kontrollpunkt mit der Taste C geschlossen und geöffnet werden. Wie in den EditButtons der Abbildung ersichtlich, wurde Back und Front schon abgeschaltet, damit die Kurve nicht gerendert wird. 3D ist eingeschaltet um auch die dritte Dimension nutzen zu können, dies hat auch den Vorteil, dass kleine Querstriche in den Pfad gezeichnet

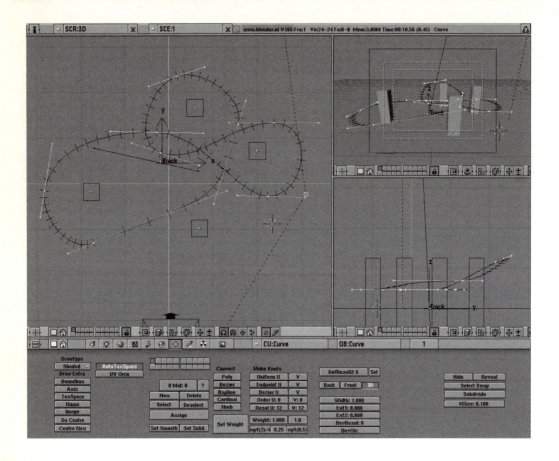

**Abbildung 8-6**
Pfad bestehend aus
Bezierkurven

werden, anhand deren Abstand voneinander die Geschwindigkeit auf
dem Pfad abgeschätzt werden kann.

Jetzt sieht man dann so grobe Fehler wie am untersten Punkt
der Bezierkurve, wo offensichtlich ein Sprung in der Geschwindigkeit
stattfindet, was in der Animation zu einem Stocken der Bewegung
führen würde. Mit den Bearbeitungsfunktionen für Bezierkurven
kann dieser Fehler korrigiert werden.

Erzeugen Sie nun ein Objekt, welches im Folgenden animiert werden soll, z.B. einen Würfel oder eine kleine Rakete wie in den Beispieldateien. Als Nächstes weisen wir den Pfad der Rakete als über-
geordnetes Objekt zu, indem erst die Rakete, dann der Pfad mit der
erweiternden Selektion angewählt und [Strg]-[P] gedrückt wird.

Nun muss die Bezierkurve noch zu einem Pfad gemacht werden,
dies geschieht durch Anwahl von CurvePath in den **AnimationButtons**
[F7]. Vor der Anwahl von CurvePath kann mit PathLen: noch die Länge
der Animation in Bildern eingestellt werden.

AnimationButtons

Wenn nun die Animation in einem 3D-Fenster mit [Alt]-[A] abgespielt wird, bewegt sich die Rakete schon, allerdings noch nicht auf dem Pfad. Dies korrigieren wir, indem Pfad und Rakete selektiert werden und mit [Alt]-[O] der Ursprung der Objekte zurückgesetzt wird. Damit die Rakete dem Pfad auch in ihrer Ausrichtung folgt, sollte man nun noch FollowPath in den AnimationButtons anwählen.

Je nach Orientierung der Rakete beim Modellieren ist die Lage der Rakete noch mit den Tracking-Knöpfen bei angewählter Rakete in den **AnimationButtons** [F7] zu korrigieren. TrackX, Y, Z, -X, -Y, -Z definiert hier die Achse des Objekts, die in Pfadrichtung zeigen soll. Die Achse eines Objekts kann in den **EditButtons** [F9] mit Axis sichtbar gemacht werden. UpX, Y, Z definiert, welche Achse des Objekts nach oben zeigen soll, im Beispiel ist UpX angewählt. Wenn hier Z benutzt wird, dreht sich die Rakete um ihre Längstachse während der Animation, was bei einem nicht rotationssymmetrischen Objekt zu unerwünschten »Fluglagen« führen kann. Daher kann mit UpX diese Rotation unterbunden werden.

Tracking

Soll nun aber an bestimmten Kurvenpunkten eine solche Rotation explizit definiert werden, so wählt man den Pfad an, wechselt in den EditMode [TAB], wählt den entsprechenden Kontrollpunkt mit der rechten Maustaste aus und drückt die Taste [T] (für Tilt, eng. kippen). Mit Mausbewegungen kann nun für diesen Kurvenpunkt der Kippwinkel eingestellt werden. Die Auswirkungen sind auch sofort am Pfad und an dem Objekt zu beobachten, zwischen den einzelnen Kippwinkeln der Kurvenkontrollpunkte wird weich interpoliert.

Leider stoppt die Animation nach einem Umlauf. Im Gegensatz zu einem Pfadobjekt wurde auch kein Speed-IPO automatisch generiert, sodass Sie im IPOWindow eine neue IPO-Kurve erzeugen müssen. Vergewissern Sie sich, dass der Pfad angewählt ist, und schalten Sie ein 3D-Fenster auf das IPOWindow [Shift]-[F6] um. Wählen Sie den gekurvten Pfeil im IPOWindow an.

Erzeugen Sie im IPOWindow mit [Strg]-[LBM] zwei Kontrollpunkte, die Lage der Punkte spielt keine Rolle, wir werden im Folgenden die genaue Eingabe von Zahlenwerten bei Blender kennen lernen. Zu beachten gilt noch, dass sobald ein Speed-IPO existiert, der Parameter Pathlen: in den AnimButtons keine Funktion mehr hat, da die Pfadlänge dann vom Speed-IPO gesteuert wird.

SpeedIPO

Wechseln Sie mit der Maus über dem IPOWindow in den Edit-Mode [TAB], es erscheinen die Bezierkontrollpunkte des IPOs. Wählen Sie nun den linken (zeitlich ersten) Punkt mit der rechten Maustaste an und drücken die Taste [N], welche das NumberMenu aufruft. Hier tragen Sie durch Anklicken der Werte für LocX eine Eins und LocY eine Null ein und bestätigen Sie das Menü mit OK. Damit wird der erste Punkt des IPOs auf Bild 1 am Pfadanfang gelegt.

Den zweiten Kontrollpunkt legen wir mit der gleichen Methode auf die Position LocX=100 (je nachdem wie lang die Animation
sein soll) und LocY=1.0. Selektieren Sie jetzt beide Kontrollpunkte
und wandeln sie mit V in Vektorhandles um, damit die Animation linear verläuft. Jetzt muss noch der Knopf angewählt werden,
der das IPO zyklisch macht (Wellenlinie), die Animation sollte nun

Zyklische IPO

wiederholt laufen, bis das Endbild, das in den **DisplayButtons** F10
eingestellt wurde, erreicht ist. Soll die Animation länger sein, so ist
dort das Endbild End: anzupassen.

**Abbildung 8-7**
Eine weitere Möglichkeit die
Speed-IPO zu ändern

Eine weitere bequeme Möglichkeit die Anfangs- und Endpunkte
einer Speed-IPO zu editieren, besteht in den **AnimButtons** F7, wie in
Abbildung 8-7 gezeigt. Hier können Sie die Werte für die X- und Y-
Koordinaten eingeben und mit SET übernehmen.

### Pfadrichtung umkehren

Um die Animationsrichtung eines Kurvenpfades oder Pfadobjekts
umzukehren, selektieren Sie diesen, wechseln in den EditMode und
selektieren mindestens ein Vertex. Durch die Taste W wird das Seci-
als-Menü aufgerufen, dessen Menüpunkt Switch Direction die Richtung
des Pfades umkehrt.

## 8.3   Animationen mit Lattices

Wie in Abschnitt 5.12 kurz erwähnt, eignen sich Lattices auch zur
Animation von Objekten. Hierbei können Lattices auf verschiedene
Arten benutzt werden:

❏ Das dem Lattice untergeordnete Objekt bewegt sich mittels
   Keyframe- oder Pfadanimation durch das Lattice.

❏ Das Lattice selbst wird animiert in der Form geändert. Hierbei
   kommt die Methode der *Vertexkeys* zum Einsatz, beschrieben in
   Abschnitt 8.4. Mit dem »Complete Blender« können auch gewichtete Vertexkeys verwendet werden um so einfach zwischen
   verschiedenen Verformungen wechseln zu können bzw. zu mischen.

❏ Ein dem Lattice untergeordneter Partikelstrom folgt dem Lattice, ein Beispiel ist ein Fischschwarm, wie in Abschnitt 8.8.6 beschrieben.

Die Szene `LatticeAnim/3LatticeAnims.blend` im entsprechenden zum Kapitel passenden Verzeichnis auf CD enthält eine Szene, in der die drei Möglichkeiten kurz demonstriert werden.

### 8.3.1 Die Kuh durchs Nadelöhr

Frage: »Wie passt eine Kuh durchs Nadelöhr?« Antwort: »Indem ein Lattice verwendet wird!« Eigentlich ist ja ein Kamel Hauptdarsteller in diesem Spruch, aber ich konnte einfach kein Modell eines Kamels auftreiben. Dies ist ein Beispiel, wie auch komplexe Objekte großflächigen Änderungen unterzogen werden können.

Laden Sie die Szene `LatticeKuh00.blend` und erzeugen Sie in einer Frontansicht PAD-1 mit der Toolbox Add→Lattice ein Latticeobjekt. Wechseln Sie in die **EditButtons** F9 und stellen die Auflösung in der U-Dimension des Lattice auf sieben ein. Skalieren Sie jetzt das Lattice, bis die Kuh in Höhe und Breite umschlossen ist. Zusätzlich kann das Lattice noch in X-Richtung auf ca. die Hälfte skaliert werden.

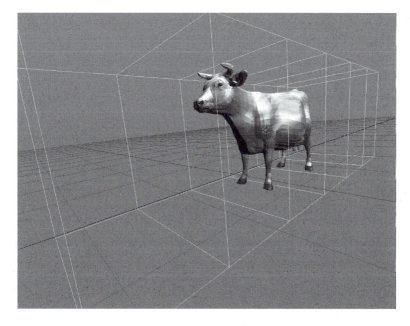

**Abbildung 8-8**
Das Latticeobjekt für die Kuh

Selektieren Sie jetzt die Kuh und dann mit der erweiterten Selektion mittels gehaltener Shift-Taste das Lattice und machen es zum übergeordneten Objekt, indem Sie Strg-P drücken.

Veränderung der Geometrie
per Lattice

Um jetzt das Lattice und somit auch das untergeordnete Objekt zu verformen, muss das Lattice auf Vertexebene, d.h. im EditMode, verändert werden. Selektieren Sie das Lattice allein und wechseln mit [Tab] in den EditMode. Die Kontrollpunkte des Lattice werden als violette Punkte an den Ecken des Latticegitters sichtbar. Drücken Sie [B] und selektieren mit dem Auswahlrahmen in einer Seiten- oder Draufsicht die vier Vertices in der Mitte des Lattice. In der Kameraansicht sollten jetzt vier gelb dargestellte Vertices sichtbar sein; in der Draufsicht z.B. werden nur zwei gelbe Vertices sichtbar, da die anderen dahinter verdeckt liegen. Ohne den EditMode zu verlassen drücken Sie [S] und skalieren die selektierten Vertices zu einer Einschnürung in dem Lattice herunter. Die Geometrie der Kuh wird in dem aktiven 3D-Fenster gleich mit verformt, sodass ein guter Eindruck der Effektstärke entsteht. Bestätigen Sie die Skalierung mit der linken Maustaste, woraufhin auch in den anderen 3D-Fenstern die Verformung der Kuh angezeigt wird.

**Abbildung 8-9**
Die Kuh durchs Nadelöhr

Verlassen Sie den EditMode des Lattice und selektieren die Kuh. Wenn Sie jetzt die Kuh in der Vorderansicht mit [G] entlang des Lattice verschieben, so können Sie interaktiv die Verformung betrachten. Mit einer einfachen Keyframeanimation kann diese Verformung als Animation, wie in Abbildung 8-9 dargestellt, berechnet werden.

Wenn ich bessere Raumschiffe modellieren könnte, hätte ich statt der armen Kuh ein Raumschiff beim Beschleunigen auf »Warpgeschwindigkeit« als Beispiel benutzt. Aber Sie können sich jetzt sicherlich vorstellen, wie diese Art von Effekten in Filmen realisiert sind.

## 8.4 Vertexkeys

Mit *Vertexkeys* lassen sich Veränderungen in der Geometrie von Polygon-, Kurven- und Oberflächenobjekten sowie Lattices animieren.

Das Erstellen von Vertexkeys ist recht einfach, allerdings passieren dabei hinter der Fassade von Blender automatisch verschiedene Dinge, die leicht verwirren können. Insbesondere wird nicht für jeden animierten Kontrollpunkt eines Objekts eine IPO-Kurve gezeichnet, da ansonsten je nach Objekt tausende IPO-Kurven entstehen würden.

Erzeugen Sie ein Objekt, welches im Folgenden animiert werden soll. Ich verwende in diesem Beispiel eine Surface-Sphere, da dort mit wenig Kontrollpunkten eine große Formveränderung möglich ist.

Schalten Sie ein 3D-Window zu einem IPO-Window um. Damit die Vertexkeys sichtbar werden, muss das entsprechende Icon im Fuß des IPOWindows angewählt werden.

IPOWIndow

Vertexkeys im IPOWindow
anzeigen

Erzeugen Sie nun bei selektiertem Objekt mit ⌑I⌑ einen Key im ersten Bild der Animation und wählen die Option **Surface** aus, um einen Vertexkey für das Surfaceobjekt zu ereugen. Wenn Sie statt des Surfaceobjekts ein Polygonobjekt verwenden, so lautet die Option entsprechend **Mesh** oder bei einem Kurvenobjekt **Curve**. Im IPO-Window erscheint eine gelbe horizontale Linie, die den ersten Vertexkey repräsentiert. Dieser erste Key ist auch der Referenzkey, der die Texturkoordinaten bestimmt. Weiterhin wird eine Geschwindigkeits-IPO-Kurve erzeugt (Speed-IPO).

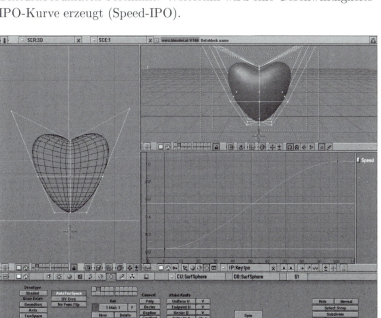

**Abbildung 8-10**
Definierte Vertexkeys

Gehen Sie nun mit ⌑↑⌑ oder dem FrameSlider einige Bilder vorwärts in der Animation und erzeugen mit ⌑I⌑→**Surface** einen weiteren Vertexkey, der im IPOWindow als blaue horizontale Linie erscheint. Wechseln Sie nun mit ⌑TAB⌑ in den EditMode und ändern einige Kontrollpunkte um der Kugel eine neue Form zu geben (Abbildung 8-10). Nach dem Verlassen des EditMode ändert sich das Objekt nun zwischen den zwei Keys.

Im IPO-Window können nun die Vertexkeys mit der rechten Maustaste selektiert werden, im 3D-Window wird dann das Objekt entsprechend geändert. In gleicher Weise können nun noch weitere Vertexkeys hinzugefügt werden.

Speed-IPO

Die Speed-Kurve definiert die Geschwindigkeit des Übergangs zwischen den Vertexkeys, negative Steigungen blenden wieder zum vorhergehenden Key um. Solch eine Kurve kann hier z.B. dazu benutzt werden, das Herz pulsieren zu lassen (siehe Szene `Vertex-Key/VertexKeys05.blend`). Die vertikale Position der Vertexkeys im IPOWindow bestimmt, zu welcher Zeit der entsprechende Key benutzt wird. Eine genaue Positionierung kann mit Hilfe des NumberMenu erfolgen, indem man den Vertexkey anwählt und im IPOWindow N drückt, woraufhin Sie die Position in einem NumberButton direkt eingeben können. Mit der Speed-Kurve wird der zeitliche Ablauf der Animation definiert, diese kann wie alle anderen IPO-Kurven bearbeitet werden (Abschnitt 8.1.1).

Die Art der Interpolation zwischen Keys kann definiert werden, indem ein Key im IPOWindow selektiert und dann mit T eine der folgenden Interpolationskurven gewählt wird:

**Linear**   Lineare Interpolation, ergibt scharfe Übergänge zwischen den Keys, der Key wird im IPOWindow als gepunktete Linie dargestellt.

**Cardinal**   Standard-Interpolation, die Übergänge sind flüssig, dargestellt als durchgezogene Linie.

**BSpline**   Die Übergänge werden besonders flüssig berechnet, dargestellt als gestrichelte Linie.

Zu beachten ist, dass Vertexkeys im IPOWindow nur selektiert werden können, wenn sich das Objekt nicht im EditMode befindet.

Es gibt grundsätzlich zwei verschiedenen Arbeitsweisen mit Vertexkeys, die je nach Anwendung und der persönlichen Vorliebe angewählt werden können:

1. Man arbeitet nur im EditMode, fügt chronologisch Keys ein und bearbeitet das Objekt entsprechend:

   ❑ Objekt selektieren, in den EditMode TAB wechseln

   ❑ Key mit I einfügen, der Referenzkey wird eingefügt

   ❑ Vorgesehene Bildzahl weiterschalten, weiteren Key mit I einfügen, das Objekt editieren

   ❑ usw.

2. Bei der zweiten Methode fügt man erst die entsprechenden Keys an ihren Positionen in der Animation ein, wobei man sich außerhalb des EditMode befindet:

❏ Mit der rechten Maustaste im IPOWindow den entsprechenden Key selektieren

❏ In den EditMode wechseln, das Objekt ändern, EditMode verlassen

❏ usw.

Das Arbeiten mit Vertexkeys ist bei detaillierten Objekten und komplexen Vertexanimationen nicht einfach. Die gewichteten Vertexkeys des »Complete Blender« vereinfachen diese Art von Animation erheblich. Allerdings ist auch mit der freien Version von Blender schon eine Menge möglich. Hier noch einige Tipps, wie die Arbeit mit Vertexkeys erleichtert werden kann:

❏ Sie können einen Vertexkey einfach kopieren, indem der gewünschte Key in dem IPO-Window selektiert wird (das Objekt verformt sich entsprechend). Wechseln Sie in das Bild, an dem der Key eingefügt werden soll, und fügen Sie in einem 3D-Window mit ⌨I einen Key ein.

❏ Wenn Sie den EditMode aufrufen und kein Key im IPO-Window selektiert ist, so werden nach dem Verlassen des EditMode alle Änderungen verworfen! Um dies zu umgehen, können Sie den Key im EditMode einfügen.

❏ Es ist nicht möglich, mehrere Keys zu selektieren.

❏ Wenn mit Vertexkeys gearbeitet wird, die eine unterschiedliche Anzahl von Vertices haben, ergibt sich eine mehr oder weniger chaotische Anordnung der Flächen. Natürlich können Objekte ohne Flächen, z.B. mit Halomaterialien oder Partikelemitter, gut auf diese Art animiert werden.

❏ Experimentieren Sie mit dem Wert slurph aus den **AnimButtons** ⌨F7 der Vertexkeys. Je nach Einstellung werden die Vertexkeys verzögert. So können lebendige Übergänge, aber auch flüssigkeitsähnliche Wabereffekte, insbesondere mit Vertexkeys für Lattices, erzielt werden.

❏ Vertexkeys für Kurven und Oberflächen funktionieren genauso wie die von Polygonobjekten. Verformen Sie einmal eine Bevelkurve mit Vertexkeys; diese Art der Animation wird nicht in den 3D-Windows angezeigt, wohl aber berechnet.

## 8.5  Gewichtete Vertexkeys

*Gewichtete bzw. relative Vertexkeys*

Mit der Vertexkeyanimation sind schon erstaunliche Effekte möglich, aber für kompliziertere Animationen wird die Anzahl der von Hand zu erstellenden Vertexkeys zu groß. Abhilfe schafft hier die Verwendung von gewichteten Vertexkeys. Gewichtete Vertexkeys werden oft auch als relative Vertexkeys bezeichnet.

Normale Vertexkeys besitzen nur eine IPO-Kurve für alle Keys, bei relativen Vertexkeys besitzt jeder Key eine eigene Kurve, die den Einfluss dieses Keys auf die gesamte Verformung definiert. Dies ermöglicht, zwischen den Keys zu überblenden (Addieren, Subtrahieren etc.).

Mit relativen Vertexkeys wird z.B. die Animation von Gesichtsausdrücken extrem vereinfacht, da nur die Grundgesichtsausdrücke definiert und dann weitere durch die Mischung der Grundausdrücke erstellt werden. Auch ist die Animation zwischen den Keys kein Problem, ein Gesicht kann von einem Lächeln zu einer ärgerlichen Grimasse werden. Auch die Animation von Lippenbewegungen beim Sprechen kann so realisiert werden, es werden die Lippen für die Vokale modelliert und dann dem Text entsprechend umgeblendet.

*Einfache Gesichtsanimation*

In der Szene VertexKeys/RelativKeys00.blend befindet sich ein einfaches Gesicht (zugegeben sehr einfach), an dem die Verwendung von gewichteten Vertexkeys gut demonstriert werden kann. Selektieren Sie das Gesicht und fügen mit I→mesh einen Vertexkey ein. In dem IPO-Window erscheint der Key und ein Speed-IPO wie es bei Vertexkeys nicht anders zu erwarten ist.

Wechseln Sie jetzt in die **AnimButtons** F7 und wählen Relative Keys an. Benutzer des freien Blenders können ab hier leider nur noch mitlesen. Der Key und das Speed-IPO verschwinden aus dem IPO-Window und die Anzeige im rechten Rand des IPO-Window zeigt die durchnummerierten Keykanäle. Die erste Spur mit dem orangen Kästchen und dem Namen – – – – bezeichnet die Grundpose des Objekts. Wird diese Spur mit der linken Maustaste angewählt, so erscheint der Key (da selektiert gelb) in dem IPO-Window zusammen mit der Speed-IPO.

Bewegen Sie jetzt die Maus über ein 3D-Fenster und drücken Tab um den EditMode für das Gesichtsobjekt zu aktivieren. Sie können jetzt einzelne Vertices mit der rechten Maustaste auswählen und verschieben, skalieren, rotieren etc. Ein komplettes Objekt (z.B. den Mund oder eine Augenbraue) können Sie selektieren, indem Sie den Mauszeiger über ein Vertex des Objekts platzieren und die Taste L drücken.

Definieren Sie jetzt ein lachendes Gesicht, indem Sie die beiden äußeren Vertices des Mundes nach oben ziehen. Fügen Sie dann, ohne den EditMode zu verlassen, einen Key mit $\boxed{\text{I}}$→Mesh ein und verlassen den EditMode mit $\boxed{\text{Tab}}$.

Im IPO-Window ist jetzt ein türkiser Key direkt über dem Grundkey erschienen, den Sie mit $\boxed{\text{G}}$ etwas über den Grundkey schieben sollten, damit er leichter zu selektieren ist. Bestätigen Sie die Position des neuen Keys mit der linken Maustaste.

Jetzt kann schon durch Anwahl der zwei Keys im IPO-Window die Wirkung der verschiedenen Gesichtsausdrücke kontrolliert werden.

**Abbildung 8-11**
Verschiedene
Gesichtsausdrücke,
Grundpose links oben

Fügen Sie nun in gleicher Weise weitere Gesichtsausdrücke ein. Bewegen Sie die neuen Keys immer über den davor erzeugten. Wenn Sie die Grundposition oder eine beliebige andere Pose als Ausgangsobjekt für den neuen Gesichtsausdruck verwenden möchten, so selektieren Sie den entsprechenden Key im IPOWindow, bevor Sie in den EditMode wechseln.

Ich habe die in Abbildung 8-11 gezeigten Gesichtsausdrücke definiert. Im IPO-Window befinden sich nun einige blaue Linien, die, wenn Sie sie wie vorgeschlagen angeordnet haben, von unten nach oben die nummerierten Keys darstellen. Der orange Grundkey stellt dabei Key Nr. 0 dar.

Um jetzt das Gesicht vom neutralen Ausdruck her lächeln zu lassen, selektieren Sie mit der linken Maustaste die Keyspur, deren Nummer für das Lächeln steht (in meinem Beispiel **Key 2**). Die Spur wird jetzt weiß dargestellt, die anderen Spuren verschwinden erst einmal. Um jetzt das Gesicht innerhalb ca. einer Sekunde lächeln zu lassen, klicken Sie mit gehaltener $\boxed{\text{Strg}}$-Taste etwa bei den Koordinaten (0,0) in das IPO-Window, es wird eine IPO-Kurve erstellt (weil im Moment nur ein Kontrollpunkt vorhanden ist, noch eine Gerade). Die Koordinaten (0,0) bedeuten nulltes Bild, Einfluss des Keys ebenfalls Null. Um den Punkt genauer zu setzen, kann in das IPO-

Erster Gesichtsausdruck

Window gezoomt werden, allerdings spielt die genaue Positionierung hier keine große Rolle. Definieren Sie jetzt einen zweiten Kontrollpunkt, indem Sie wiederum mit gehaltener [Strg]-Taste bei etwa den Koordinaten (25,1) mit der linken Maustaste klicken.

Schalten Sie jetzt mit den Cursortasten durch die Animation, so können Sie die Veränderung des Gesichts genau betrachten. Mit [Shift]-[Alt]-[A] kann die Animation in allen Ansichten abgespielt werden, was den Zusammenhang von IPO-Kurven und Gesichtsausdruck verdeutlicht.

**Abbildung 8-12**
Verschiedene
Gesichtsausdrücke, aus
den Grundposen gemischt

Mit den IPO-Kurven können Sie also bestimmen, wie stark eine Pose in das resultierende Gesicht eingeht. Der Wertebereich 0.0 bis 1.0 auf der Y-Achse des IPO-Window beschreibt dabei einen 0–100%igen Einfluss. Allerdings ist der Wertebereich nicht darauf beschränkt, somit können mit negativen Werten in gewissem Maße gegenteilige Ausdrücke (aus dem Lächeln wird ein ärgerlicher Ausdruck) erzeugt werden. Mit Werten von über Eins wird der Ausdruck übertrieben (Mundwinkel bis zu den Ohren).

Überlagerung von
Gesichtsausdrücken

Die eigentliche Stärke der relativen Vertexkeys liegt nun aber in der Überlagerung von verschiedenen Ausdrücken. So produzieren die Grundposen »lächeln« und »traurig« ein leicht verkniffenes Lächeln. Kombinieren Sie verschiedene Gesichtsausdrücke, indem Sie die entsprechende Keyspur anwählen und wieder mit [Strg] und der linken Maustaste Kurvenpunkte erstellen. Die resultierenden IPO-Kurven sind nach der Anwahl verschiebbar und skalierbar. Darüber hinaus kann in den EditMode gewechselt werden, um die einzelnen Kontrollpunkte wie Bezierkurven zu bearbeiten. Bei diesen Bearbeitungen ist

LockIcon

es besonders hilfreich das LockIcon (kleines Schlossicon im IPO-Window) in der Knopfleiste des IPO-Window anzuwählen, dann werden Veränderungen an der IPO-Kurve direkt während der Änderung in den 3D-Windows angezeigt.

## 8.6  Inverse Kinematik (IKA)

Mit der *inversen Kinematik* lassen sich Animationen von hierarchischen Gelenkketten einfacher als mit herkömmlichen Methoden erstellen. Dies wird besonders deutlich, wenn man an die Animation eines Armes denkt, wobei die Hand einen bestimmten Punkt erreichen soll. Bei der herkömmlichen Animation müsste nun der Oberarm bewegt werden, dann der Unterarm, das Handgelenk. Wenn nun die Position nicht korrekt ist, sind Korrekturen an allen drei Gelenken nötig, bis die Position der Hand stimmt. Für eine neue Position ist die ganze Prozedur erneut auszuführen.

Bei der inversen Kinematik bewegt man die Hand, und die restlichen Armteile bewegen sich entsprechend der definierten Gelenke so, dass die Position der Hand erreicht wird.

Fertigen Sie sich einen einfachen Roboterarm wie in Abbildung 8-13 oder laden Sie die Szene `IKA/Robotarm01.blend` von der CD.

Ihren Roboter sollten Sie praktischerweise mit gestrecktem Arm konstruieren und dann anschließend die Gelenke mittels Rotation um den 3D-Cursor in eine leicht angewinkelte Position bringen. Für die Arbeit mit IKAs ist es wichtig, eine Grundposition ungefähr in der Mitte der beiden Bewegungsextreme zu wählen. Dies wird als Referenzposition bezeichnet und verhindert ungewollte Bewegungsrichtungen der Gelenke.

Die Zylinder zwischen den Armteilen sollen die Gelenke symbolisieren und sind mittels der Parenting-Funktion Strg-P an die Armteile gebunden, damit sie sich mitbewegen.

Der Roboterarm soll sich um die eigene Achse drehen und drei Armgelenke bewegen können. Bei der Animation mit IKAs erleichtern Empties, also Nullobjekte, die nur aus einer Koordinatenachse bestehen, die Arbeit erheblich. Daher erzeugen wir jetzt ein Empty in der Rotationsachse des Roboterfußes.

Platzieren Sie den 3D-Cursor in dem Zylinder am Fuß des Roboterarms, indem der Fuß mit der rechten Maustaste angewählt und der 3D-Cursor mit Shift-S→Curs->Sel in den Mittelpunkt gebracht wird. An dieser Stelle erzeugen Sie ein Empty mit Add→Empty, welches später als Anfasser zur Rotation des Roboterarms dient.

Setzen Sie nun den 3D-Cursor mit der Snap-Funktion wie oben beschrieben in den Drehpunkt des ersten Armsegments und erzeugen mit Add→IKA ein IKA an diesem Punkt. Dieses erste IKA wird mit Mausbewegungen rotiert und skaliert, bis das gelbe Vertex (End-

Gelenksysteme

Freiheitsgrade des Roboters

IKA für den Arm erstellen

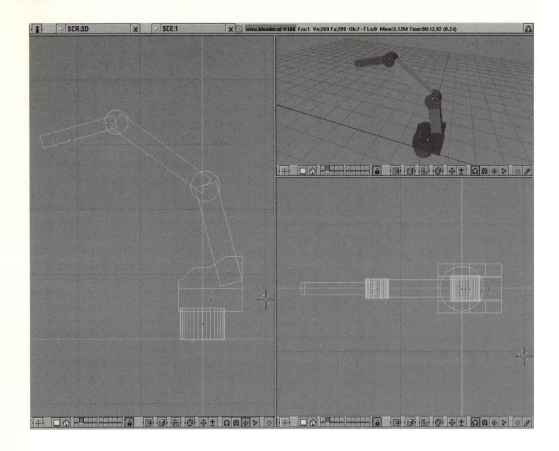

**Abbildung 8-13**
Mesh des Roboterarms

punkt, Kontrollpunkt) im Rotationsmittelpunkt des zweiten Gelenks ist, jetzt kann das erste IKA-Glied (Limb) mit einem Klick der linken Maustaste festgelegt werden, woraufhin das zweite Glied erscheint und das Vertex auf das zweite Gelenk positioniert wird.

Wenn das letzte Glied in der »Hand« des Roboters positioniert ist, wird die Erzeugung des IKAs mit ESC beendet. An der »Hand« des Arms wird noch ein Empty positioniert, welches bei der Animation als Anfasser zur Führung des Arms dienen wird.

Verbinden der Roboterteile

Als Nächstes sind die Teile des Roboters miteinander zu verbinden. Dies könnte auch geschehen, indem die Objekte miteinander verschmolzen werden (natürlich nicht in den Gelenken), besser ist es aber, diese Verbindung über den Parentingmechanismus durchzuführen um später noch die Teile einzeln ändern oder positionieren zu können. Diese Vorgehensweise ermöglicht es auch mit einfachen Objekten zu animieren um eine hohe Geschwindigkeit der interaktiven Grafik zu erzielen und später dann die Platzhalterobjekte gegen kompliziertere Geometrien auszutauschen.

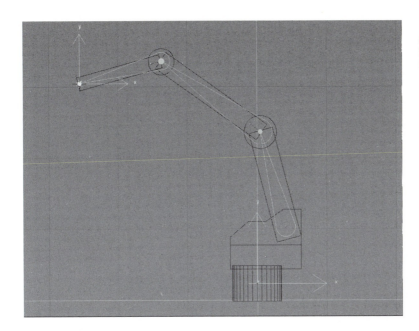

**Abbildung 8-14**
Positionierung des IKA im
Roboterarm

Die Verbindung geschieht immer nach dem gleichen Muster: Es
wird das untergeordnete Objekt gewählt, dann mit [Shift]-[RMB] das
übergeordnete Objekt gewählt und dann mit [Strg]-[P] zum Parent
gemacht.

Zuerst erstellen wir die Parentkette für das IKA und die Emptys.      Gelenkkette
Dazu wird das IKA selektiert und mit [Shift]-[RMB] das Empty im Fuß
des Roboters, dann wird es mit [Strg]-[P] zum Parent gemacht. Dazu
wird die Frage OK? - Make Parent mit einem Tastendruck auf [RETURN]
oder einem [LMB]-Klick in die Abfrage bestätigt. Die nächste Frage
OK? - Effektor as Child wird negativ durch Drücken von [ESC] oder einer
Mausbewegung aus dem Eingabefeld beantwortet.

Selektieren Sie nun das IKA und anschließend das Empty am
Ende des Arms und machen es mit [Strg]-[P] zum Parent des IKAs.
Hier ist die Frage OK? - Effektor as Child mit einem [LMB]-Klick oder
[RETURN] positiv zu beantworten.

Um die IKA-Kette zu vervollständigen, wählen wir nun das Empty an der Hand des Roboters und mit [Shift]-[RMB] das Empty im
Fuß des Roboters, welches dann mit [Strg]-[P] zum Parent des Handemptys wird. Nachdem Sie Ihre Szene gespeichert haben, können Sie
nun schon durch Bewegen des Handemptys die IKA-Kette ausprobieren, ein Bewegen des Fußemptys vererbt sich auf die ganze Kette,
ebenso die Rotation. Brechen Sie die Bewegungsversuche immer mit
der rechten Maustaste oder [ESC] ab, damit das IKA in seine alte
Position zurückkehrt.

Ein Problem besteht allerdings noch: Wenn das Handempty in der Draufsicht bewegt wird, folgt die IKA-Kette dem Handempty nicht durch eine Rotation um die Hochachse, sondern »kippt«.

**Abbildung 8-15**
Positionierung des zweiten
IKA im Roboterarm

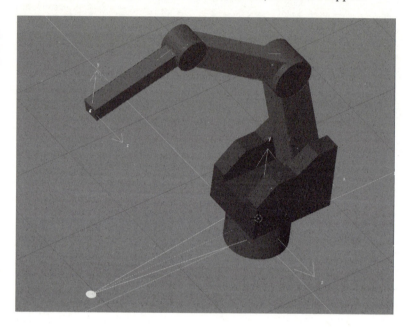

**Beschränken der Bewegungsmöglichkeit**

Zur Lösung dieses Problems ist die Verwendung eines weiteren IKA-Objekts nötig. Zuerst ist die falsche Verbindung des Handemptys mit dem Fußemptys zu lösen, indem beide selektiert werden und mit Alt-P und einem Klick auf Clear Parent die Parentverbindung gelöscht wird.

Setzen Sie den 3D-Cursor mit der Snapfunktion auf das Empty im Fuß des Roboters und erzeugen ein IKA mit einem Glied in der Draufsicht, welches genau nach links unter den Arm zeigt (siehe Abbildung 8-15).

Danach wird das IKA zum Parent des Fußemptys gemacht, als Option wird hier Use Limb gewählt und dann im nächsten Menü Limb 0. Bei weiterhin aktiviertem IKA wechseln wir nun mit F9 in die

**EditButtons**

**EditButtons**, wo für dieses IKA der Wert 0.0 für XY constraint eingestellt wird, was eine Abweichung des IKAs aus der lokalen XY-Achse verhindert.

Jetzt wählen wir das IKA im Fuß und mit Shift-RMB das Handempty, welches dann mit Strg-P zum Parent gemacht wird, wobei hier Effektor as Child gewählt werden muss.

**Erster Test des Arm-IKAs**

Wenn Sie jetzt das Handempty bewegen, folgt ihm die IKA-Kette wie gewünscht, sodass jetzt nur noch die Teile des Roboters mit den IKAs verbunden werden müssen. Brechen Sie die Bewegung des

Handemptys mit der rechten Maustaste ab, damit das IKA in seine ursprüngliche Position zurückkehrt.

Es wird nun der Körper des Roboters selektiert, dann der Fuß des Roboters, der dann mit [Strg]-[P] zum Parent gemacht wird. Um die Kette zu vervollständigen, wählen Sie jetzt den Fuß, dann zusätzlich das Empty, welches mit [Strg]-[P] zum Parent des Zylinders wird.

Bewegungen des Handemptys folgt der Roboterkörper nun schon. Jetzt wird das erste Armteil selektiert, dann das IKA in den Armen. Mit [Strg]-[P] und Use Limb, Limb 0 wird das erste Armteil dem ersten (nullten in Blenderzählung) Glied zugeordnet. Genauso verfahren Sie mit den zwei restlichen Armteilen und passen dabei die Nummer des Limbs entsprechend an.

Jetzt sollte die Robotergeometrie den IKAs folgen. Mit einer simplen Keyframeanimation der Position des Handemptys ist nun eine Animation des gesamten Roboters möglich.

Verbinden der Geometrie mit den IKAs

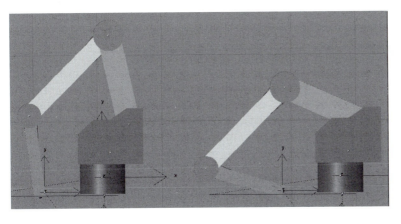

**Abbildung 8-16**
Roboterarm mit angepasster und normaler Gewichtung der IKAs

In den EditButtons ist es jetzt noch möglich, die Gewichtung der Glieder einzustellen. Hierbei bedeutet eine hohe Gewichtung (Weight) nahe der Eins, dass das zugehörige Glied weniger dazu neigt sich zu bewegen, was dazu führt, dass das passende Gelenk weniger ausgelenkt wird.

Gewichtung der Glieder

Wenn Sie dem letzten Glied, also Limb 2 nach Blenderzählung, eine hohe Gewichtung geben, wird dieses Glied bei einer Bewegung am starrsten sein. Der Unterschied ist in Abbildung 8-16 zu sehen, die Standardgewichtung (rechts) von 0.010 für alle drei Glieder ergibt eine unerwünschte Stellung des Roboterarms.

Neben der Keyframeanimation des Handemptys ist natürlich auch eine Pfadanimation möglich. Somit ist es einfach z.B. die Bewegungen eines Lackierroboters zu simulieren. Die Spur der Sprayfarbe ist dann mit Partikeln darzustellen oder es wird eine animierte Textur mit einem Zeichenprogramm oder mit Blender selbst erstellt. Animierte Texturen haben den Vorteil auch mit Bumpmaps zusammen

Pfadanimation von IKAs

**Abbildung 8-17**
Pfadanimation der
Roboterhand

einsetzbar zu sein, um so z.B. ein Eindringen von Farbe in Mauerritzen o.Ä. zu simulieren.

Eine Szene mit einer Pfadanimation des Roboterarms und zwei Partikelsystemen, die die Sprühfarbe darstellen, befindet sich in der Datei `IKA/Robotarm07.blend`.

Durch geschickte Texturierung und dem »Aufsprühen« von Flächen ist es aber auch nur mit Partikeln möglich eine Struktur zu erhalten (Abbildung 8-17), die Szene befindet sich auch auf CD (`IKA/Robotarm08.blend`).

## 8.7   Skelettanimation mit IKAs

Die IKA-Objekte in Blender sind auch in der Lage, wie Knochen in einem Skelett umliegende Polygon- und Surfaceobjekte zu verformen. Dies spielt dann in den Bereich »Charakteranimation« hinein, der immer noch die Königsdisziplin der (Computer-)Animation ist. Allerdings sollten Sie auch ohne Interesse an Charakteranimation (oder wie ich mangels künstlerischer Begabung) einen Blick auf die Möglichkeiten der Skelettdeformation werfen.

Charakteranimation?          Ich habe mich entschieden, dieses Kapitel nicht »Charakteranimation« zu nennen, um keine zu großen Erwartungen zu schüren. Die Charakteranimation ist sehr anspruchsvoll und es ist eine gehörige Portion Erfahrung und eine künstlerische Ader vonnöten, um hier etwas zu erreichen. Insbesondere die letzte Vorraussetzung erfülle ich als Ingenieur nicht. Ich hoffe, Sie haben bessere Voraussetzungen und

bekommen durch dieses Buch Lust, etwas wirklich Außergewöhnliches
zu produzieren.

Neben der Charakteranimation können Skelette in Blender natürlich auch für andere Zwecke, in denen ein Objekt verformt werden
soll, benutzt werden. Hier fallen mir z.B. Bandfedern oder Gummi-
puffer ein, bei denen eine einfache Skalierung als Verformung nicht
ausreicht oder andere Methoden (Lattice, Vertexkeys) nicht genügend
Flexibilität bieten.

Weitere Möglichkeiten

## Was ist Charakteranimation?

Allgemein betrachtet hat jedes sich bewegende Objekt einen Charak-
ter. So gesehen ist jede Animation eine Charakteranimation. Allerdings kommt es jetzt darauf an, den Objekten »Leben« einzuhau-
chen. Dieses Prinzip kommt oft in der Werbung (agierende Flaschen,
Dosen, redende Autos) vor und belebt auch nichtorganische Objekte.

Die komplizierteste Charakteranimation ist natürlich die eines
Lebewesens. Eine hüpfende Flasche haben wir noch nie in der Realität gesehen, das Gesicht eines Menschen können wir aber schon von
klein auf deuten und bemerken eventuelle Fehler sofort.

## Skelettaufbau

In der Szene IKA/Krauter00.blend befindet sich eine Flasche, die
gut geeignet ist, die prinzipiellen Funktionsweisen der Skelettanimation zu zeigen. Hier ist jetzt natürlich etwas Phantasie gefragt, da ja
normalerweise Flaschen kein Skelett besitzen. Ich habe mich für das
in Abbildung 8-18 gezeigte Skelett entschieden.

Mit diesem Skelett soll es möglich sein, dass sich die Flasche als
unserer Künstler auf der Bühne verbeugt. Dafür sorgt das große
IKA (praktisch die Wirbelsäule) im oberen Teil der Flasche. Die
verschiedenen Empty-Objekte dienen als Griffe um die IKAs besser
animieren zu können.

Das Wirbelsäulen-IKA beginnt bei einem Empty, welches das
Becken ersetzt. Dort setzen dann auch die Beine an, die in den Füßen münden. Mit diesem recht einfachen Gehapparat kann dann ein
Gehen (eher Watscheln) der Flasche und eine Bewegung in der Hüfte
animiert werden.

Ist das Skelett innerhalb des zu animierenden Objekts erstellt,
so müssen die Gelenke und Knochen entsprechend verbunden bzw.
verlinkt werden, bis der Bewegungsapparat wie gewünscht funktioniert. Sie können zwischendurch immer die Bewegungen ausprobieren, denken Sie nur daran, die Transformationen immer mit der rechten Maustaste oder [Esc] zu beenden, damit die Veränderung wieder
rückgängig gemacht wird.

**Abbildung 8-18**
Modell für die
Skelettanimation

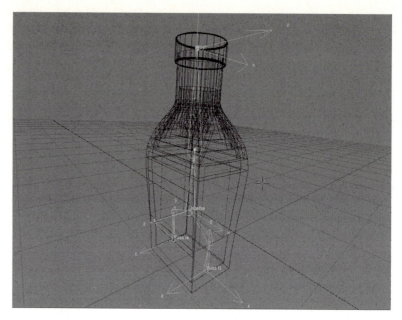

Erstes Bein

Starten Sie mit der Skeletterstellung in einer Vorderansicht der
Flasche, der besseren Übersicht halber können Sie nur den Layer mit
der Flasche darauf aktivieren (in der Beispielszene Layer 2). Akti-
vieren Sie jetzt einen zweiten Layer mit gehaltener Shift-Taste (z.B.
Shift-3), damit das Skelett in einem eigenen Layer erzeugt wird.
Dies ist nicht nötig, erleichtert aber die Arbeit am Skelett ungemein.

Setzen Sie jetzt den 3D-Cursor mit Shift-S→Curs->Selection auf
die Flasche, dies sorgt dafür, dass das Skelett in der Flasche liegt. In
der Vorderansicht setzen Sie jetzt den 3D-Cursor in eine der Ecken
am Fuß der Flasche und erzeugen dort das erste Fuß-Empty. An
der gleichen Stelle fügen Sie jetzt über die Toolbox Add→IKA das
erste IKA hinzu. Mit der Maus wird nun das erste Glied des Beins
richtig skaliert und gedreht, mit einem Klick der linken Maustaste
wird die Position fixiert, das zweite Glied erscheint und kann genauso
positioniert werden. Jetzt kann die Erstellung mit einem Klick auf
die mittlere Maustaste beendet werden. Wird stattdessen nochmals
die linke Maustaste gedrückt, so erscheint ein weiteres Glied, das mit
Esc gelöscht werden sollte.

Erstellen Sie das zweite Bein genauso. Vielleicht hätten Sie er-
wartet, dass die Bein-IKAs umgekehrt aufgebaut werden, weil die
dicken Enden eher den Oberschenkeln entsprechen, allerdings wird
auf diese Weise dafür gesorgt, dass die Füße bei einer Animation der
Hüfte auf dem Boden bleiben.

An der Stelle, wo die beiden Enden der Bein-IKAs zusammen-
treffen, erzeugen Sie jetzt das Hüftempty. In einer Seitenansicht wird

dann von dem Hüftempty aus das Wirbelsäulen-IKA erstellt. Das erste Glied wird etwa bis zur »Schulter« der Flasche ausgedehnt, das zweite bis in den Verschluss der Flasche. Am Ende des Wirbelsäulen-IKAs wird das Kopfempty erzeugt. Dies wird später Teil des Skeletts und sorgt dafür, dass die Flasche ihren »Kopf« auch drehen und kippen kann. Auf ähnliche Weise werden auch die anderen Emptys nicht nur als Anfasser benutzt, sondern dienen an den Füßen z.B. dazu, den Fuß zu kippen.

Zur Verlinkung des Skeletts schalten Sie auf den Layer mit dem Skelett. Selektieren Sie ein Bein, dann das passende Fußempty mit gehaltener Shift-Taste dazu. Mit Strg-P wird das Empty zum übergeordneten Objekt des Beins. Die Abfrage OK? – Make Parent beantworten Sie positiv mit einem Mausklick oder Return, die nachfolgende Abfrage OK? – Effector as Child negativ, indem Sie die Maus aus dem Pop-up bewegen oder Esc drücken.

Verfahren Sie mit dem anderen Bein ebenso. Der Effektor ist das spitze Ende des IKAs. Da wir aber die Basis des Beins mit dem Empty verbunden haben wollen, wurde diese Frage verneint.

Wenn Sie jetzt einen Fuß selektieren und mit G verschieben, so folgt das Bein dieser Bewegung schon. Vergessen Sie nicht, die Verschiebung mit der rechten Maustaste oder Esc zu beenden!

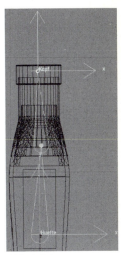

Wirbelsäule

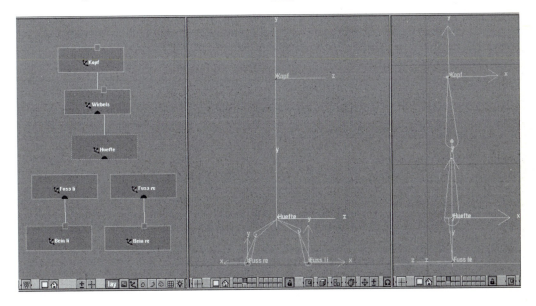

Jetzt verbinden wir die Beine mit der Hüfte. Dazu selektieren Sie ein Bein und mit der erweiterten Auswahl das Hüftempty. Mit Strg-P wird dann die Hüfte zum Parent des Beins. Hier allerdings beantworten Sie die Frage OK? – Effector as Child positiv mit Return!

**Abbildung 8-19**
Das Skelett

Der Effektor (gelbes Vertex an der Spitze des IKA), wird hierbei automatisch auf die Position des Hüftemptys gesetzt. Das gleiche Verfahren wenden Sie dann auch auf das andere Bein an. Jetzt kann wiederum die Beweglichkeit der Hüfte gestestet werden.

Verzichten Sie bei den nächsten Schritten bitte darauf, die Skelettteile zu bewegen, oder speichern Sie die Szene vor solchen Versuchen, da in diesem Schritt leicht eine unerwünschte Stellung der Skelettteile auftreten kann.

Selektieren Sie die Wirbelsäule, dann die Hüfte und drücken Strg-P. Die Frage nach OK? – Effector as Child sollten Sie wiederum verneinen.

Selektieren Sie das Kopfempty und dann die Wirbelsäule, drücken Strg-P und wählen aus den Pop-up Limb (Glied) aus. In dem nächstem Pop-up stellen Sie den NumberButton auf »1« und drücken OK oder Return. Mit diesen Schritten haben wir das Kopfempty nicht an den Effektor (Vertex) gebunden, sondern an das obere Wirbelsäulenglied. Somit wird bei einer Bewegung der Wirbelsäule die Rotation des Glieds auf das Kopfempty vererbt. Der Kopf bleibt so einzeln animierbar und folgt trotzdem den Bewegungen des Körpers.

## Skelettdefinition

Um jetzt aus der IKA-Kette ein Skelett zu erstellen, welches die umliegende Geometrie verformt, selektieren Sie alle Skelettteile, die eine Verformung verursachen sollen. Dies kann entweder mit A oder der erweiterten Selektion erfolgen.

Halten Sie jetzt die Shift-Taste gedrückt und wählen eines der IKAs so oft mit der rechten Maustaste an, bis es hellviolett dargestellt wird, also das aktive Objekt ist. Jetzt kann das IKA mit Strg-K und positiver Beantwortung der Sicherheitsabfrage OK? – Make Skeleton zu einem Skelett gemacht werden. Führen Sie diese Schritte, ohne die Skelettteile zu deselektieren, auch mit den anderen IKAs aus.

Schalten Sie jetzt den Layer mit der Flasche darauf hinzu und selektieren die Flasche. Mit gehaltener Shift-Taste selektieren Sie das Wirbelsäulen-IKA und weisen es mit Strg-P als Parent zu. Aus dem erscheinenden Pop-up wählen Sie Use Skeleton mit der linken Maustaste. Bitte speichern Sie die Szene jetzt, falls bei Ihren Experimenten mit dem Skelett etwas schief geht, denn jetzt verformt eine Bewegung der Emptys und IKAs die Flasche!

Experimentieren Sie ein wenig mit den Möglichkeiten des Skeletts, vor allem damit Sie ein Gefühl für die Bewegungsräume, aber auch die Beschränkungen des (sicher nicht perfekten) Skeletts bekommen. Probieren Sie neben der Bewegung mit G von Skelettteilen auch einmal Drehungen R und Skalierungen S aus. Um die Wir-

belsäule zu bewegen, muss das IKA selbst selektiert werden. Eine
einfache Verbeugung bekommt man am besten in der Seitenansicht
durch Bewegen des IKAs hin.

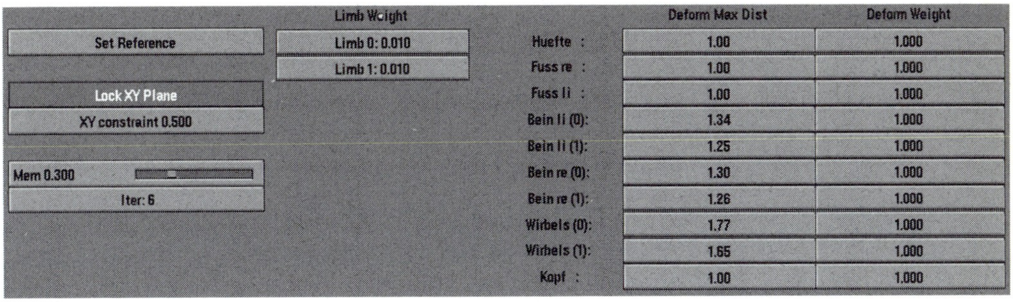

| Limb Weight | | | Deform Max Dist | Deform Weight |
|---|---|---|---|---|
| Set Reference | Limb 0: 0.010 | Huefte : | 1.00 | 1.000 |
| | Limb 1: 0.010 | Fuss re : | 1.00 | 1.000 |
| Lock XY Plane | | Fuss li : | 1.00 | 1.000 |
| XY constraint 0.500 | | Bein li (0): | 1.34 | 1.000 |
| | | Bein li (1): | 1.25 | 1.000 |
| Mem 0.300 | | Bein re (0): | 1.30 | 1.000 |
| Iter: 6 | | Bein re (1): | 1.26 | 1.000 |
| | | Wirbels (0): | 1.77 | 1.000 |
| | | Wirbels (1): | 1.65 | 1.000 |
| | | Kopf : | 1.00 | 1.000 |

In den **EditButtons** F9 erscheinen jetzt bei einem selektierten
IKA aus dem Skelett die für Skelette erweiterten Parameter, wie in
Abbildung 8-20 gezeigt. Hier sind auf der linken Seite die Parameter
der IKAs einstellbar, wie schon in Abschnitt 8.6 beschrieben.

**Abbildung 8-20**
Parameter des Skeletts in
den EditButtons

Neu sind die Einstellmöglichkeiten für die einzelnen Skelettteile.
Neben den angezeigten Namen kann für jedes Skelettteil, also Emptys
und IKAs, die Deform Max Dist und Deform Weight eingestellt werden.

Mit Deform Max Dist kann bezogen auf die Objektgröße (1.0) der
Einflussbereich des Skelettteils auf die Geometrie bestimt werden.
Mit Deform Weight wird die Gewichtung (Weight) der Verformung
bezogen auf die anderen Skelettteile eingestellt.

Für das Kopfempty kann so eine Deform Weight von ca. 5.0 und
eine Deform Max Dist von 2.0 eingestellt werden, damit die Bewegungen des Kopfemptys nicht nur den Verschluss der Flasche verformen,
sondern auch den »Hals« etwas bewegen. Diese Parameter sind allerdings von der Größe der Skelettteile abhängig, sodass Sie sie eventuell
an Ihre Szene anpassen müssen.

## Animation des Skeletts

Eine Animation der Skelettteile kann jetzt mit den üblichen Methoden der Keyframe und Pfadanimation erfolgen. Wird ein IKA als
solches bewegt, so muss in dem Pop-up, welches nach Einfügen eines
Keys mit I erscheint, Effektor ausgewählt werden.

Die Empties können ganz normal über Position (Loc), Drehung
(Rot) und Skalierung (Size) animiert werden.

Für eine Verbeugung selektieren Sie das Wirbelsäulen-IKA und
fügen in Bild 1 einen Key mit I→Effektor hinzu. Schalten Sie jetzt
einige Bilder weiter (je nachdem wie schnell die Verbeugung sein soll),

**Abbildung 8-21**
Einige Bilder aus der
Animation

bewegen die Wirbelsäule in der Seitenansicht mit $\boxed{G}$ in eine Verbeugung und fügen einen weiteren Key ein. Schalten Sie wiederum einige Bilder weiter, richten die Wirbelsäule wieder auf und fügen den dritten Key ein. Gehen Sie zu Bild »1« und spielen die Animation mit $\boxed{\text{Alt}}$-$\boxed{\text{A}}$ ab, die Flasche verbeugt sich.

Wenn Sie mehrere Bilder auf einen Schlag weiterschalten (mit den Cursortasten $\boxed{\uparrow}$, $\boxed{\downarrow}$ oder dem Frameslider), stimmt die von Blender berechnete Stellung der Flasche in Bezug auf das Skelett eventuell nicht, schalten Sie in einem solchen Fall einfach mit Cursor $\boxed{\rightarrow}$ und $\boxed{\leftarrow}$ ein paar Mal ein Bild hin und her.

Einige Bilder aus einer Animation mit der Flasche sehen Sie in Abbildung 8-21. Die Animation und die Szene selbst befindet sich natürlich auch auf der CD zum Buch.

## 8.8   Wir werden kleinlich: Partikel

Das Partikelsystem von Blender ist sehr flexibel und mächtig. Als Partikel dienen Halos oder mittels Dupliverts (siehe auch 5.16) instanzierte Objekte oder Metaballs. Als Partikelemitter kann jedes Mesh, also Polygonobjekt, dienen.

*Partikelemitter*

Partikel können von einer globalen Kraft (Gravitation bzw. Wind oder Strömung) sowie von Lattices beeinflusst werden. Mit diesen Möglichkeiten bietet das Partikelsystem genügend Spielraum um Rauch, Dampf, Feuer, Explosionen, Wasserfontänen, Feuerwerk oder gar eine Schule von Fischen zu erzeugen.

Erstellen Sie in Ihrer Grundszene eine Fläche mit Add→Mesh→ Plane in der Draufsicht, die in diesem Beispiel als Ausgangspunkt für die Partikel (Emitter) dienen wird. Platzieren Sie die Fläche gut sichtbar knapp oberhalb des Szenenbodens und skalieren Sie sie etwas herunter. Jeder Eckpunkt (also jedes Vertex) wird als Emitter dienen, prinzipiell würde also auch ein Objekt mit einem Vertex ausreichen, allerdings bietet ein Objekt mit einer Fläche den Vorteil, dass die Ausstoßrichtung der Partikel über die Ausrichtung der Fläche gesteuert werden kann.

Verlassen Sie den EditMode und wählen Sie die **AnimButtons** F7 an, in denen der Partikeleffekt vergeben wird. Drücken Sie hier nun den Knopf NEW Effect und wählen aus dem dann erscheinenden Menubutton den Effekttyp Particles aus, woraufhin eine große Menge Knöpfe und Einstellmöglichkeiten (Abbildung 8-22) erscheinen. Aber keine Angst, wir werden in vier Schritten eine erste Partikelanimation erzeugen!

AnimButtons

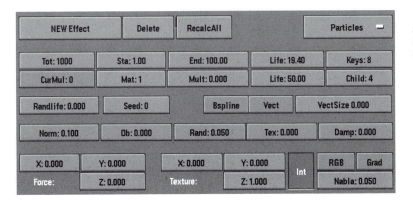

**Abbildung 8-22**
Einstellungen für Partikeleffekte

1.  Erhöhen Sie den Wert Norm: auf 0.100, indem Sie rechts in den Knopf klicken.

2.  Spielen Sie die Animation in einer 3D-Ansicht (vorzugsweise die Kameraansicht) mit Alt-A ab, ein Partikelstrahl bewegt sich gerade weg von der Emitterfläche.

3.  Die Partikel haben eine definierte Lebensdauer, die Sie mit dem oberen(!) Parameter Life: einstellen. Verringern Sie die Lebenszeit der Partikel so, dass der komplette Partikelstrom in der Kameraansicht sichtbar ist. Zur Kontrolle der Einstellung sollten Sie auf Bild 50 schalten, dort ist dann eine interaktive Einstellung der Lebenszeit möglich.

4.  Erhöhen Sie den Wert Rand: auf 0.050, die Partikel wirbeln zufällig durcheinander.

Mit diesen Einstellungen haben wir nun eine Partikelanimation erzeugt, die schon etwas an austretenden Dampf oder Ähnliches erinnert. Wenn Sie aber ein Bild oder die Animation rendern lassen, so ist in den gerenderten Bildern noch nichts zu erkennen, die Partikel benötigen noch eine Materialzuweisung.

**MaterialButtons**

Selektieren Sie die Emitterfläche und wechseln in die **Material-Buttons** [F5], dort erstellen Sie mit dem MenuButton und Auswahl von ADD NEW ein neues Material. Für Partikel wird automatisch die Option Halo benutzt, auch wenn die Option nicht in den **Material-Buttons** aktiviert ist. Wenn Sie ein weitere Testberechnung von z.B. Bild 50 machen, so sehen Sie eine homogene leuchtende Masse, wo sich die Partikel befinden sollten. In der Grundeinstellung sind die Halos einfach zu groß um bei dieser Szenenskalierung einzeln sichtbar zu sein.

**Abbildung 8-23**
Das Partikelmaterial

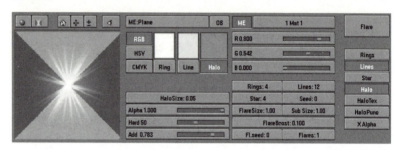

Wählen Sie in den MaterialButtons für die Emitterfläche den Knopf Halo an, es erscheinen die Einstellungen für ein Halomaterial (Abbildung 8-23). Die Einstellung Halosize: bestimmt die Größe der Halopartikel, die Sie für Ihre Szene passend verkleinern sollten (z.B. auf 0.100).

Die Partikel können auch mit Linien oder Ringen versehen werden um z.B. Funken zu erzeugen, wie sie z.B. bei einer Schleifscheibe entstehen. Die weiteren Parameter sind in Abschnitt 6.6 erklärt. Berechnen Sie einmal eine kleine Animation mit verschiedenen Parametern für die Partikel und die Halos, um ein Gefühl für die Parameter zu bekommen.

### 8.8.1  Erklärung der Grundparameter

Das Partikelsystem von Blender bietet eine Reihe von Einstellmöglichkeiten, deren wichtigste hier kurz erläutert werden. Die weiteren Möglickeiten und spezielle Effekte werden in nachfolgenden Tutorials beschrieben und vertieft. Blenders Partikelsysteme sind schnell genug berechnet, um mit einigen Testrenderings ein Gefühl für die einzelnen Parameter zu erhalten. Die gute Echtzeitdarstellung der Partikel in den 3D-Windows sorgt auch ohne ein Rendering für eine schnelle Vorschau der Partikelbewegung.

❏ Tot: bestimmt die totale Anzahl von sichtbaren Partikeln für diesen Effekt. Es können pro Emitter 100.000 Partikel definiert werden. Sollten mehr nötig sein, so muss ein zweiter Emitter benutzt werden.

❏ **Sta:** und **End:** bestimmen den Start und das Ende der Partike-
lerzeugung innerhalb der Animation.

❏ **Life:** definiert die Lebenszeit der einzelnen Partikel in Bildern,
an der Animation gemessen.

❏ Der Parameter **Norm:** bestimmt die Geschwindigkeit der Partikel bei der Erzeugung. Die Richtung der Emission wird durch
die Flächennormale (siehe Glossar) des Partikelemitters bestimmt. Dies funktioniert natürlich nur bei Objekten mit Flächen. Versuchen Sie einmal eine Kugel als Emitter zu benutzen,
die Partikel werden in alle Richtungen vom Mittelpunkt der Kugel aus emittiert. Negative Werte ergeben eine Beschleunigung
entgegen der Normalenrichtung.

❏ **Ob:** bestimmt, inwieweit die Anfangsgeschwindigkeit der Partikel durch die Bewegung des Emitters beeinflusst wird.

❏ Der Wert **Rand:** sorgt für eine mehr oder weniger zufällige Bewegungsrichtung der Partikel. Bei einem Wert von Null besitzen
alle Partikel die gleiche Bewegungsrichtung, ein Wert von Zwei
sorgt für total zufällige Richtungen.

❏ Die Parameter **X,Y,Z** für **Force:** bestimmen eine kontinuierliche Kraft, die auf die Partikel wirkt. Ein negativer Z-Wert
simuliert z.B. Gravitation, ein positiver Wert sorgt dafür, dass
Rauchschwaden aufsteigen. Werte für **X** und **Y** sorgen für Wind.

❏ Der Knopf **RecalcAll** sorgt für eine Neuberechnung der Partikelpositionen, dies kann insbesondere nötig werden, wenn ein
Objekt gerade animiert wurde und die Partikel im 3D-Window
nicht mehr korrekt angezeigt werden. Ein Rendering wird aber
immer korrekt ausgeführt.

## 8.8.2 Pfadfinderehrenwort: Lagerfeuer

Ein Lagerfeuer ist ein beliebtes Objekt um ein Partikelsystem zu
testen. Die Flammen eines Feuers werden durch die heißen Verbren-
nungsgase des Holzes gebildet. Heiße Gase steigen durch ihre geringere Dichte auf, die Flammen sind in der Mitte heiß und werden
nach außen hin kühler, somit sind Flammen in der Mitte gelb-weiß
und nach außen hin roter. Die Flammen verlöschen auf ihrem Weg
nach oben mangels Brennmaterial. Diese recht physikalischen Überlegungen helfen, ein entsprechendes Partikelsystem zu kreieren und
schaffen folgende Rahmenbedingungen:

❏ Die Gravitation (Kraft in Z-Richtung) muss positiv sein, d.h.
für einen Auftrieb der Partikel sorgen.

**Abbildung 8-24**
Lagerfeuer mit
Partikelsystem erstellt

**Abbildung 8-24**
Lagerfeuer mit
Partikelsystem erstellt

❏ Die Partikel haben anfangs keine Geschwindigkeit und werden durch die nach oben wirkende Kraft beschleunigt.

❏ Das Material sollte einen gelb-roten Farbverlauf von innen nach außen haben.

❏ Die Partikel müssen in ihrer Lebenszeit blasser und kleiner werden.

❏ Die Aufstiegsgeschwindigkeit verringert sich am Ende der Lebenszeit der Partikel.

Ambiente für das Lagerfeuer

Als Erstes sollten Sie eine Umgebung für das Feuer erstellen, also eine weite Bodenfläche, die Weltparameter sollten für stimmungsvollen Sternenhimmel sorgen, eine Lampe für fahles gelbliches Mondlicht. Das Lagerfeuer wird klassisch von einem Steinkreis eingerahmt (für einen Stein z.B. eine Icosphere mit Fract Subd in den EditButtons verformen), genährt wird das Feuer von Holzbalken, die im Zentrum des Steinkreises aufgeschichtet sind. Den vom Feuer ausgehenden Lichtschein erzeugen einige schwache rot oder gelb gefärbte Lampen im Zentrum des Feuers. Mit Sphere und der Einstellung von Dist: sollten die Lampen so eingestellt werden, dass nicht die ganze Szene Licht von ihnen empfängt. Als Grundlage kann auch die fertige Szene Feuer01.blend verwendet werden.

Erstellen Sie in der Mitte des Lagerfeuers in der Draufsicht eine Fläche mit Add→Mesh→Plane und unterteilen Sie die Fläche durch einmaliges Anwählen von Subdivide in den **EditButtons** F9, dazu müssen Sie sich im EditMode befinden und alle Vertices ausgewählt (gelb) sein. Diese Fläche soll der Emitter für die Partikel werden. Die einzelnen Vertices können nun noch an Stellen am Holz geschoben werden, an denen bevorzugt die Flammen entstehen sollen. Die Fläche sollte komplett in den Steinkreis passen.

Verlassen Sie den EditMode mit Tab und wechseln Sie bei weiterhin selektierter Fläche in die **AnimButtons** F7. Dort erstellen Sie mit NEW Effect einen neuen Effekt und ändern mit dem MenuButton den Typ des Effekts von Build auf Particles. Es erscheinen die Einstellmöglichkeiten für den Partikeleffekt wie in Abbildung 8-25. Anhand unser anfänglichen Überlegungen passen wir nun die Parameter an. Diese Einstellungen sollten für die Szene von der CD einen guten Effekt ergeben, ist Ihre Szene in der Skalierung stark unterschiedlich, so sind eventuell Anpassungen nötig.

AnimButtons

❏ Das Feuer soll schon zu Anfang der Animation brennen, stellen Sie Sta: auf einen negativen Wert, z.B. -20, End: sollte auf die gewünschte Animationslänge eingestellt werden, damit das Feuer nicht plötzlich erlischt.

❏ Die Lebenszeit der Partikel Life: kann anfangs auf 50.0 bleiben, mit diesem Parameter können Sie nach der Materialvergabe die Höhe der Flammen durch einige Testberechnungen genau einstellen.

❏ Norm: sollte auf einem Wert von 0.000 bleiben oder sogar etwas negativ sein (-0.008), dies ergibt einen Feuer, welches unten etwas »bauchig« ist.

❏ Bei Force: sollte ein positiver Wert für Z: von etwa 0.220 eingestellt werden, der für den gewünschten Auftrieb sorgt.

❏ Damit die Flammen, wenn sie weiter oben kälter werden, langsamer aufsteigen, wird Damp: auf ca. 0.100 gesetzt. Dies sorgt für eine Abbremsung der Partikel durch eine Art Reibung (Luftwiderstand o.Ä.).

❏ Bpline schaltet eine splinebasierte Interpolation der Partikelbewegungen ein, was weiche fließende Bewegungsabläufe erzeugt.

❏ Für etwas zufällige Bewegungen sorgen Sie mit der Einstellung Rand: auf ca. 0.015.

❏ Die Anzahl der Partikel sollten Sie mit Tot: auf ca. 130-150 setzen, wir werden große Partikel benutzen und mit Texturen arbeiten.

**Abbildung 8-25**
Parameter für den
Partikeleffekt des
Lagerfeuers

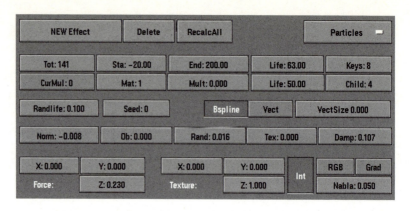

**Abbildung 8-25**
Parameter für den
Partikeleffekt des
Lagerfeuers

Bis jetzt können Sie die Animation nur in den 3D-Windows von
Blender überprüfen, da ein Material fehlt, welches gerade bei Feuer
und Rauch eine wesentliche Rolle spielt. Selektieren Sie den Parti-
**Partikelmaterial**  kelemitter und wechseln in die **MaterialButtons** [F5], wo Sie mit dem
MenuButton und **ADD NEW** ein neues Material für die Partikel erzeu-
gen. Benennen Sie das Material der besseren Übersicht wegen durch
einen Klick auf den automatisch generierten Namen in »Feuer« um.

❏ Stellen Sie ein leuchtendes Rot als Materialfarbe ein und aktivieren Sie den Knopf **Halo**, woraufhin die Parameter für ein
Halomaterial erscheinen. Bei einer Testberechnung ist jetzt das
erste Mal etwas von den Partikeln zu sehen, sie bilden eine Art
kreisrundes rotes Glühen, das nach oben ausläuft. Wird eine
kleine Animation berechnet, so ist schon erkennbar, ob sich die
zukünftigen Flammen mit der richtigen Geschwindigkeit bewegen.

❏ Stellen Sie die Größe der Halos mit **HaloSize:** auf 0.50 ein, die
Flammen sind nun zusammenhängender.

❏ Durch die Einstellung von **Hard:** auf ca. 43 und **Add** auf 0.7 wird
der Flammeneffekt noch weiter verstärkt. Allerdings wirkt das
Ganze jetzt wie eine einzige große Flamme, eher als Kerzen-
flamme geeignet.

**TextureButtons**  ❏ Wechseln Sie bei selektiertem Emitter in die **TextureButtons** [F6]
und erstellen eine neue Textur. Als Texturtyp wählen Sie hier
bitte **Clouds**.

❏ Die Einstellungen **NoiseSize:** sollten Sie auf 0.900 stellen, damit
die Flammen auch einzeln sichtbar werden, **NoiseDepth:** sollte
auf 3 gestellt werden um fein strukturierte Flammen zu erzeugen. Den Kontrast **Contr** der Textur erhöhen Sie auf ca. 1.500.

❏ Wechseln Sie nun zurück in die **MaterialButtons** F5 und aktivieren die Option **HaloTex**. Das Halo hat nun eine violette Farbe, ein Testrendering ergibt eine violettrote Flamme. Dies beheben Sie, indem die Farbe für die Textur mit den RGB-Reglern für die Textur (rechts in den MaterialButtons) auf ein leuchtendes Gelb gestellt wird. Eine Testberechnung mit F12 ergibt nun schon eine gelb-rot gemaserte Flamme.

❏ Um die Flammen länglicher zu machen stellen Sie in die Regler für die Texturgröße **SizeX**: auf 1.6 und **SizeY**: auf 0.4 ein.

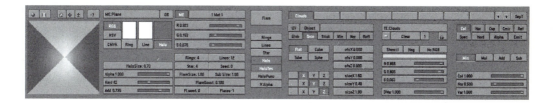

Den letzten Punkt auf der anfangs aufgestellten Liste, das Verblassen der Flammen, gilt es nun noch zu verwirklichen. Stellen Sie zu diesem Zweck den FrameSlider auf Bild 1 und drücken mit der Maus über den MaterialButtons für das Feuermaterial die Taste I, um einen Keyframe für eine Materialanimation einzufügen, und wählen Sie hier **HaSize** aus.

Schalten Sie ein 3D-Window auf ein IPO-Window um. Nachdem Sie hier die Material-IPOs angewählt haben (Kugel-Icon), erscheint eine grüne Linie im IPO-Window. Schieben Sie nun den FrameSlider auf Bild 100, ändern in den MaterialButtons den Wert **HaloSize**: auf 0.0 und fügen durch Drücken von I und Auswählen von **HaSize** einen weiteren Key für die Größe des Halos ein. Die grüne Linie im IPO-Window wird zu einer geschwungenen Bezierkurve (Abbildung 8-27), die den Verlauf der Halogröße visualisiert.

Die Bilder 1–100 beziehen sich bei Materialanimationen für Partikelsysteme immer auf die gesamte Lebenszeit der Partikel, egal wie lang diese Lebenszeit nun tatsächlich ist.

Mit dieser IPO-Kurve wird die Größe des Halos während der Lebenszeit verringert, bis das Halo am Ende des Partikellebens auf Null ist. Die Kurven können dabei wie normale Bezierkurven geändert werden um z.B. am Ende ein starkes Abfallen der Kurve zu erzielen.

Für den Alphawert der Halos, also die Deckungskraft, fügen Sie analog zwei Keys ein. Dabei ist es nicht nötig, wieder bei Bild 1 anzufangen, wenn Sie sich in der Animation noch auf Bild 100 befinden. Stellen Sie in den MaterialButtons den **Alpha**-Wert auf Null,

**Abbildung 8-26**
Einstellungen für das Feuermaterial

IPO-Window

**Abbildung 8-27**
IPOs für HaloSize und
Alpha des Feuermaterials

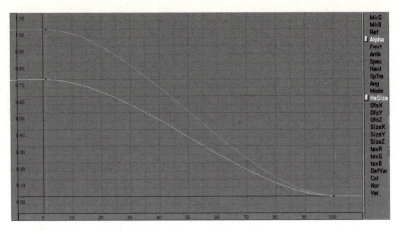

drücken $\boxed{I}$ und wählen aus dem Pop-up-Menü **Alpha**. Es erscheint eine blaue Linie im IPO-Window. Mit $\boxed{\text{Shift}}$-$\boxed{\leftarrow}$ wechseln Sie nun zu Bild 1, schieben hier den Alphawert wieder auf 1.0 und erzeugen mit $\boxed{I}$ einen weiteren Key.

Als Verfeinerungen dieser Animation können Sie noch die Helligkeiten der Lichter im Zentrum des Feuers per IPO-Kurve variieren um ein Flackern zu erzeugen. Ein besonders guter Effekt ergibt sich aus der Verwendung von drei bis vier Spots als Lampentyp, die noch wechselnde Schatten auf den Boden projizieren, indem sie leicht in ihrer Position animiert werden.

### 8.8.3   Keine Umweltverschmutzung: Rauch

Auch Rauch ist im Prinzip nichts anderes als ein aufsteigendes Gas. Wenn man einen Industriekamin mit einem Partikelsystem versehen möchte, welches Rauch simuliert, ist nur daran zu denken, dass durch den Kamineffekt im Allgemeinen der Rauch schnell aus dem Kamin austritt (**Norm**: hochsetzen) und dann beim Abkühlen schnell langsamer wird (**Damp:**). Herrschender Wind kann mit den **X**- und **Y**-Komponenten von **Force:** simuliert werden.

*Texturen mit Alphakanal*    Anstelle von vielen Partikeln sollten Sie eine Textur mit Alphakanal (Transparenzinformation) benutzen, die in einem Grafikprogramm (GIMP, Photoshop etc.) mit dem Pinsel oder Sprühwerkzeug erstellt werden kann. Auch die prozedurale Wolkentextur (»clouds«) von Blender sorgt für gute Effekte, abhängig davon, welche Art von Rauch oder Dampf dargestellt werden soll.

Laden Sie die Szene `Kamin01.blend` oder modellieren Sie selbst einen Industrieschornstein. Eine Mauersteintextur inklusive der passenden Bumpmap befindet sich im Texturverzeichnis `tex` der CD.

Erzeugen Sie in der Kaminöffnung eine Fläche als Partikelemitter, verlassen den EditMode und fügen in den **AnimButtons** F7 einen neuen Partikeleffekt hinzu.

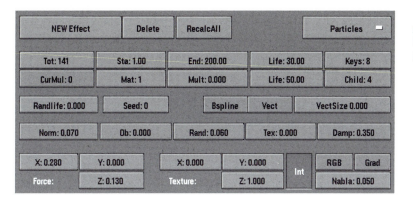

**Abbildung 8-28**
Parameter für die
Rauchpartikel

In Abbildung 8-28 sind einige sinnvolle Vorschläge für die Parameter der Rauchpartikel dargestellt, bitte experimentieren Sie auch selbst mit den Einstellungen, um den Rauch zu erhalten, der für Ihre Animation am besten aussieht. Nicht zuletzt ist natürlich die Art des simulierten Rauchs wichtig für eine Glaubwürdigkeit, Zigarrettenrauch muss anders aussehen als dicker Rauch aus einem brennenden Auto, auch der Wunsch eines Kunden muss natürlich berücksichtigt werden. So musste ich einmal die Abgase einer visualisierten Industrieanlage so weit modifizieren, dass nur noch kleine weiße Wölkchen den Kamin verließen.

Sinnvolle Parameter

**Abbildung 8-29**
Ein Bild aus der
Kaminanimation

Das Material für die Rauchpartikel spielt eine weitere entscheidende Rolle. Wie oben erwähnt sollten nicht zu viele Partikel verwendet und stattdessen große HaloSize:-Werte von ca. 0.50 eingestellt werden. Die Größe der Halos kann noch zu Beginn der Lebenszeit der Partikel von 0 auf den Endwert innerhalb einiger Bilder animiert werden um die Expansion des Rauchs an der Kaminöffnung zu simulieren. In der Lebenszeit der Partikel sollten sie den Alpha-Wert animieren, um den Rauch langsam verschwinden zu lassen.

### 8.8.4   Frohes Neues: Feuerwerk

Das Charakteristische an einem Feuerwerk ist die Aufteilung der Partikel. So sieht man zuerst den Feuerstrahl der Rakete und dann werden bei der Explosion die Leuchtsterne ausgeworfen, die sich eventuell noch weiter aufteilen oder ihre Farbe während ihrer Brenndauer ändern. Genau dieser Effekt ist mit dem Partikelparameter CurMul: (current multiplication, aktuelle Vervielfältigung) möglich, ein Partikel teilt sich zum Ende seiner Lebenszeit in bis zu 600 neue Partikel auf, die wiederum am Ende Ihrer Lebenszeit aufgeteilt werden können, insgesamt sind drei neue Partikelgenerationen möglich, die über Multimaterialien (siehe Abschnitt 6.5) jeweils ein anderes Material haben können.

*Grundszene*    Erstellen Sie sich zuerst eine Ausgangsszene, mit schwarzem Himmel und Sternen, damit das Feuerwerk auch gut wirkt. Eine Stadtsilouette aus einfachen Grundobjekten verfeinert die Szene zusätzlich. Als Textur für die Stadt kommt eine Imagemap mit zufällig verteilten gelben Rechtecken, die die Fenster darstellen, zum Einsatz. Alternativ können Sie auch die Szene `Partikel/Feuerwerk00.blend` von der CD verwenden.

*Die Abschussrampe*    Erstellen Sie in einer Ansicht von oben PAD-7 eine Fläche als Partikelemitter, den wir »Abschussrampe« nennen wollen. Diese Abschussrampe sollte natürlich etwa auf Bodenhöhe liegen. Damit die Raketen nicht schnurgerade in den Himmel steigen, rotieren Sie den Emitter in der Vorderansicht um ca. 10°.

Wechseln Sie bei weiterhin aktiviertem Emitter in die AnimButtons F7 und fügen einen neuen Partikeleffekt hinzu. Schalten Sie die Animation etwa 50 Bilder vor, damit die Vorschau ein Bild zeigt, in dem schon genug Partikel zu sehen sind. Die Parameter des Partikelsystems entnehmen Sie bitte aus Abbildung 8-30, die einzelnen Werte werden hier kurz erläutert, stellen Sie die Parameter bitte auch in dieser Reihenfolge ein:

**Tot:**          Gesamtzahl der Partikel, inklusive der aufgeteilten am Ende der Lebenszeit der Grundpartikel.

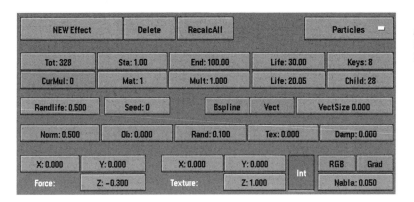

Abbildung 8-30
Parameter für die
Feuerwerkspartikel

**Norm:** Bestimmt, wie stark die Partikel von dem Emitter aus »abgeschossen« (beschleunigt) werden. Da sie hoch in den Himmel steigen sollen, ist hier ein (im Gegensatz zu anderen Partikelsystemen) hoher Wert von Nöten.

**Life:** Bestimmt hier, wie hoch die Partikel aufsteigen, bis die Vervielfältigung (Explosion der Rakete, um bei unserem Beispiel zu bleiben) einsetzt.

**Force: Z** Definition einer Gravitation, die die Partikel wieder zur Erde fallen lässt

**Mult:** Faktor, der angibt, wie viele Partikel sich am Ende ihrer Lebenszeit aufteilen, hier 1.0, damit jede »Rakete« explodiert. Ein Wert von 0.5 würde 50% Blindgänger erzeugen.

**Child:** Anzahl der »Kinder«, in die sich jedes »Eltern«-Partikel aufteilt

**Life:** Dieser Parameter in der dritten Zeile (in gleicher Zeile wie der grüne Knopf CurMul:) gibt an, wie lange die neue Generation von Partikeln existiert.

**Rand:** Bisher sehen Sie noch keine neuen Partikel bei einer Animationsvorschau (Alt)-(A), da alle neuen Partikel die gleiche Flugbahn haben. Ein Wert von 0.1 oder höher als Rand: schafft hier Abhilfe, Sie sollten nun bei einer Animationsvorschau einen Feuerwerkseffekt sehen.

Ohne Material werden die Partikel allerdings noch nicht gerendert. Selektieren Sie den Partikelemitter und wechseln in die **MaterialButtons** (F5), wo sie mit dem MenuButton ein neues Material erzeugen. Aktivieren Sie den Knopf Halo für das Material um ein Halomaterial zu erzeugen.

**Abbildung 8-31**
Parameter für das
Feuerwerksmaterial

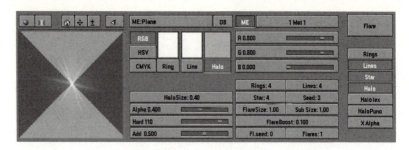

Einen Überblick der Parameter gibt folgende Aufstellung:

**RGB:**      Definition der Halofarbe, die Farben für Ringe und Linien sind getrennt einstellbar.

**HaloSize:**      Die Größe des Halos, ist je nach der Skalierung Ihrer Szene einzustellen, in der Beispielszene funktioniert 0.4 gut.

**Alpha:**      Definiert die Durchsichtigkeit der Halos.

**Hard:**      Sorgt dafür, dass die Halos am Rand hin sanft auslaufen, also in die Umgebung übergeblendet werden.

**Add:**      Sich überlagernde Halos verstärken sich gegenseitig zu einem starken »Glühen«, senken von **Add** schwächt diesen Effekt ab (z.B. Rauch 0.0, Gasplasma 0.8).

**Lines:**      Halos haben vom Zentrum ausgehende Strahlen, was sie mehr wie Funken aussehen lässt.

**Star:**      Sternenform der Halos

In letzter Zeit kommen bei Feuerwerksvorführungen immer mehr Raketen zum Einsatz, deren Leuchtsterne erneut die Farbe ändern oder nochmals explodieren. Eine Farbveränderung kann leicht mit einer Materialanimation, wie in Abschnitt 8.8.2 beschrieben, erstellt werden. Die erneute Explosion der Partikel ist mit dem Parameter Cur-Mul: auch kein Problem.

Selektieren Sie den Partikelemitter und wechseln in die **Anim-Buttons** F7. Dort ändern Sie CurMul: auf einen Wert von 1, damit gelten die Einstellungen in den Knöpfen rechts daneben für die zweite Aufspaltung der Partikel, da Blender hier mit der Zählung bei Null beginnt. Die weiteren Parameter sind wie folgt anzupassen:

**Mat:**      Ist auf 2 einzustellen, die neue Partikelgeneration soll ein anderes Material haben.

**Mult:**     Wurde von mir auf 0.5 gesetzt, d.h., jedes zweite Partikel erzeugt eine neue Generation von Partikeln.

**Life:**     Lebenszeit der neuen Partikelgeneration, von mir auf 10 gesetzt.

**Child:**     In der Beispielszene auf 4, es entstehen vier neue Partikel aus einem alten.

**Tot:**     Auf 500 gestellt, damit mehr Raketen »starten«, denn neue Partikel werden erst erzeugt, wenn wieder genügend alte Partikel verschwunden sind, somit bleibt die Zahl der Partikel immer unter Tot:.

In der Animationsvorschau und bei einer Berechnung können Sie bisher nur erkennen, dass sich die Partikel weiter aufteilen, allerdings wurde nur das anfangs definierte Material benutzt, wir müssen im Folgenden ein Multimaterial für das Partikelsystem erstellen.

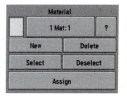

Die Definition des Multimaterials erfolgt prinzipiell genau so wie in Abschnitt 6.5 beschrieben, schlagen Sie bitte dort nach, wenn die Erklärung hier zu knapp ist.

Selektieren Sie den Emitter und wechseln in die **EditButtons** F9, erzeugen Sie hier einen neuen Materialindex, indem Sie New bei den Materialindices anwählen. In dem Knopf unter dem Materialnamen (im Beispiel »Feuerwerk«) erscheint jetzt die Anzeige 2 Mat: 2.

Wechseln Sie nun in die **MaterialButtons** F5. Der Name des Materials wird jetzt in der Knopfleiste blau unterlegt angezeigt, mit einer »2« im Knopf neben dem Namen. Die blaue Farbe zeigt an, dass das Material mehrfach verwendet wird, die Zahl gibt die Anzahl der Verwendungen an. Mit einem Klick auf die Zahl »2« und positiver Beantwortung der Sicherheitsabfrage erstellen wir jetzt eine Kopie des Materials, welches automatisch **Feuerwerk.001** benannt wird. Jetzt können Sie die Farbe z.B. auf Violett ändern und eine Berechnung der Animation zeigt, dass sich die Partikel bei der zweiten Vervielfältigung des zweiten Materials bedienen.

### 8.8.5 Bewegter Emitter

Partikel erhalten die Geschwindigkeits- und Rotationskomponenten des ihnen übergeordneten Objekts. Dabei bestimmt der Parameter Ob:, wie stark die Bewegung des Emitters die Partikel beeinflusst.

Die Wirkung dieses Parameters kann beobachtet werden, wenn Sie in einer Draufsicht eine Fläche erzeugen und diese per Keyframeanimation rotieren lassen. Wir diese Fläche nun zu einem Emitter für Partikel gemacht, so bestimmt Ob:, wie stark die Partikel durch die Rotation nach außen geschleudert werden. Zusammen mit einem kleinen Wert für **Norm:** entsteht so eine Art Rasensprenger.

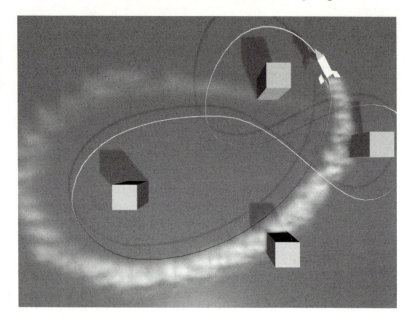

**Abbildung 8-32**
Erzeugung eines
Kondensstreifens, der Pfad
der Rakete ist zur
Verdeutlichung dargestellt

Kondensstreifen

Eine weitere oft genutzte Möglichkeit von bewegten Emittern ist die Erzeugung von Kondensstreifen o.Ä. für Flugzeuge und Raketen. In Abschnitt 8.2.2 wurde ein Objekt (in meinen Beispielen eine Rakete) an einem Pfad entlang animiert. Laden Sie nun diese Szene oder die Szene `PartikelRakete00.blend`.

Emitter

Erstellen Sie eine Fläche am Ende der Rakete, die fortan als Emitter für die Partikel dienen soll. Diese Fläche wird zuerst viel zu groß und möglicherweise falsch ausgerichtet sein. Korrigieren Sie nach Verlassen des EditMode die Skalierung und Ausrichtung der Fläche, sodass sie sich am Ende der Rakete befindet. Selektieren Sie jetzt die Fläche, dann mit gedrückter Shift-Taste die Rakete und machen Sie die Rakte mit Strg-P zum übergeordneten Objekt des Emitters. Der Emitter folgt nun der Rakete, was durch ein Abspielen der Animation mit Alt-A in einem 3D-Window zu überprüfen ist.

Zuweisen des
Partikeleffekts

Selektieren Sie jetzt die Emitterfläche allein und weisen ihr in den **AnimButtons** einen Partikeleffekt zu. In den 3D-Ansichten sollte augenblicklich eine Partikelspur auf dem Flugweg der Rakete entstehen. Die Parameter **Norm:**, **Ob:** und **Damp:** sind für diese Art von Effekt am wichtigsten. **Norm:** bestimmt die Ausstoßgeschwindigkeit der Partikel aus dem Emitter. Sollten Sie nach dem Erhöhen von **Norm:** merkwürdige Effekte bekommen, so zeigt die Emitterfläche wahrscheinlich in die falsche Richtung und die Partikel werden in Flugrichtung der Rakete geschleudert.

Da solch ein, aus Gas oder Dampf bestehender, Kondensstreifen sehr schnell an Geschwindigkeit verliert, sollte **Damp:** recht hoch eingestellt werden um diesen Effekt zu erzeugen. **Ob:** ist bei dieser Art der Bewegung der durch **Norm:** erzeugten Bewegung der Partikel entgegengesetzt, der Effekt zeigt sich insbesondere in den Kurven, die Partikel werden nach außen geschleudert, dieser Effekt wäre z.B. auch gut für Schmutzfontänen eines in Sand fahrenden Autos einzusetzen. Sollte die Bewegung der Partikel nicht korrekt erscheinen, so kann der Wert **Keys:** erhöht werden, was für eine genauere Berechnung der Partikelbewegungen sorgt.

*Geschwindigkeitsverlust*

### 8.8.6  Eine Massenbewegung: Fischschwarm

**Abbildung 8-33**
Mit einem Partikelsystem animierter Fischschwarm

Um einen großen Schwarm von gleichförmigen Objekten zu animieren ist eine Menge Handarbeit erforderlich, oft ist es aber nicht nötig die einzelnen Objekte sehr genau auszumodellieren, da der Schwarm z.B. weit entfernt im Hintergrund ist und nur die Szene beleben soll.

Mit den Partikelsystemen von Blender ist auch solch ein Schwarmeffekt zu realisieren, die Einschränkungen liegen darin, dass es nicht möglich ist, Überschneidungen der einzelnen Objekte zu vermeiden oder eine Eigenbewegung der Objekte zu animieren; alle Objekte sind nur ein Abbild eines Hauptobjekts.

*Keine Kollisionsbestimmung*

Da Partikel durch Lattices beeinflusst werden können, sind auch Kurven oder ein Aufteilen und Zusammenschließen des Schwarms möglich.

Laden Sie die Szene `Fischschwarm00.blend`, der Fisch wurde nach einem in die Szene geladenen Hintergrundbild mit Bezierkurven nachgezeichnet, die dann einfach in die Tiefe gezogen wurden (**Ext1:**). Diese extrem einfache Art der Objekterstellung funktioniert gut, wenn die Kamera das Objekt nicht zu nah zeigt oder der Fisch nicht zu sehr von vorne zu sehen ist. Das Bild des Fisches dient dann auch gleich als Farbtextur für den Fisch. Nebel und blaue Lampe in der Szene simulieren eine Unterwasseratmosphäre.

*Emitter*    Erzeugen Sie in der Seitenansicht eine Fläche, die Sie, ohne den EditMode zu verlassen, mit **Subdivide** in den **EditButtons** F9 zweimal unterteilen. Danach wählen Sie, im EditMode verbleibend, noch die Funktion **Hash** aus, was dafür sorgt, dass die Reihenfolge der Vertices zufällig berechnet wird. Da die Partikel an den Vertices entstehen, würde ohne **Hash** eine Art zeilenweise Erzeugung der Partikel stattfinden.

*Abbildung 8-34*
*Parameter der*
*Schwarmpartikel*

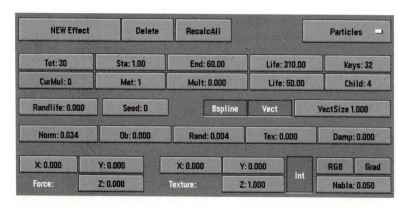

Verlassen Sie den EditMode des Emitters und erzeugen Sie in den **AnimButtons** F7 einen Partikeleffekt. Die Parameter stellen Sie wie in Abbildung 8-34 ein. Beachtenswert sind insbesondere folgende Parameter:

**Tot:**    Bestimmt die Anzahl der Fische, hier 30. Bei sehr vielen Partikeln wird es sicher zu Überschneidungen der Partikelobjekte kommen.

**End:**    Bestimmt, wann die Partikelemission endet. Je nachdem wie lange Partikel emittiert werden ist der Fischschwarm dicht oder weniger dicht.

**Life:** Ein hoher Wert sorgt dafür, dass die Fische nicht einfach verschwinden, wenn die Partikellebenszeit abgelaufen ist.

**Keys:** Ist auf den Maximalwert von 32 erhöht, damit sehr flüssige Bewegungen entstehen.

**Vect:** Sorgt dafür, dass Rotationen der Partikel an die Fische weitergegeben werden, somit richten sich die Fische der Bewegungsrichtung nach aus.

**Norm:** Klein gewählt, damit die Bewegung der Fische nicht zu schnell wird.

**Rand:** Geringer Wert, damit die Bewegungen nicht zu geordnet sind.

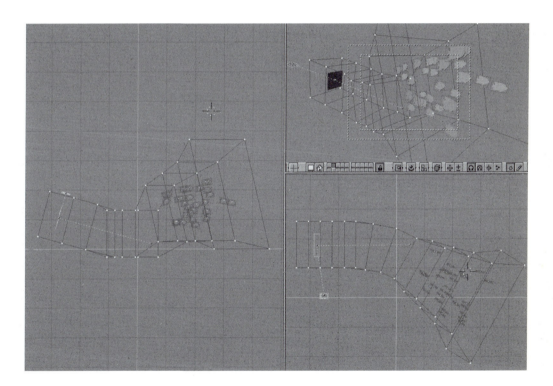

Platzieren Sie jetzt den Emitter so, dass sich der Partikelschwarm langsam durch das Bild bewegt.

Um nun dem Partikelsystem das Fischobjekt zuzuweisen, selektieren Sie den Fisch, dann mit der erweiterten Selektion den Partikelemitter und machen ihn mit Strg-P zum übergeordneten Objekt.

**Abbildung 8-35**
Lattice, das den
Fischschwarm steuert

Fischobjekt den Partikeln
zuweisen

Selektieren Sie jetzt den Emitter allein und wechseln in die **Anim-Buttons** F7. Wählen Sie jetzt links im Fenster den Knopf Dupliverts und prompt erscheinen an allen Partikelpositionen Ebenbilder des Fisches. Die Fische schwimmen jetzt eventuell auf der Seite; dies kann verhindert werden, indem Sie den Emitter drehen oder die Rotation des Ausgangsfischs mit Alt-R zurücksetzen. Der Originalfisch sollte noch aus dem Blickfeld der Kamera geschoben werden, da er weiterhin sichtbar ist und sich nicht mit dem Schwarm bewegt.

*Lattices beeinflussen Partikel*

Um den Fischschwarm zu steuern ist die Verwendung eines Lattice-Objekts angebracht, da ansonsten nur der **Force:**-Parameter für ein wenig Abwechslung sorgen könnte.

Erstellen Sie in der Ansicht von vorne ein Lattice und fügen in den **EditButtons** F9 weitere Segmente in U-Richtung ein, indem Sie den Knopf U: wiederholt anklicken, bis das Lattice die gewünschte Länge hat. Skalieren Sie das Lattice so weit, bis es den Fischschwarm wie eine Röhre umschließen kann, und platzieren Sie das linke Ende des Lattice über dem Partikelemitter. Selektieren Sie jetzt den Emitter, erweitern die Selektion um das Lattice und machen es mit Strg-P zum übergeordneten Objekt.

Jetzt kann der Fischschwarm durch eine Deformation des Lattice gesteuert werden. Werden Teile des Lattice im EditMode vergrößert, so weitet sich der Schwarm beim Durchqueren dieser Stelle und umgekehrt. Kurven können durch die Rotation einzelner Latticesegmente erzielt werden.

## 8.9   Kleine Helferlein: Python-Skripte

In diesem Kapitel werde ich einige Anwendungsmöglichkeiten der in Blender (seit Version 1.68) eingebetteten Programmiersprache »Python« beschreiben. Dieses Kapitel kann natürlich keinen Python-lehrgang enthalten, da diese Sprache komplex, aber dennoch leicht zu erlernen ist.

*Python ist mächtig, aber leicht zu erlernen*

Für weitere Informationen zu Python ist http://www.python.org/ die offizielle englischsprachige Anlaufstelle. Hier befinden sich viele Tutorials und die komplette Dokumentation zu Python. Ich habe neben dieser Informationsquelle das Buch »Mit Python programmieren« [8] verwendet.

Im Anhang D befindet sich eine Kurzdokumentation, die die aktuell verfügbaren Pythonfunktionen des Blendermoduls auflistet. Erzeugt wurde diese Übersicht mit einem Pythonskript, welches die Dokumentationstexte des Blendermoduls abgefragt hat und diese als HTML-Seite ausgibt. Anschließend habe ich dann die Texte aus dem Englischen ins Deutsche übersetzt. Die Blenderszene Py-

`thon/docstrings.blend`, um solch eine HTML-Kurzdokumentation zu erzeugen, befindet sich auf der CD zum Buch.

Python ist eine portable, interpretative, objektorientierte Skriptsprache. Entwickelt wurde Python von Guido van Rossum, der die weitere Entwicklung von Python immer noch maßgeblich steuert. Python und alle Standardbibliotheken sind auf allen Plattformen frei als ausführbare Programme und im Quelltext verfügbar.

Python fügt sich in Blender aufgrund der Objektorientiertheit beider Systeme gut ein. Darüber hinaus ist Python für alle Plattformen, die von Blender unterstützt werden, erhältlich. Aufgrund der rasanten Entwicklung von Blender (Version 1.70 zum Entstehungszeitpunkt des Buches) wird auch die Integration von Python in Blender weiter fortschreiten. Mit Version 1.68 waren nur Manipulationen auf IPO-Ebene mit Python möglich, mit der Version 1.69 kamen Manipulationsmöglichkeiten auf Vertexebene hinzu, mit denen nun auch Objekte erstellt und per Python verändert werden können. Diese Entwicklung wird noch weiter fortschreiten, aktuelle Entwicklungen sind unter [9] dokumentiert.

*Python und Blender sind objektorientiert*

Im Moment ist Python nur im »Complete Blender« verfügbar.

### 8.9.1  Ein erstes, einfaches Skript

Für die Python-Programmierung ist es sinnvoll, Blender von einer Kommandozeile aus zu starten, da eventuelle Ausgaben des Pythonskripts (auch Fehlermeldungen) dann in diesem Fenster angezeigt werden. Unter Windows-Systemen kann normal per Icon gestartet werden, es bleibt automatisch ein Fenster für die Ausgaben auf.

Schalten Sie in Blender ein Fenster mit [Shift]-[F11] auf ein TextWindow um oder wählen Sie das TextWindow als Fenstertyp mit dem Iconslider für den Windowtyp aus.

TextWindow

In der Fußzeile des TextWindows klicken und halten Sie jetzt den MenuButton und wählen **ADD NEW**, um einen neuen Text zu erstellen. Benennen Sie den Text durch einen Klick auf den Namen in »OnGround« um. Das TextWindow ist ein einfacher Texteditor, der für kleinere Skripte ausreichend ist. Für komplexere Skripte empfiehlt es sich einen komfortableren Editor zu benutzen. Die Möglichkeiten, einen externen Editor zu benutzen, werden etwas später beschrieben.

Beginnen Sie jetzt mit der Eingabe des folgenden Skripts, die Zeilennummern dürfen nicht mit eingegeben werden, sie dienen hier nur der Orientierung.

Die Zeilen 1...3 mit vorangestellten Doppelkreuz (»#«) sind Kommentare zur Dokumentation des Skripts. Diese Zeilen sind nicht nötig, erleichtern aber später einmal das Verständnis des Skripts.

*OnGround.py*

```
1   # Keeps objects above the floor!
2   # Script from
3   # http://www.blender.nl/complete/scripting.html
4
5   import Blender
6
7   if (Blender.bylink):
8       obj = Blender.link
9       if (obj.LocZ <0.0): obj.LocZ = 0.0
```

In Python werden zusammengehörige Teile der Sprachkonstrukte (Blöcke) nicht wie in vielen anderen Sprachen durch Klammern gebildet, sondern durch die Einrückung des Blocks. Daher ist es wichtig, die Einrücktiefe der Zeilen genauso einzugeben. Praktischerweise sollten Sie [Tab] zur Einrückung verwenden. Viele externe Editoren unterstützen Sie hierbei auch.

ScriptButtons

Objectlink

Wenn Sie das Skript hoffentlich fehlerfrei eingegeben haben, wechseln Sie auf die **ScriptButtons**.

Erstellen Sie in einem 3D-Fenster ein Objekt (z.B. eine Kugel oder auch ein Empty). In den **ScriptButtons** wählen Sie das Icon für die Anbindung (Linken) von Skripten an Objekte.

In den ScriptButtons erscheinen zwei neue Knöpfe. Klicken Sie jetzt den linken Knopf New an um ein neues Skript an das selektierte Objekt zu hängen. In dem erscheinenden leeren Knopf geben Sie den Namen des gerade editierten Skripts ein. Denken Sie dabei an die korrekte Groß- und Kleinschreibung.

Selektieren Sie jetzt das Objekt mit dem gelinkten Skript und bewegen es mit [G]. Wenn Sie versuchen das Objekt nach unten zu bewegen, so verhindert das Skript eine Bewegung über den Boden hinaus (Z=0.0).

Funktioniert das Skript nicht und es erscheinen in dem Fenster, aus dem Blender gestartet wurde, Fehlermeldungen wie z.B.:

```
File "<string>", line 8
  obj = Blender.link
       *
SyntaxError: invalid syntax
SystemError: bad argument to internal function
```

so vergleichen Sie Ihr Skript nochmals mit dem abgedruckten. Insbesondere in der Umgebung der Fehlerstelle durch »line x« angegeben kann der Fehler stecken. Die obige Fehlermeldung kam durch eine vergessene Einrückung in der achten Zeile vor dem »obj=...« zustande.

Voraussetzungen

Für die korrekte Funktion von Python innerhalb von Blender ist

eine funktionierende Pythoninstallation vonnöten. Unter den frei-
en Unix-Clones ist das Pythonpaket sicher auf den Installations-CDs
und sollte mit den entsprechenden Paketmanagern der Distribution
installiert werden. Für Windows-Benutzer wird eine kleine Python-
bibliothek für Blender mitgeliefert, die allerdings nur die absolut nötigsten Module enthält, so fehlt z.B. das Modul, um Zufallszahlen zu
generieren, was für spätere Skripte in diesem Kapitel noch sehr wichtig wird. Windows-Benutzer sollten sich Anhang E.2.2 ansehen, dort
wird die Installation von Python für Windows (auf der CD enthalten)
beschrieben.

In Zeile 5 befindet sich die erste und auch eine der wichtigsten    import Blender
Anweisungen sowohl in Python als auch Blender. Mit »import« wird
ein Modul in Python eingebunden, das wie eine Bibliothek bestimm-
te Informationen und Routinen zur Verfügung stellt. Hier wird das
Modul »Blender« importiert, das die Schnittstelle von Python zu
Blender definiert.

Ab Zeile 7 beginnt ein if-Block, also eine Abfrage, ob eine be-    if Abfrage
stimmte Bedingung erfüllt ist. Hier wird dann das erste Mal das
vorher importierte Blender-Modul benutzt. »Blender.bylink« ist eine Variable, die wahr ist, wenn das Skript an ein Objekt gebunden ist.
Durch diese if-Konstruktion wird das Skript nur ausgeführt, wenn es
an ein Objekt gebunden ist. Da alle weiteren Zeilen weiter eingerückt
sind, gilt dies für das gesamte restliche Skript.

In Zeile 8 wird der Variablen »obj« der Wert von »link« aus    Blender.link
dem Blendermodul zugewiesen. In »Blender.link« befindet sich ein
Verweis auf das dem Skript zugewiesene Objekt. Sie können einmal
nach Zeile 9 ein »print obj« (Einrückung wie Zeile 9) in das Skript
einfügen. Das Skript gibt dann im Startfenster den Objektnamen gefolgt von den Koordinaten des Objekts aus, wenn es aufgerufen wird.
Kommentieren Sie die Zeile wieder aus, indem Sie ein Doppelkreuz
»#« vor die Zeile setzen.

Nachdem jetzt dem Skript durch die Variable »obj« das gewünschte Objekt bekannt ist, wird in Zeile 9 mit einer weiteren if-
Abfrage getestet, ob die Z-Position des Objekts »obj.LocZ« kleiner    Objekt über Grund?
als Null (»<0.0«) ist. Wenn dem so ist, wird die Anweisung hinter
dem Doppelpunkt ausgeführt und die Objektposition auf Null gesetzt
»obj.LocZ = 0.0«.

Selbst dieses winzige Skript ist eine Hilfe, wenn verhindert werden
soll, dass ein Objekt einen bestimmten Bereich verlässt. Mit einem
etwas verfeinerten Skript könnten Sie z.B. einen Ball vom Boden ab-
prallen lassen oder verhindern, dass der Fuß eines Charakters bei der
Animation in den Boden eindringt. Alles in allem sind Skripte immer dort gut, wo es darum geht, eine häufig wiederkehrende Funktion

zu automatisieren oder eine Funktion zu erstellen, die noch nicht im Programm vorhanden ist.

### 8.9.2   Das TextWindow

**TextWindow**

Das TextWindow ist ein einfacher Texteditor, der grundlegende Funktionen zur Eingabe von Texten, z.B. einer Beschreibung der Änderungen an der Szene oder Skripten, bietet. In der Knopfleiste des TextWindows befindet sich der IconSlider, mit dem der Typ des Fensters auf das TextWindow umgeschaltet wurde. Neben dem IconSlider sehen Sie das Icon, mit dem auf eine Bildschirm füllende Ansicht geschaltet wird.

**Neuen Text laden oder anfangen**

Der MenuButton erlaubt die Auswahl von schon vorhandenen Texten, die Umbenennung, das Hinzufügen (ADD NEW), Laden (OPEN NEW) und Löschen von Texten.

In dem MenuButton rechts kann die Schriftart für die Darstellung des Textes ausgewählt werden.

**Abbildung 8-36**
**Blenders Texteditor**

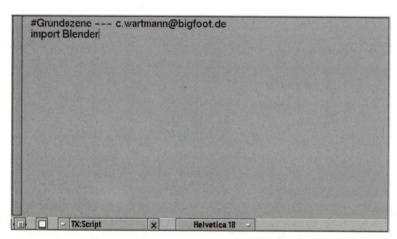

**Markieren und Bearbeiten**

Durch Klicken und Ziehen mit der linken Maustaste können Bereiche des Textes markiert werden, die dann per Tastatur ausgeschnitten oder kopiert werden können. Wichtige Tastaturkommandos des TextWindow sind:

**Alt**-**C**    Kopiert den markierten Text in eine Zwischenablage.

**Alt**-**X**    Schneidet den Text aus, er kommt in die Zwischenablage.

**Alt**-**V**    Fügt Text aus der Zwischenablage am Textcursor ein.

**Alt**-**S**    Speichert den Text als Textdatei, es erscheint ein Dateifenster.

**Alt**-**O**    Lädt eine Textdatei, es erscheint ein Dateifenster.

| Alt - J | In einem NumButton kann eine Zeilennummer angegeben werden, zu der dann der Cursor springt. |

| Alt - P | Führt den Text als Python-Skript aus. |

| Alt - U | Rückgängigmachen (Undo) der letzten Aktion im TextWindow. |

| Alt - R | Wiederherstellen der letzten Undo-Aktion (Redo). |

| Alt - A | Gesamten Text markieren. |

Für längere Skripte wird das TextWindow nicht ausreichend sein. Sie können die Skripte mit einem Editor Ihrer Wahl schreiben, der reine ASCII-Texte speichern kann. Diese Skripte können dann in Blender geladen werden. *Externe Editoren*

Viele Editoren unterstützen auch die Arbeit an Quelltexten mit speziellen Hilfen, indem sie etwa Schlüsselwörter der Sprache einfärben oder im Falle von Python die Einrücktiefe automatisch erstellen.

Natürlich ist es besonders in der Erstellungs- und Fehlersuchphase von Pythonskripten sehr mühselig, nach jeder Änderung das Skript erneut laden zu müssen. In zukünftigen Blenderversionen soll es eine Möglichkeit geben, ein externes Skript immer zur Laufzeit zu laden. Dies wird dann auch mit relativen Pfadnahmen funktionieren, sodass die Skripte einfach im gleichen Verzeichnis wie die Blenderdatei liegen können. Mit Python ist es im Moment schon möglich, über den Aufruf

```
execfile("<pfad><datei.py>")
```

ein Skript zur Laufzeit des Skriptes einzubinden. Der Nachteil ist, dass es nötig ist den Pfadnamen absolut anzugeben, weil die Information des aktuellen Verzeichnisses nicht verfügbar ist.

### 8.9.3 Zweites Skriptbeispiel: Turbulenz

Das zweite Skript wurde geschrieben, um die Erschütterungen oder Turbulenzen beim Abfangen eines Flugzeugs über dem Boden zu simulieren. Je nachdem wie nahe das Objekt mit dem gelinkten Skript einem bestimmten Objekt kommt, nimmt die Stärke der Turbulenzen zu.

Wird das Skript einem Objekt zugewiesen, so wird die Turbulenz berechnet, wenn das Objekt dem Objekt <Objektname>.turb nahe kommt. Dabei hängt die Stärke der Turbulenz von der Skalierung von <Objektname>.turb ab. *Steuerung durch ein Empty*

Mit dem Skript können aber auch die Erschütterungen einer Druckwelle oder Ähnliches simuliert werden. Vorteil gegenüber einer normalen Keyframeanimation ist die schnelle Änderbarkeit der Parameter und dass der gleiche Effekt schnell verschiedenen Objekten zugewiesen werden kann.

Dieses Skript müssen Sie natürlich nicht abtippen, es befindet sich in der Szene `Python/Turbulence.blend` auf der CD zum Buch.

**Turbulence.py**

```
1   # Turbulence.py, 08/99, C.Wartmann@bigfoot.de
2
3   import Blender
4   import whrandom
5   import math
6
7   l=Blender.link
8   turb=Blender.Object.Get(l.name+".turb")
9
10  t=Blender.Get(Blender.Const.BP_CURTIME)
11  if t==1:
12    try:                    #try to set ta[name]
13      ta[l.name]=0.0
14    except :                # we have to init ta
15      ta={}
16      ta[l.name]=0.0
17
18
19  dt = t-ta[l.name]  # change in time
20  ta[l.name]=t     # store old time
21
22  if (Blender.bylink):
23    if dt<>0:  # execute only if time has changed
24      dx=l.LocX-turb.LocX  # difference Obj/Turb
25      dy=l.LocY-turb.LocY
26      dz=l.LocZ-turb.LocZ
27      r=math.sqrt(dx**2 + dy**2 + dz**2)
28      l.dLocX=whrandom.random()*turb.SizeX/r #+ random
29      l.dLocY=whrandom.random()*turb.SizeY/r
30      l.dLocZ=whrandom.random()*turb.SizeZ/r
```

**Etwas Mathe und Zufall**

Am Anfang des Skripts stehen wieder die Importe von Modulen, allen voran das Blender-Modul. Für die Bereitstellung von Zufallszahlen sorgt das »whrandom«-Modul, das Modul »math« liefert hier die Wurzelfunktion.

**Holen des Steuerempties**

In den Zeilen 7 und 8 wird die Variable »l« mit einem Verweis auf das gelinkte Objekt geladen und nach einem Objekt mit dem Grundnamen des gelinkten Objekts mit angehängtem ».turb« gesucht. Die Konstruktion »l.name« bedeutet »die Eigenschaft ›name‹von Objekt ›l‹«. Dies ist die Objektorientiertheit von Python und kam auch schon im ersten Skript vor.

**Animationszeit**

Die Zeile 10 liefert die aktuelle Zeit der Animation zurück. Vereinfacht gesagt ist dies die Stellung des FrameSliders. Je nachdem ob aber z.B. Fieldrendering oder Motionblur benutzt wird, können hier auch nicht ganzzahlige Werte auftreten.

Das Konstrukt in Zeile 11…16 sorgt für eine Initialisierung der Variablen »ta« im ersten Bild der Animation. Wenn es »ta« noch nicht gibt, so wird eine Exception (Ausnahmebedingung) ausgelöst (»except:«) in der dann »ta« initialisiert wird. Da »ta« eine globale Variable ist, würde ein zweites Skript diese Variable überschreiben und keinen Effekt haben. Daher wird der Wert von »ta« mit dem Namen des Objekts angesprochen: »ta[l.name]«. Diese Variable ist somit für das Objekt, an das das Skript gelinkt wurde, einmalig, da es in Blender keine zwei Objekte mit gleichem Namen geben kann.

*Skript-Variablen initialisieren*

In den Zeilen 19…20 wird dann der Zeitunterschied seit dem letzten Skriptlauf errechnet und in »dt« gespeichert. Der alte Zeitwert »t« wird für den nächsten Skriptlauf in »ta[l.name]« gespeichert.

*Zeitdifferenz*

Die Zeilen 22…23 sorgen dafür, dass das Skript nur ausgeführt wird, wenn es an ein Objekt gelinkt ist (Blender.bylink) und die Zeit sich geändert hat (»dt« ungleich Null). Dies sorgt dafür, dass beim Abspielen oder Berechnen der Animation das Skript nur einmal die Berechnung durchführt, was insbesondere wichtig ist, wenn direkt mit den Zeitwerten gerechnet wird.

*Skript soll nur einmal pro Frame ausgeführt werden*

Wird ein so genanntes *Scene-Script* (im rechten Teil des Script-Windows) vergeben, so sind diese Maßnahmen nicht erforderlich, ein Scene-Script wir nur einmal pro Frame aufgerufen. In diesem Fall brauchen wir aber die Informationen, an welches Objekt das Skript gelinkt ist.

*Scene-Script*

Ab Zeile 24 führt das Skript dann endlich die Aufgabe durch. Es werden die Differenzen in den Koordinaten der Objekte gebildet und in Zeile 27 dann mit diesen Differenzen der Abstand der Objekte voneinander berechnet.

In den Zeilen 28…30 wird dann das Objekt zufällig um einen kleinen Betrag versetzt. Dabei wird nicht die direkte Koordinate des Objekts verwendet, sondern die Differenzpositionen »dLoc«.

*Zufall hinzufügen*

Die Stärke der Turbulenz hängt hierbei von einem Zufallsfaktor »random.random()«, der Größe des Turbulenzobjekts (»turb.Size«) und natürlich dem Abstand »r« vom Turbulenzobjekt ab.

### 8.9.4 Neue Objekte mit Python erzeugen

In der Version 1.69 von Blender kam die Möglichkeit hinzu, mit Python-Skripten neue Objekte zu schaffen und vorhandene zu manipulieren.

*Objekte mit Python erzeugen*

Das hier vorgestellte Skript ist ein kleiner 3D-Funktionsplotter. Es wird eine unterteilte Fläche auf der XY-Ebene erstellt, deren Höhe (Z-Koordinate) durch eine Funktion bestimmt wird.

Die Datei befindet sich auf der CD (`Python/Funktion.py`) und enthält einige verschiedene mathematische Funktionen, die Sie neben der hier gezeigten ausprobieren können.

Nach dem Laden können Sie mit dem Mauszeiger über dem Text-Window [Alt]-[P] aufrufen um die Funktion zeichnen zu lassen. Mit SetSmooth aus den **EditButtons** [F9] kann das Ergebnis geglättet dargestellt werden. Eventuell müssen Sie das neue Objekt noch verschieben oder skalieren um eine Gesamtansicht zu erhalten.

**Abbildung 8-37**
Blender als
3D-Funktionsplotter

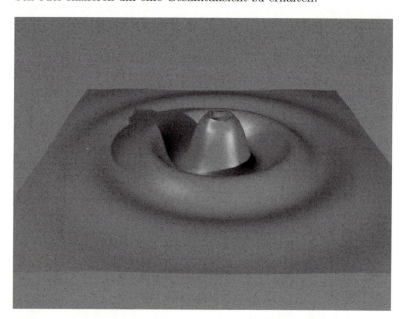

In Zeile 15 wird mit »NMesh.GetRaw()« ein neues, noch leeres Polygonobjekt erzeugt.

Vertexraster erstellen

Im Skript wird eine Fläche erstellt, indem in zwei verschachtelten Schleifen die X- und Y-Koordinaten hochgezählt werden. Die Fläche wird also zeilenweise aufgebaut. Für die jeweiligen X- und Y-Werte wird dann nach einer mathematischen Funktion die Z-Koordinate errechnet.

In Zeile 22 werden dann die einzelnen Koordinatentripel zu einem Vertex umgewandelt (»NMesh.Vert(x,y,z)«) und dem neuen Mesh hinzugefügt (»me2.verts.append(v)«).

Funktionsplotter.py

```
1   # Funktionsplotter.py, Oktober 1999
2   # C.Wartmann@bigfoot.de
3
4   import Blender
```

```
 5
 6   from Blender import NMesh,Object
 7   from Blender.NMesh import Col
 8   from math import sin,cos,sqrt,exp
 9
10   xw=0.5
11   yw=0.5
12   xmax=36   #x Aufloesung
13   ymax=36   #y Aufloesung
14
15   me2= NMesh.GetRaw()
16
17   # Vertices erzeugen
18   for y in range(0,ymax):
19     for x in range(0,xmax):
20       r=sqrt((x-xmax/2)**2+(y-ymax/2)**2)
21       z=sin(r*xw)*cos(r*yw)*exp(-r/5)*10
22       v=NMesh.Vert(x,y,z)
23       me2.verts.append(v)
24
25   #Vertices mit Flaechen verbinden
26   for y in range(0,ymax-1):
27     for x in range(0,xmax-1):
28       a=x+y*ymax
29       f= NMesh.Face()
30       f.v.append(me2.verts[a])
31       f.v.append(me2.verts[a+ymax])
32       f.v.append(me2.verts[a+ymax+1])
33       f.v.append(me2.verts[a+1])
34       me2.faces.append(f)
35
36   NMesh.PutRaw(me2)
37   Blender.Redraw()
```

In einer weiteren Schleifenkonstruktion werden jetzt immer vier Vertices zu einer Fläche verbunden. Dazu wird mit »NMesh.Face()« eine neue Fläche erzeugt, ihr die Vertices zugewiesen »f.v.append« und dann dem Objekt mit »me2.faces.append« zugeordnet.

*Fläche aus den Vertices bilden*

Zum Schluss wird das Mesh-Objekt Blender übergeben (»NMesh.PutRaw«) und mit »Blender.Redraw()« ein Neuzeichnen der Blenderoberfläche veranlasst, woraufhin das Objekt erscheint.

*Neues Objekt darstellen lassen*

## 8.10 Der letzte Schliff: Postproduction

Im Allgemeinen ist eine Animation nach der Berechnung noch nicht fertig, es fehlen eventuell noch eine Ein- und Ausblendung, ein Titel, oder Sie möchten mehrere Einstellungen aus verschiedenen Kameraperspektiven in der fertigen Animation kombinieren.

*Animationsnachbearbeitung*

Weiterhin kann es nötig sein, verschiedene Animationen miteinander zu kombinieren, z.B. die berechneten Hintergründe eines Animators und die Hauptakteure anderer Animatoren. Hier wäre es ex-

*Kombination von Animationen*

trem aufwendig, immer beide Animationen neu zu berechnen, wenn eine Animation verändert wurde.

Auch die Kombination von realen Videoaufnahmen mit Computeranimation spielt eine wichtige Rolle, sei es die Titeleinblendung für den Urlaubsfilm oder die Visualisierung eines Architekten, wie sich ein geplantes Bauwerk in die Landschaft einfügt.

*Sequenzeditor*

In diesem Tutorial werden wir die wichtigsten Methoden durchgehen, die Blender für diese Zwecke mit dem so genannten *Sequence-Editor* bietet. Leider hat Blender noch keine Möglichkeit, Töne oder gar Musik im Sequenzeditor zu verarbeiten, ansonsten wäre ein kompletter computergenerierter Film mit Blender erstellbar.

**Abbildung 8-38**
SequenceEditor Screen

Zu bedenken ist, dass die Verarbeitung von Videobildern viel Speicherplatz und schnelle Rechner benötigt, das Abspielen dieser Bilder in Echtzeit also nur mit spezieller Hardware oder in kleinen Auflösungen (z.B. als AVI) möglich ist. Auf einigen SGI-Rechnern können die fertigen SGI-Movies mittels der Cosmo-Hardware in Videoqualität ausgegeben werden.

Der SequenceEditor wird aufgerufen, indem Sie ein Fenster zu einem SequenceWindow machen. Da der SequenceEditor recht viel Platz beansprucht, bietet es sich an, einen neuen Screen für die Arbeit mit Sequenzen zu erstellen und in Ihrer Grundszene `.B.blend` abzuspeichern.

SequenceWindow

Abbildung 8-38 zeigt einen typischen Screen für die Arbeit mit dem SequenceEditor, ein großer Teil des Bildschirms wird durch den SequenceEditor selbst eingenommen, nur das oft benötigte Buttons-Window im unteren Bildschirmteil ist noch größer. Die 3D-Fenster sind so klein wie sinnvoll möglich gehalten, ein IPOWindow, eine Kameraansicht und eine orthogonale Ansicht müssen genügen. Rechts oben befindet sich ein weiteres SequenceWindow, welches aber mit dem Icon »ImageWindow« umgeschaltet ist, sodass hier die Sequenzbilder angezeigt werden.

ImageWindow

Auf der CD zum Buch sind einige Szenen im Verzeichnis `Sequenzen` aus einem Reise- und Dokumentationsfilm über Indonesien enthalten, die ich mit freundlicher Genehmigung von »Imago Viva« (`http://www.imago-viva.de/`) verwende und die auch Sie für nichtkommerzielle Projekte benutzen dürfen.

Die Bilder liegen als nummerierte Einzelbilder vor, die meisten Szenen wurden auf eine Auflösung von 320×240 Bildpunkten heruntergerechnet, damit die Datenmengen und Rechenzeiten nicht zu groß werden. Die Szene im Verzeichnis `Riff/` liegt in PAL-Auflösung vor und wird in einem späteren Tutorial verwendet.

Im Folgenden werden wir einen kleinen Urlaubsfilm aus den vorhandenen Sequenzen erstellen, mit einem Titel versehen und Ein- und Ausblendungen hinzufügen.

### 8.10.1 Sequenzen editieren

Wenn Sie sich eine eigene Grundszene geschaffen haben, so setzen Sie jetzt Blender mit $\boxed{\text{Strg}}$-$\boxed{\text{X}}$ zurück und erzeugen mit dem Menu-Button **SCR:** einen neuen Screen, den Sie ähnlich Abbildung 8-38 aufteilen und der als Grundlage für die Arbeit mit Sequenzen dienen wird. Alternativ können Sie auch die Szene `Postproduction/ Indonesien00.blend` benutzen. Schalten Sie hier mit dem Menu-Button **SCR:** auf den Bildschirm **Sequence** um.

Sequenzer vorbereiten

Bewegen Sie den Mauszeiger über das große SequenceWindow und fügen mit $\boxed{\text{Shift}}$-$\boxed{\text{A}}$→**Images** eine Bildsequenz ein. Es erscheint ein Dateifenster, mit dem Sie die Bilder auswählen können. Als Szene für den Anfang unseres kleinen Tutorialfilms bietet sich die Strandszene aus `Sequenzen/Strand/` auf der CD an.

Bildsequenz einfügen

Wählen Sie dieses Verzeichnis im Dateifenster aus, es erscheinen die Bilder `strand0000.jpg` bis `strand0200.jpg`. Mit der

Taste $\boxed{\text{A}}$ können Sie alle Bilder auswählen. Deselektieren Sie eine eventuell vorhandene Datei `.Bpib` mit der rechten Maustaste, diese Bildübersichtsdatei würde ein schwarzes Bild am Anfang der Sequenz verursachen. In neuen Blenderversionen können diese Punktdateien auch ausgeblendet werden, indem das Geister-Icon im Dateifenster aktiviert wird. Mit einem Druck auf die $\boxed{\text{Return}}$-Taste übernehmen Sie die die selektierten Bilder in den Sequenzer. Die Ansicht wechselt zurück auf das SequenceWindow, die Szene hängt am Mauszeiger und kann nun von Ihnen an den Anfang der Sequenz bei Bild 1 bewegt werden.

**Punktdateien ausblenden**

**Bildvorschau der Sequenz**

In dem SequenceWindow mit aktiviertem ImageIcon erscheint das jeweilige Bild der Sequenz, wenn die Szene über den grünen Strich im SequenceWindow bewegt wird, welcher die aktuelle Stellung des Framesliders angibt. Verschieben Sie die Szene in der unteren Spur so weit, bis das Dreieck am Anfang der Szene eine »1« anzeigt, und drücken dann die linke Maustaste.

Die erste Szene ist jetzt platziert. Durch das Anklicken mit der linken Maustaste im SequenceWindow wird der grüne Strich gesetzt und Sie können so die einzelnen Bilder der Sequenz ansehen. In den **DisplayButtons** $\boxed{\text{F10}}$ können Sie die Auflösung der Szene einstellen, die so auch in dem Vorschaufenster angezeigt wird. Durch eine entsprechend niedrige Auflösung wird es möglich, die Animation mit $\boxed{\text{Alt}}$-$\boxed{\text{A}}$ in dem Vorschaufenster abzuspielen, sodass Sie schon einen Eindruck von der Sequenz erhalten. Wenn Sie viel RAM-Speicher besitzen, kann Blender diese Bilder im Speicher halten und bei einem erneuten Abspielen schneller anzeigen.

**Abspielen der Sequenz**

Unten im SequenceWindow sehen Sie Zahlen, die die Animationslänge in Sekunden angeben. Die erste Szene reicht von null bis acht Sekunden. Diese Zeitachse hängt von der Einstellung **Frs/sec:** in den **DisplayButtons** ab, welche die Anzahl von Bildern pro Sekunde angibt. Standardmäßig auf 25 eingestellt, bedeutet das bei der Beispielszene mit 200 Bildern $\frac{200b \cdot s}{25b} = 8s$ Animationsdauer. Die Hochachse des SequenceWindows ist nach Kanälen oder Spuren durchnummeriert. Der Inhalt des SequenceWindow kann wie in allen Fenstern verschoben und gezoomt werden.

**Zeit- und Spurachse des Sequenzers**

### 8.10.2   Eine Überblendung

Wir werden jetzt eine zweite Szene hinzuladen und zwischen den beiden Szenen eine Überblendung definieren.

**Eine weitere Szene**

Fügen Sie mit $\boxed{\text{Shift}}$-$\boxed{\text{A}}$ →Images eine weitere Szene hinzu, anbieten würde sich die Szene aus dem Ordner `Sequenzen/Reis/`. Verschieben Sie die Szene auf der zweiten Spur so weit, dass sie mit der ersten etwas überlappt, und fixieren Sie die Position mit einem Klick der lin-

ken Maustaste. Der konkrete Wert der Überlappung ist momentan
noch nicht wichtig.

Ein Abspielen der Sequenz mit [Alt]-[A] in dem Vorschaufenster
zeigt, dass Blender bei überlappenden oder direkt aufeinander folgenden Szenen praktisch einen harten Schnitt ausführt. Achten Sie
einmal bei Fernsehsendungen oder Filmen darauf, wie oft ein harter Schnitt eingesetzt wird. Sie haben somit schon den wichtigsten
Übergang zwischen zwei Szenen kennen gelernt.

**Harter Schnitt**

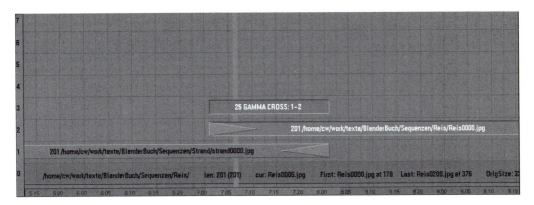

**Abbildung 8-39**
Zwei mit GammaCross
übergeblendete Szenen

Je nach Szeneninhalt und Filmdynamik wird aber auch eine
weiche Überblendung zwischen Szenen eingesetzt oder ein harter
Schnitt wird mit einer 2-3 Bilder dauernden Überblendung etwas
»entschärft«.

Zur Definition eines solchen Effekts in Blender selektieren Sie erst
die Szene in Spur 1 und dann erweitern Sie mit gehaltener [Shift]-Taste
die Selektion um die Szene in Spur 2. Mit [Shift]-[A] und der Auswahl
von **GammaCross** fügen Sie eine Überblendung ein, die mit einem linken Mausklick in der dritten Spur platziert wird. Die Überblendung
ist genauso lang wie die Überlappung der beiden Szenen und auch nur
vertikal zu verschieben. Platzieren Sie jetzt mit der linken Maustaste
den grünen Balken an verschiedenen Stellen in dem roten Gamma-
Cross-Effekt. Sie sehen je nach Position einen mehr oder weniger
starken Überblendeffekt zwischen den Szenen.

**Weiche Überblendung**

Zoomen Sie jetzt mit der [+]-Taste des Ziffernblocks oder [Strg]-
[LMB] und einer Mausbewegung nach rechts so weit in das Sequence-
Window hinein, bis Sie den Text in der roten Effektspur komplett
lesen können. Sollte der Effekt dabei aus dem Bild geraten, so kann
mit gehaltener mittlerer Maustaste die Ansicht verschoben werden.

Der Text in dem GammaCross-Effekt gibt einige wichtige Informationen zu der Art der Überblendung. Links steht die Effektlänge
in Bildern, dann folgt der Name des Effekts. Hinter dem Doppel-

**Infotext in einer Sequenz**

punkt steht die Information, welche Spuren der Effekt bearbeitet. In unserem Beispiel sollte hier »1–2« stehen, was bedeutet, dass von Spur 1 nach Spur 2 übergeblendet wird.

Die Überblendung soll hier im Beispiel 25 Bilder, also eine Sekunde, betragen. Selektieren Sie die Szene in Spur 2 mit der rechten Maustaste und schalten mit [G] in den Verschiebemodus. Wenn Sie jetzt die Szene nach links oder rechts bewegen, so sehen Sie, wie sich die Länge des Effekts automatisch an die Überlappung der Szenen anpasst und auch die Effektlänge neu angezeigt wird. Bewegen Sie die Szene hoch, so wird auch die Information hinter dem Doppelpunkt angepasst. Stellen Sie jetzt die Überlappung so ein, dass sich eine Effektlänge von 25 Bildern ergibt.

**Ändern einer Spur**

| Change effect |
| --- |
| Switch a–b |
| Switch b–c |
| Plugin |
| Recalculate |
| Cross |
| GammaCross |
| Add |
| Sub |
| Mul |
| AlphaOver |
| AlphaUnder |
| AlphaOverdrop |

Neben dem Verschieben gibt es noch eine Reihe von Bearbeitungsmöglichkeiten für Sequenzen, eine der wichtigsten wird mit der Taste [C] aufgerufen. Ist eine Szene selektiert, so kann mit einem Druck auf [C] und Bestätigen der Sicherheitsabfrage die Szene durch neue Bilder ersetzt werden. Wird [C] über einem Effekt wie z.B. dem von uns definierten GammaCross gedrückt, so erscheint ein Menü ähnlich dem nach [Shift]-[A], mit dem folgende Aktionen ausgeführt werden können:

**Switch a-b**      Tauscht die Spurreihenfolge für den Effekt. In unserem Falle würde die Überblendung während des Effekts umgekehrt werden.

**Switch b-c**      Tauscht die Spuren 2 und 3 für Effekte, die drei Spuren als Eingabe haben.

**Plug-in**      Lädt ein Sequence-Plug-in, mit dem die Effektpalette erweitert werden kann, siehe Abschnitt B.5.

**Recalculate**      Forciert eine Neuberechnung des Effekts.

**Cross**      Blendet zwischen zwei Szenen um.

**GammaCross**      Überblendung zwischen zwei Szenen, bei der aber die Helligkeit der Szenen berücksichtigt wird, dies ergibt weichere Übergänge.

**Add**      Addieren von zwei Szenen, nach ihren Helligkeitswerten

**Sub**      Subtrahieren von zwei Szenen, nach ihren Helligkeitswerten

**Mul**      Multiplizieren von zwei Szenen, nach ihren Helligkeitswerten

**AlphaOver**     Szene a wird unter Berücksichtigung der Transparenzinformation (Alphakanal) über Szene b gesetzt.

**AlphaUnder**    Szene a wird unter Berücksichtigung der Transparenzinformation unter Szene b gesetzt.

**AlphaOverdrop** Wie AlphaOver, allerdings wird noch ein Schatten hinzugerechnet.

### 8.10.3  Ein Titel: 3D-Elemente integrieren

Wir werden hier einen 3D-Text als Titel untem am Bildrand entlanglaufen lassen. Im Gegensatz zu herkömmlichen Titelgeneratoren stehen bei einer Betitelung mit Blender alle Animations- und Effektmöglichkeiten von Blender zur Verfügung, was absolut einmalige Titel erlaubt. Achten Sie aber auf jeden Fall auf Lesbarkeit und darauf, dass der Titel mit dem Inhalt des Films harmoniert.

3D-Titelgenerator inklusive

Schalten Sie SCR:Sequence mit dem MenuButton auf SCR:3D um, damit die Sequenzfenster nicht die Arbeit an dem Titel behindern. Damit wir die Platzierung des Titels in der Kameraansicht besser beurteilen können, ist es sinnvoll ein Standbild aus der Strandanimation in die Ansicht einzufügen.

Fahren Sie mit dem Mauszeiger über die Kameraansicht und drücken die Tasten Shift-F7, es erscheint das ButtonsWindow, in dem jetzt für die Kameraansicht ein Hintergrundbild ausgewählt werden kann. Aktivieren Sie BackGroundPic und klicken Load an, woraufhin das bekannte Dateifenster erscheint, mit dem Sie ein Bild der Strandsequenz auswählen. Schalten Sie wieder auf die Kameraansicht zurück (Shift-F5) und das Einzelbild wird in der Kamerasicht als Hintergrundbild eingeblendet.

Hintergrundbild zur Kontrolle der 3D-Elemente

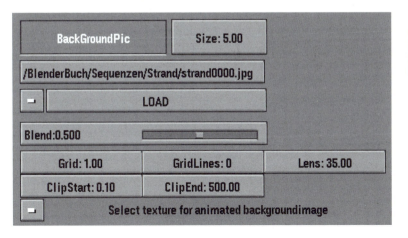

**Abbildung 8-40**
Definition eines Hintergrundbildes in der Kameraansicht

Hintergrundbild ein/aus

Das Hintergrundbild ist schnell mit dem ImageIcon in der Knopf-leiste der Kameraansicht zu aktivieren bzw. zu deaktivieren.

Erzeugen Sie jetzt einen Text mit ⎡Space⎤→AddText und editieren Sie ihn zum Titel. Wie in Abschnitt 5.17 beschrieben, kann auch ein anderer Font verwendet werden. Platzieren Sie den Titel in der Kameraansicht am unteren Bildrand und skalieren Sie den Text, bis der Titel Ihren Wünschen entspricht. Denken Sie daran, dass der

»Title Save«

äußere gestrichelte Rand in der Kameraansicht die äußere Grenze des Bildes angibt. Wenn die Animation für eine Videoausgabe gedacht wäre, so ist der Text, damit er auf jedem Fernsehgerät vollständig sichtbar wird, über der inneren gestrichelten Linie zu platzieren.

**Abbildung 8-41**
Titel in der Kameraansicht

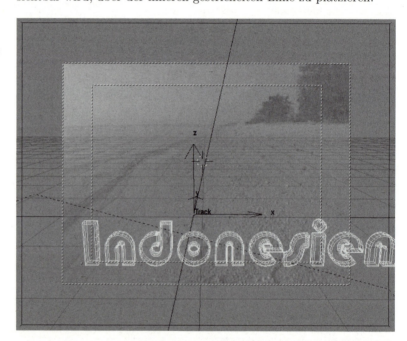

Entfernen Sie einen eventuellen Boden aus der Szene, der an-sonsten mitberechnet werden würde, und löschen Sie eine eventuell definierte Welt in den **WorldButtons** ⎡F8⎤, insbesondere die Nebelein-stellungen würden im Moment stören.

Schalten Sie mit ⎡F10⎤ auf die **AnimButtons** und stellen die Ani-mationslänge auf 100 Bilder ein, indem Sie End: anpassen. Schieben Sie den FrameSlider auf Bild 1 und bewegen den Text nach rechts

Keyframes für die
Titelanimation

aus der Kameraansicht. Mit ⎡I⎤→Loc fügen Sie einen Positionskey ein. Schalten Sie die Animation auf Bild 100 vor, bewegen den Text links aus dem Bild und fügen einen zweiten Positionskeyframe ein. Mit ⎡Alt⎤-⎡A⎤ kann der Erfolg der Animation beurteilt werden, der Text sollte sich am unteren Bildrand der Kameraansicht durch das Bild bewegen.

Nach der Animationserstellung können Sie mit dem SCR:-Knopf wieder auf den Bildschirm Sequence schalten. Selektieren Sie die erste Szene (Strand, Spur 1) mit der rechten Maustaste und drücken das Komma (bzw. den Punkt bei internationalen Tastaturen) auf dem Ziffernblock um diese Szene Fenster füllend im SequenceWindow anzeigen zu lassen.

Mit dem Mauszeiger über dem SequenceWindow drücken Sie die Tasten Shift-A und wählen Scene aus dem Menü. Es erscheint eine Auswahl, welche Szene Sie einfügen möchten, die in unserem Fall nur aus einer Szene besteht. Bestätigen Sie mit einem Klick der linken Maustaste auf die »1« oder Return die Auswahl. Mit der Maus platzieren Sie die Szene nun in der zweiten Spur etwa bei Bild 50, was am linken Ende des neuen Filmstreifens angezeigt wird. Ein Klick mit der linken Maustaste setzt die Szene.

*Szene in Sequenzer einfügen*

**Abbildung 8-42**
Berechnetes Einzelbild aus der Titelanimation

Sollten Sie mit der Szene über den grünen Balken kommen, so berechnet Blender sofort die aktuellen Bilder, was je nach Rechnergeschwindigkeit eine Verzögerung bringt. Aus diesem Grund empfiehlt es sich mit Shift-← den Frameslider auf Bild 1 zu setzen oder die Vorschau der Sequenzbilder abzuschalten.

*Sofortige Bildberechnung*

Haben Sie die Szene versehentlich falsch gesetzt, so kann sie mit der rechten Maustaste selektiert und mit G verschoben werden.

Selektieren Sie nun mit der rechten Maustaste den Strandfilmstreifen in Spur 1 und dann mit der erweiterten Selektion (Shift halten) die gerade eingefügte Szene. Fügen Sie mit Shift-A den Effekt AlphaOver ein, den Sie mit einem Mausklick in Spur 3 setzen.

Mit einem Klick der linken Maustaste kann der grüne Balken im SequenceWindow gesetzt werden, um die Animation in Einzelbildern zu überprüfen.

**Sequenz berechnen**

Soll eine Animation der Sequenz berechnet werden, so ist in den **DisplayButtons** F10 der blaue Knopf **Do Sequence** zu aktivieren. Die Sta:- bzw. End:-Werte sind entsprechend der gesamten Sequenzlänge anzupassen. Mit den Auflösungseinstellungen kann eine entsprechende Auflösung definiert werden. Ist die Auflösung größer (oder kleiner) als die der Sequenzbilder, so skaliert Blender sie entsprechend. Damit diese Skalierung keine hässlichen groben Bildpunkte und Aliasing generiert, ist es hier besonders wichtig das Oversampling mit OSA einzuschalten.

**Material für den Titel**

Der Titeltext kann jetzt noch mit einem Material versehen werden, oder versuchen Sie eimal, einen Titel aus der Ferne auftauchen zu lassen. Hierbei ist es sinnvoll eine Welt zu definieren, deren Hintergrundfarbe komplett schwarz ist, und den Titel aus dem schwarzen Nebel auftauchen zu lassen, was im Endeffekt eine sanfte Einblendung bewirkt.

**Abbildung 8-43**
Kombination von Titel und Integration von 3D-Objekten in eine Realszene

**Schatten für den Titel**

Mit einer Fläche, die nur einen Schatten empfängt, aber ansonsten nicht gerendert wird, ist auch ein Schattenwurf des Titels auf den Strand möglich. Eine solche Szene ist `Indonesien08.blend` auf der CD. In Kapitel 11 werden ähnliche Effekte benutzt, um Computergrafik mit Realaufnahmen zu kombinieren. Versuchen Sie doch einmal einen Liegestuhl an den Strand zu stellen!

Bei einem Liegestuhl wird auch ein generelles Problem sichtbar, die Strandszene ist ohne Stativ aufgenommen worden und zittert daher leicht, der Liegestuhl steht aber absolut still, was ihn für das Auge sofort als nicht zur Szene gehörig erkennbar macht. Bei der Integration von 3D-Objekten in Szenen mit Kamerabewegungen ist es dann noch schwieriger das Auge zu überlisten. Eine Methode mit recht hohem Aufwand ist das manuelle Festlegen der 3D-Objekte an fixen Punkten im Videobild, was je nach Genauigkeit in jedem Bild erneut nötig ist. Um dieses Problem zu umgehen ist ein gutes Stativ bei der Aufnahme unabdingbar. Insbesondere Rotationen um die Längstachse der Kamera sind kaum per Hand zu korrigieren.

*Trackingprobleme*

*Rotoscoping*

### 8.10.4  Effekte und Sequence-Plug-ins

Im SequenceEditor sind noch eine Reihe von Effekten möglich, die aber teilweise aus den vorhandenen Effekten kombiniert werden müssen. Weiterhin gibt es inzwischen eine Reihe von Sequence-Plug-ins, die verschiedene Spezialeffekte realisieren.

Da ab Blenderversion 1.68 die Plug-in-Schnittstelle auch im freien Blender verfügbar ist, werden sicherlich einige Programmierer hier neue Plug-ins verwirklichen. Insbesondere auf den freien unix-ähnlichen Plattformen sind die benötigten C-Compiler kostenlos, sodass vor allem aus dieser Richtung etliches zu erwarten ist. In Abschnitt B.5 werden einige schon jetzt verfügbare Plug-ins vorgestellt.

Ein wichtiger Effekt ist die Aus- oder Einblendung von Szenen, von oder in Schwarz oder auch zu einer Farbe. Ein direkter Effekt für eine solche Effektblende ist nicht vorhanden, aber leicht mit einem Einzelbild, welches auf die gewünsche Blendenlänge importiert wird, und einer normalen Überblendung zu erreichen.

*Farbblenden*

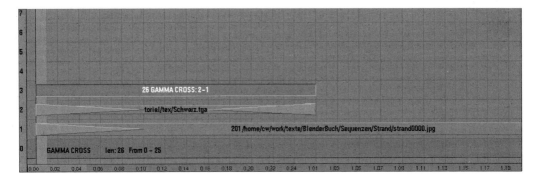

*Positionieren Sie den Mauscursor über dem SequenceWindow, drücken [Shift]-[A] und wählen Images aus dem Menü. Mit dem Dateifenster wählen Sie das Bild* Schwarz.tga *aus dem Texturverzeichnis*

**Abbildung 8-44**
Sequenz um eine
Animation aus dem
Schwarzen einzublenden

der CD. Platzieren Sie die Szene am Anfang der Strandszene, importierte Einzelbilder sind im SequenceEditor anfangs immer 50 Bilder lang, sodass die neue Szene von Bild 1–50 reicht.

Selektieren Sie jetzt mit der rechten Maustaste das Dreieck rechts in der gerade importierten Szene, drücken G und verschieben das Szenenende nach links, bis die Szene 25 Bilder lang ist.

Die Überblendung soll von Spur 2 (Schwarzbild) nach Spur 1 (Strandszene) erfolgen. Selektieren Sie daher erst mit der rechten Maustaste die Schwarzbildszene, dann mit gehaltener Shift-Taste die Strandszene. Drücken Sie Shift-A und wählen dann GammaCross, den erscheinenden Effekt platzieren Sie in Spur 3.

Ausblendung     Die Ausblendung am Ende der gesamten Sequenz ist analog zu machen, hier ist nur die Reihenfolge der Spuren umzukehren. In der Effektspur ist wiederum die Länge, der Name des Effekts und die benutzen Spuren erkennbar.

Analog sind natürlich auch mit anders gefärbten Bildern Ein-, Aus- und Umblendungen zwischen Szenen möglich. Insbesondere die Überblendung über Weiß in eine neue Szene sieht man in letzter Zeit häufiger.

# 9 Lohn der Arbeit: Die Berechnung

Am Ende der Arbeit mit einem 3D-Design- und Animationsprogramm steht natürlich immer die Berechnung der Bilder oder Animation. Je nach Ausgabemedium muss ein geeignetes Bild oder Animationsformat gewählt werden. Zum Drucken sind hohe Auflösungen möglichst unkomprimiert nötig, für PC-Video sind geringe Auflösungen und eine Kompression, um die Datenmengen gering zu halten, wünschenswert, für eine Ausgabe auf Videoband oder gar die Ausbelichtung auf Film sind spezielle Dinge zu beachten. Somit sind bei diesem letzten Schritt einige Fußangeln verborgen, die eine möglicherweise stundenlange Berechnung zunichte machen können.

Durch meine jahrelange Beschäftigung mit Computergrafik und Video hatte ich ausreichend Gelegenheit durch Fehler zu lernen und werde im Folgenden versuchen, Ihnen mit Tipps zu den einzelnen Techniken diese Fehler zu ersparen.

## 9.1 Einzelbilder

Schaltzentrale für jede Bildberechnung in Blender sind die **Display-Buttons** F10. Die wichtigsten Einstellungen ist hier sicherlich die Breite und Höhe des Bildes, die durch die Knöpfe SizeX: und SizeY: eingestellt werden. Mit den Knöpfen 100%, 75%, 50% und 25% kann schnell die Auflösung geändert werden, um z.B. für ein Testrendering eine geringere Auflösung zu benutzen. Auf der rechten Seite der DisplayButtons befinden sich einige Voreinstellungen für Bildformate, darunter auch solche für das PAL-Fernsehformat, welches in vielen europäischen Ländern die Norm ist (nicht in Frankreich z.B., SECAM, Großbritannien und die USA benutzen NTSC). Wenn ein PAL-Format angewählt wird, ändert sich auch die Einstellung der Parameter für die Pixelseitenverhältnisse AspX: und AspY:. Dies ist nötig, da z.B. PAL-Bildpunkte keine Quadrate sind (Pixelseitenverhältnis nicht 1:1) oder sich das Zielbildformat (PAL und übliche Computermonitore 4:3, PAL+ 16:9 etc.) unterscheidet. Ein Kreis, der auf einem Computermonitor mit seinem Pixelseitenverhältnis von

DisplayButtons

Videoformate

1:1 rund ist, ist auf einem Fernseher ein Ei, wenn bei der Berechnung das Seitenverhältnis nicht angepasst wird.

**Abbildung 9-1**
Die DisplayButtons von
Blender

Direkt unter den Einstellungen für Bildgröße und Seitenverhältnis befinden sich die Knöpfe für die Einstellung des Dateiformats der zu speichernden Bilder. Ein gerade berechnetes Bild wird in Blender mit der Taste F3 in dem in den **DisplayButtons** gewähltem Format gespeichert. Bisher speichert Blender folgende Bildformate:

**Targa**     Flexibles Grafikformat, welches die Bildinformation ver-
              lust*frei* speichert (RLE-Kompression). Durch Anwahl
              von **RGBA** wird der Alphakanal (Transparenzinformati-
              on) mitgespeichert, wichtig, wenn das Bild später noch
              freigestellt oder in das GIF- oder PNG-Format gewan-
              delt werden soll. Da die Kompression für z.B. Farbver-
              läufe und organische Farbübergänge schlecht geeignet
              ist, können recht große Dateien entstehen.

**TgaRaw**    Wie Targa, aber unkomprimiert. Wenn z.B. Ihre Vi-
              deoschnittsoftware Probleme mit TGA hat, verwenden
              Sie diesen Dateityp.

**Iris**      Natives SGI-Bildformat, RLE-komprimiert, Alphachan-
              nel möglich, durch Anwahl von **IRIZ** wird ein spezielles
              Irisformat gespeichert, welches auch die Tiefeninforma-
              tion des berechneten Bildes enthält (ZBuffer). Dies ist
              für Compositings interessant.

**HamX**      Eher historisches Bildformat, vom Amiga kommend. Da
              es aber kleine schnell zu ladende Bilder produziert, ist
              es ein gutes Format, wenn eine berechnete Animation
              mit **PLAY** abgespielt werden soll, die Bildqualität reicht
              allerdings für andere Zwecke nicht.

**Ftype**     Blender ermittelt anhand des im Eingabefeld Ftype links
              in den **DisplayButtons** angegebenen Bildes das Bildfor-
              mat selbsttätig, ideal für skriptgesteuerte Berechnun-
              gen.

**JPEG**  Bildformat für Fotos und ähnliche (auch gerenderte) Bilder. Produziert durch eine verlust*behaftete* Kompression sehr geringe Bildgrößen. Die Art der Kompression ist aber auf die menschliche Wahrnehmung angepasst, sodass auch eine starke Kompression bei z.B. üblichen Video- oder Computermonitoren kaum auszumachen ist. Die Kompression ist mit Quality: im Bereich von 10% bis 100% einstellbar. Dabei bedeutet 100% nicht, dass die Kompression verlustfrei ist! Viele Videoschnittsysteme auf Computerbasis benutzen, um die Videobilder auf Festplatte abzulegen, ein JPEG-Format und sind oft in der Lage JPEG ohne erneute Komprimierung einzulesen. Dies ist besonders wichtig, da sich durch die verlustbehaftete Komprimierung bei JPEG die Fehler bei jeder erneuten Komprimierung aufsummieren.

Die Einstellung **BW** wandelt das Bild nach der Berechnung in ein 8-Bit-Graustufenbild um. Beim Speichern wird versucht je nach den Fähigkeiten des Bildformats diese Tiefe beizubehalten. **RGB** speichert die Farbdaten, **RGBA** speichert die Transparenzinformation mit, sofern das Dateiformat dies unterstützt. **IRIZ** speichert auch die Tiefeninformation als Irisformat.

Graustufen

Farbe

Alpha

Z-Buffer

Generell kann ich Ihnen das JPEG-Format empfehlen, wenn die Bilder nicht mehr nachbearbeitet werden müssen oder per Internet übertragen werden sollen. Um die maximale Qualität und Flexibilität zur Nachbearbeitung zu erhalten sollte das TGA-Format mit Alphakanal benutzt werden.

JPEG als guter Kompromiss zwischen Qualität und Größe

Einzelbilder können nach der Berechnung mit F3 gespeichert werden, es erscheint ein Dateifenster, in dem dann der Bildname und der Verzeichnispfad eingebgeben wird. Als Speicherformat dient dabei die Einstellung aus den DisplayButtons.

Einzelbilder speichern

## 9.1.1  Bildformate für HTML

Für die Integration von Bildern in HTML-Dokumente, die im World Wide Web (WWW) veröffentlicht werden sollen, kommen nur die Formate JPEG, GIF und PNG in Frage, die von allen grafikfähigen Browsern unterstützt werden. JPEG kann von Blender direkt gespeichert werden, allerdings sollte man für eine geringe Übertragungszeit und Dateigröße die Qualitätseinstellung so weit senken, wie es das spezielle Bild zulässt.

Bilder für das WWW

JPEG

Das GIF-Format ist ein Bitmapformat mit einer Palette von bis zu 256 Farben. Die Pixeldaten werden mit dem LZW-Algorithmus komprimiert, der leider aus lizenzrechtlichen Gründen von vielen frei erhältlichen Programmen nicht mehr unterstützt wird.

GIF

PNG    In Zukunft soll das GIF-Format durch das PNG-Format abgelöst werden, das ähnliche Eigenschaften besitzt und teilweise sogar noch besser ist. Leider ist die Unterstützung des PNG-Formats in den gängigen Webbrowsern noch nicht 100%ig.

GIF bietet sich aufgrund seiner Beschränkung auf 256 Farben auch nicht für die Wiedergabe von fotoähnlichen Bildern an, besitzt aber zwei Eigenschaften, die es dennoch interessant machen:

**Transparenz**    Es kann eine Farbe definiert werden, die den Hintergrund durchscheinen lässt. Damit sind Bilder möglich, die nicht mehr durch eine rechteckige Begrenzung beschränkt sind.

**Animation**    In einer GIF-Datei können mehrere aufeinander folgende Bilder gespeichert werden, die dann wie beim klassischen Zeichentrick hintereinander abgespielt eine Animation ergeben. Somit sind kleine Animationen wie sich drehende Logos, blinkende Knöpfe etc. möglich, was auch extensiv auf gängigen Webseiten genutzt wird.

GIFs erzeugen    Um solche GIFs zu produzieren, ist ein Programm nötig, welches ein Bildformat von Blender einlesen kann und als GIF speichert. Als Speicherformat aus Blender heraus ist hier das Targaformat besonders geeignet, da es verlustfrei komprimiert und die Transparenzinformation mit abspeichert, die nötig ist um transparente GIFs zu erzeugen. Auf den Plattformen Apple Macintosh und Windows ist als großes und teures, aber auch professionelles Werkzeug zur Bildbearbeitung Photoshop zu nennen, auf UNIX oder Unix-ähnlichen (Linux, FreeBSD etc.) Plattformen (mittlerweile ist auch eine Windows-Version im Entstehen) ist GIMP [10] verfügbar, welches nahezu alle Funktionen von Photoshop bietet, aber frei inklusive dem Quellcode erhältlich ist.

GIF-Tools    Neben diesen ausgewachsenen Bildbearbeitungen existieren für alle Plattformen noch kleinere Programme, die oft auf eine spezielle Aufgabe (etwa animierte GIFs zu erzeugen) optimiert sind, und eine nahezu unüberschaubare Anzahl von Freeware und Sharewaretools. In Abschnitt B sind einige Programme für diese Zwecke vorgestellt.

## 9.2  Animationen

Um eine Animation zur weiteren Bearbeitung als Einzelbilder zu speichern gelten prinzipiell die in Abschnitt 9.1 gemachten Bemerkungen. Damit Blender eine Animation erzeugt, ist ein Klick auf **ANIM** in den **DisplayButtons** F10 nötig, Blender beginnt daraufhin die Animation zu berechnen, und zwar vom Startbild bis zum Endbild, wie in **Sta:** und **End:** eingestellt. Die Dateien werden in dem gewählten Dateiformat gespeichert, das Verzeichnis und der Basisname der Bilder kann in dem Textfeld **Pics** links in den **DisplayButtons** eingegeben werden. Alternativ können Sie den grauen quadratischen Knopf neben dem Textfeld anwählen, um eine Dateiauswahl zu bekommen.

Der eingebenene Pfad und Basisname (z.B. `/tmp/bild.`) wird um die aktuelle Bildnummer ergänzt, und zwar ohne den Punkt, der bei Bedarf anzugeben ist. Ein nichtexistierendes Verzeichnis wird (die entsprechenden Rechte bei Mehrbenutzersystemen vorausgesetzt) erstellt. Aus dem obigen Beispiel würden für eine Animation von 100 Bildern die Dateien `/tmp/bild.0001`, `/tmp/bild.0002`, `/tmp/bild.0003`, ... `/tmp/bild.0100` gespeichert.

*Speicherpfad*

Programme unter Windows benutzen eine Dateiendung, die aus einem Punkt und drei Buchstaben (z.B. `.jpg`) besteht, um den Dateityp zu erkennen. Mit aktiviertem Knopf **Extension** hängt Blender eine dem Dateityp entsprechende Dateiendung (z.B. `.tga`, `.jpg` etc.) an den generierten Dateinamen. Der Basisname sollte in diesem Fall keinen Punkt enthalten, da dies einige Windows-Programme durcheinander bringen kann.

*Dateiendungen*

Wenn für ein Videoschnittsystem in einer Fernsehauflösung berechnet wird, so ist noch der Knopf **Fields** zu aktivieren. Damit wird das Zeilensprungverfahren (Interlace) oder Halbbildverfahren von TV- und Videosystemen unterstützt. Blender berechnet dann für jedes Bild (Frame) zwei Halbbilder (Fields). Dies ist ein Trick um die Bildwiederholfrequenz bei Fernsehbildern zu erhöhen, es werden die Halbbilder nacheinander gesendet, die Trägheit der Bildröhre lässt dann die Halbbilder wieder verschmelzen. Computermonitore sind schneller (d.h., die Leuchtschicht der Bildröhre leuchtet nicht so lange nach), daher ergibt das Abspielen einer Interlaced-Animation auf einem Computer zerfranste Kanten. Je nach verwendetem Schnittsystem kann es erforderlich sein, durch den kleinen Knopf **Odd** dic Reihenfolge der Halbbilder umzukehren.

*Berechnung für Video*

### 9.2.1 Video

Blender unterstützt folgende Animationsformate:

**AVI Raw**      AVI bedeutet »Audio Video Interlaced«, also eine Datei, in der Audio und Video ineinander verwoben sind. Eine AVI-Datei ist nur ein Container für eine Vielzahl von Audio- und Videoformaten, die zudem noch mit einer von zahlreichen Kompressionsmethoden versehen sein können. Als **AVI Raw** speichert Blender die unkomprimierten Bilder in einer AVI-

Datei, welches von jeder Software, die AVI einlesen kann, verstanden werden sollte. Die Dateien werden aber naturgemäß sehr groß.

**AVI jpg**     Eine AVI-Datei, in der die Bilder JPEG-komprimiert abgelegt sind. Die Quality-Einstellung definiert die Kompressionsrate. Die AVI-Dateien sind durch die verlustbehaftete Kompression recht klein und sollten von modernen AVI-fähigen Programmen gelesen werden können.

**SGI-Movie**     Blender speichert einen SGI-Movie. Dies ist nur bei SGI-Versionen von Blender möglich, da spezielle Funktionsbibliotheken von SGI benötigt werden.

Bildrate     Mit dem Eingabefeld Frs/sec: ist die Bildrate pro Sekunde (B/s) einer Animation einstellbar. Häufige Werte sind hier 15 B/s für AVIs, die direkt auf dem Rechner abgespielt werden sollen, 25 B/s für PAL-Video, 30 B/s für NTSC-Video und 24 B/s für Kinofilm.

### 9.2.2  Bewegungsunschärfe – Motionblur

Alle Kameratypen haben eine mehr oder weniger lange Belichtungszeit, abhängig vom belichteten Material (Film oder Halbleiterchip). Wenn nun eine schnelle Bewegung aufgenommen wird, bewegt sich das Objekt innerhalb der Belichtungszeit weiter, es entsteht eine Bewegungsunschärfe.

Belichtungszeit     Durch entsprechende Verkürzung der Belichtungszeit, was natürlich empfindliche Filme oder schnelle Halbleiter erfordert, kann man diesen Effekt mindern oder nahezu verschwinden lassen. Diese Technik wird z.B. bei Sportaufnahmen benutzt. Da nur mit einer bestimmten Bildrate pro Sekunde aufgenommen wird, entstehen so praktisch Momentaufnahmen über die Zeit der Bewegung. Bei der Wiedergabe solch einer Aufnahme erhält man dann eine Bewegung, die deutlich zittert. Was für Sportaufnahmen wünschenswert ist (wer möchte schon bei einem Standbild einen verschwommenen Schemen des Balles an der Seitenlinie sehen), wird bei normalen Film und Videoproduktionen vermieden.

Sehgewohnheit     Ähnlich wie bei Lensflares ist dies im Grunde ein Fehler in der Technik, unsere Sehgewohnheiten haben sich aber im Laufe der Zeit an diese Fehler gewöhnt und unser Gehirn registriert eine realistische Aufnahme. In diesem Moment kommt wieder die 3D-Animation ins Spiel. 3D-Grafik ist »steril«, wirkt künstlich, das menschliche Auge identifiziert so eine Grafik recht schnell und zwar anhand der nicht vorhandenen »Fehler«. Dies sind zu perfekte Oberflächen, zu glatte Bewegungen, kein Filmkorn, oben beschreibende Linsenfehler und auch die fehlende Bewegungsunschärfe. Eine virtuelle Kamera in einem 3D-Programm hat sozusagen eine unendlich kleine Belichtungszeit, daher ist auch eine noch so schnelle Bewegung immer scharf, was wiederum unseren Sehgewohnheiten widerspricht und dem Gehirn sofort auffällt.

**Abbildung 9-2**
Szene ohne und mit Bewegungsunschärfe brechnet

Blender besitzt in der »Complete«-Version die Möglichkeit Bewegungsunschärfe zu berechnen. Hierzu wird ein Bild mehrfach mit einem kleinen Zeitversatz berechnet und anschließend das Bild aus diesen Einzelbildern durch eine Art Überblendung zusammengesetzt. Diese Art der Berechnung bedingt allerdings mehrfache Rechenzeiten, aber gerade wenn die Animation für ein Video berechnet werden soll, lohnt sich dieser Aufwand für Schlüsselszenen mit schneller Bewegung sicher.

Zum Aktivieren der Funktion ist in den **DisplayButtons** F10 der Knopf MBLUR zu aktivieren. Die Einstellung unter OSA von 5, 8, 11, 16 bestimmt die Anzahl von zu berechnenden Zwischenbildern. Der Faktor Bf: (Blur Factor) definiert praktisch die Verschlusszeit (Belichtungszeit) der Kamera, höhere Werte ergeben eine stark ausgeprägte Bewegungsunschärfe. Für die in der Abbildung 9-2 dargestellte Szene wurde mit elffacher Wiederholung und einem Wert von 0,5 für Bf: gerechnet. Für die Verwendung auf Video sind aber normalerweise fünf Wiederholungen ausreichend.

Parameter für den Motionblur

## 9.3 Beleuchtungssimulation: Radiosity

Beleuchtungsmodelle, wie sie von den allermeisten Programmen verwendet werden, simulieren nur die Lichtstrahlen, die von der Lichtquelle ausgehen, bzw. diejenigen, die von der Kamera zurück zur Lichtquelle verfolgt werden. Mit dem Raytracingverfahren können so auch Spiegelungen simuliert werden.

In der Realität wird allerdings jeder nicht absolut schwarze Gegenstand zu einer Lichtquelle, welcher Licht abstrahlt und so je nach seiner Farbe umliegende Objekte einfärbt. Diese diffuse Lichtabstrahlung kann mit einigen geschickt platzierten leicht gefärbten Lichtquellen simuliert werden. Blender bietet mit seinem im »Complete Blender« verfügbaren Radiosity-Renderer aber die Möglichkeit eine wesentlich genauere Abbildung der Realität zu berechnen.

Von »Not A Number« wird dieser Radiosityrenderer allerdings eher als Werkzeug zur Modellierung angesehen. Seine Herkunft als externes Werkzeug merkt man ihm auch an, die Integration in Blender ist nicht hundertprozentig.

**Nur Polygonobjekte**

Größter Nachteil ist, dass der Radiosityrenderer nur mit Polygonobjekten arbeitet und diese zu einem einzigen großen Objekt zusammenfasst. Dabei gehen auch die Texturen verloren und müssen nach dem Radiosityrendering von Hand wieder auf die Objekte gebracht werden. Weiterhin ist es nicht möglich animierte Objekte in einer Radiositylösung zu haben. Es ist allerdings kein Problem eine Kameraanimation in der fertigen Lösung zu benutzen!

Erstellen Sie sich einen einfachen Raum mit einigen Objekten darin. An die Decke platzieren Sie einige Flächen, die eine Deckenbeleuchtung darstellen sollen. Lichter benötigen Sie nur, um beim Modellieren eine Ansicht rendern zu können, eine Welt in den **World-Buttons** F8 kann gelöscht werden.

**Leuchtende Objekte**

Die Beleuchtungskörper versehen Sie mit einem Material in der gewünschten Lichtfarbe und mit einem Emit-Wert von 1.0. Dies erzeugt ein selbst leuchtendes Material, Flächen mit einem Emitwert größer 0.0 werden bei der Radiositylösung zu lichtabgebenden Flächen. Die Menge des abgestrahlten Lichts ist vom Emitwert und der Größe der Fläche abhängig (Fläche × Emitwert). Durch die Materialfarbe können verschiedenfarbige Lichter simuliert werden.

**Radiosity Renderer**

Wenn Sie Ihre Szene fertig erstellt und gespeichert haben, selektieren Sie alle Objekte, die in die Radiositylösung eingehen sollen, und wechseln auf die **RadiosityButtons**.

| Phase: COLLECT MESHES | | | | | | | |
|---|---|---|---|---|---|---|---|
| | PaMax: 500 | PaMin: 200 | Hemires: 300 | GO | | Element Filter | Add new Meshes |
| | | | MaxEl: 10000 | | | RemoveDoubles | Lim: 0 | |
| Collect Meshes | ElMax: 100 | ElMin: 20 | Max Subdiv Shoot: 0 | SubSh P: 1 | SubSh E: 2 | FaceFilter | Replace Meshes |
| | ShowLim | Z | Subdiv Shoot Patch | Convergence: 0.100 | | | |
| Limit Subdivide | Wire | Solid | Gour | Subdiv Shoot Element | Max Iterations: 0 | Mult: 30.00 | Gamma: 2.000 | Free Radio Data |

**Abbildung 9-3**
**Radiosityrenderer**

**Objekte vorbereiten**

In den **RadiosityButtons** sind die einzelnen Schritte zu einer Radiositylösung in den Knopfgruppen von links nach rechts angeordnet. Ganz links befindet sich der beige Knopf Collect Meshes, der die selektierten Polygonobjekte zusammenfasst und für die Radiositylösung vorbereitet. Nach Aktivierung von Collect Meshes werden weitere Knöpfe beige, um anzuzeigen, dass nun ein Rendering möglich ist. In den RadiosityButtons erscheint jetzt eine Information zu der Szene, wichtig ist hier die Information »Emit:«, die anzeigt, wie viele Flächen als Lichtemitter wirken. Hier sollte eine Zahl größer als Null stehen, da sonst alles dunkel bleibt.

In der zweiten Knopfreihe befinden sich die Knöpfe **Wire**, **Solid** und **Gour**, die angeben, wie die Objekte während der Lösung angezeigt werden. **Wire** zeichnet nur ein Drahtgitter, welches eine Kontrolle über die von Blender vorgenommenden Unterteilungen der Flächen erlaubt. **Solid** zeigt gefüllte, farbige Flächen. Die letze Option **Gour** zeigt die Lösung mit geglätteten Polygonobjekten an und ermöglicht die beste Kontrolle über das Ergebnis der Radiositylösung und sollte für dieses Experiment eingeschaltet werden.

Darstellung während der Berechnung

Die weiteren Einstellungen in den ersten vier Knopfreihen ermöglichen eine genaue Kontrolle über den Radiosityprozess, sind aber für unseren Versuch auf sinnvolle Vorgaben eingestellt und sollten jetzt nicht verändert werden.

Jetzt kann das Radiosityrendering durch einen Klick auf **GO** gestartet werden, der Fortschritt ist in den 3D-Fenstern zu verfolgen. Der Renderingprozess kann jederzeit mit Esc abgebrochen werden, die bis dahin erzielten Ergebnisse gehen dabei nicht verloren. Nach einer gewissen Zeit, die von der Art und Komplexität der Szene abhängt, beendet Blender den Renderprozess automatisch.

Starten der Radiositylösung

**Abbildung 9-4**
Einfache Radiosityszene

Sollten sich in der Szene unschöne Verteilungen der Lichtstärken auf einzelnen Flächen ergeben, so kann mit **Element Filter** eine Filterung vorgenommen werden, der Erfolg ist in den 3D-Fenstern zu erkennen.

Nachbearbeitung

**Ergebnis in die Szene übernehmen**

Sind Sie mit den Ergebnissen zufrieden, so kann die Radiositylösung mit **Add new Meshes** in die Szene übernommen werden. Dies resultiert in einem großen Mesh, welches alle Elemente enthält. Es wird auf dem Layer, der auch die originalen Objekte enthält, platziert und kann dann mit der Taste [M] auf einen anderen Layer gebracht werden.

**Rendern des Bildes**

Zum Berechnen eines Bildes schalten Sie nun auf diesen Layer und drücken [F12] um ein Bild zu berechnen. Es sollte sich ein Bild wie in Abbildung 9-4 ergeben. In dem Schwarz-Weiß-Druck ist leider nicht zu erkennen, dass die (rote) Pyramide links einen roten Widerschein auf der Wand produziert.

**Speichern der fertigen Radiositylösung**

Da die Informationen zu den Stärken des emittierten Lichtes der einzelnen Flächen in den Vertices der Objekte untergebracht ist, kann die Szene so gespeichert werden und die Radiositylösung steht direkt nach dem Laden wieder ohne eine Neuberechnung zur Verfügung.

Dies ermöglicht es auch Anwendern des freien Blender, mit solchen Radiosityszenen zu arbeiten. Auf der CD befinden sich im Verzeichnis `Radiosity/` die Ausgangsszenen, aber auch die gelösten Szenen, zu erkennen an dem Zusatz `_solved` im Dateinamen.

**Abbildung 9-5**
**Mit Radiosity berechnete und anschließend texturierte Szene**

Da die Radiositylösung ein großes zusammengefasstes Objekt produziert, ist für eine spätere Material- und Texturvergabe das Mesh wieder in Einzelobjekte aufzuteilen.

**Ergebnismesh auftrennen**

Dazu selektieren Sie das Mesh und wechseln mit [Tab] in den Edit-Mode. Bewegen Sie den Mauscursor über ein Vertex des zu trennenden Objekts und drücken die Taste [L]. Alle damit zusammenhän-

genden Vertices werden jetzt selektiert und können anschließend mit
$\boxed{\text{P}}$ als eigenes Objekt von dem Mesh abgetrennt werden.

Oft ist es hilfreich erst einmal die Wände oder ähnlich großflächige Objekte abzutrennen, damit ihre Vertices die Selektion der restlichen Objekte nicht behindern. In der Datei `Radiosity-Box01_solved.blend` befindet sich das aufgeteilte und berechnete Mesh des Beispiels.

Auf die jetzt wieder separat vorliegenden Objekte können ganz normal Texturen aufgebracht werden, zu beachten ist hier nur die Aktivierung der Option **VertexCol** in den MaterialButtons, damit die Radiositylösung in die Materialfarbe einfließt.

Texturen aufbringen

In der fertigen Szene können anschließend auch noch normale Lichtquellen von Blender mit benutzt werden. Ein Beispiel hierfür ist die Szene `Konferenzraum04_solved.blend` (Abbildung 9-5), in dem durch das Fenster einfallendes Licht und die Schreibtischlampe mit normalen Spotlights von Blender realisiert sind. Der Rest der Beleuchtung inklusive dem Schein des Computermonitors ist mit dem Radiosityverfahren berechnet. Eine berechnete Animation dieser Szene befindet sich auf der CD zum Buch.

Kombination mit normalen Lichtquellen

Eine komplette Dokumentation der einzelnen Parameter des Radiosityrenderers von Blender befindet sich auf dem Webserver von Blender im Abschnitt »Complete Blender« [9].

# 10 Tutorial: Laser

In diesem Tutorial wird die Animation eines Schneidelasers (der sich auch gut für virtuelle Raumschlachten eignet) entwickelt. Es werden Volumenlichter, Partikel und Materialanimationen verwendet.

## 10.1 Laserstrahl

Erzeugen Sie eine Lampe über einer Fläche. Setzen Sie den Typ der Lampe in den **LampButtons** [F4] auf Spot. Um einen schmalen Strahl zu erhalten ist SpotSi: auf den kleinsten Wert (1.0) zu setzten. Im Gegensatz zu einem realen Laser weitet sich der Strahl des Lichts mit zunehmender Entfernung immer noch zu stark auf, deshalb sollte der Abstand der Lampe zum Ziel nicht zu groß sein.

Sollte man sehr lange Laserstrahlen für eine Szene benötigen, muss man sich mit einem durchsichtigen selbst leuchtenden Zylinder behelfen, mit dem Nachteil, dann selbst auf die Unterbrechung durch andere Objekte achten zu müssen.

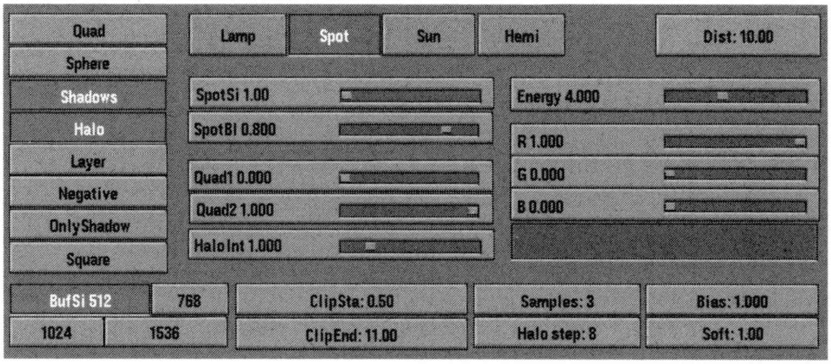

Spotlight als Laserstrahl

**Abbildung 10-1**
Parameter in den
LampButtons des
Laserstahls

Aktivieren Sie in den **LampButtons** die Option Halo für das Laserstrahllicht, damit der Strahl im berechneten Bild sichtbar wird. Wichtig ist in dem Zusammenhang mit der Einstellung Halo der Parameter Halo step:, der die Genauigkeit der Schattenberechnung innerhalb von Halos bestimmt. Ein Wert von eins bedeutet beste Qualität, für die Mehrzahl der Szenen ist aber ein Wert von acht ausreichend. Die Intensität des Lichts sollte so weit erhöht werden, bis ein ausrei-

Sichtbarmachen des
Strahls

chender Strahl sichtbar wird und der Lichtpunkt des Lasers auf der
Fläche intensiv genug ist.

Emptys können nur in den
AnimButtons F7
umbenannt werden

Damit die Ausrichtung (das Zielen, wenn man so möchte) vereinfacht wird, erstellen wir nun mit ADD→Empty ein Nullobjekt, welches
als Ziel für den Laser dienen soll. Durch Wählen des Laser-Lichts,
dann mit Shift-RMB das Ziel und Drücken von Strg-T wird das Empty zum Ziel des Lasers. Sollte der Laserstrahl nach dieser Aktion
noch nicht genau auf das Ziel zeigen, so ist Object→Clear Rotation bzw.
Alt-R bei selektierter Lampe auszuführen. Wenn jetzt das Zielempty
bewegt wird, folgt der Laserstrahl.

Ein Testrendering F12 sollte einen roten Laserstrahl ergeben, der
auf der Fläche einen hellen Lichtpunkt erzeugt.

**Abbildung 10-2**
Überblick der Laserszene

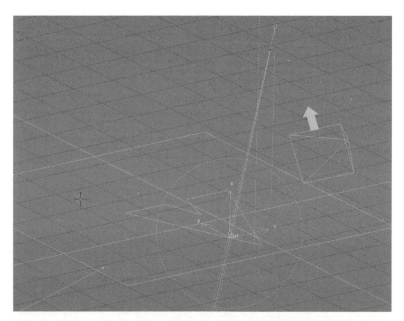

Ein solch starker Laserstrahl würde einen hellen Widerschein auf
der Fläche erzeugen, den Sie gut durch eine Lichtquelle kurz über der
Fläche simulieren können ohne eine echte Reflektion zu benötigen.

Simulation des
Widerscheins

Wählen Sie das Ziel des Lasers mit der rechten Maustaste und
platzieren den 3D-Cursor mittels des SNAP-Menüs direkt auf dem
Ziel. Eine Abkürzung ohne die Maus zu benutzen ist hier die Tasten-
folge Shift-S 4, die den vierten Menüpunkt auswählt. Jetzt erzeugen Sie mit Add→Lamp eine Lichtquelle, die Sie in einer Seiten- oder
Vorderansicht etwas hoch über die Fläche verschieben, dazu sollten
Sie die mittlere Maustaste im Verschiebemodus G benutzen. Damit
die Lampe dem Ziel folgt, machen Sie das Ziel zu einem Parent der
Lampe (Lampe selektieren, Ziel mit Shift-RMB, Strg-P).

In den **LampButtons** F4 stellen Sie nun die Farbe mit den RGB-Reglern auf ein helles Rot ein, mit einem Testrendering F12 wird festgestellt, ob die gewünschte Wirkung erreicht ist, die Lampe noch heller sein muss (Energy) oder noch höher über der Fläche platziert werden sollte.

In der Grundeinstellung, nach dem Erzeugen einer neuen Licht-quelle, strahlt die Lampe unendlich weit, was nur in den seltensten Fällen erwünscht ist und auch nicht der Realität entspricht. Diesem Umstand können Sie umgehen, wenn für die Lichtquelle Sphere gewählt wird. Mit dem Parameter Dist: kann jetzt die Reichweite der Lichtabstrahlung definiert werden, in den 3D-Windows wird dies durch einen gestrichelt dargestellten Kreis visualisiert. Die Licht-abnahme geschieht in diesem Bereich linear mit der Entfernung zur Lichtquelle, mit dem Knopf Quad wird auf eine quadratische Licht-abnahme geschaltet, die den realen Bedingungen entspricht.

*Beschränken der Lichtreichweite*

## 10.2 Die Welt

Ein Laserstrahl passt geradezu perfekt zu einer Weltraumszene, die wir jetzt definieren. Wechseln Sie in die **WorldButtons** F8 und stellen die Parameter aus Abbildung 10-3 ein.

WorldButtons

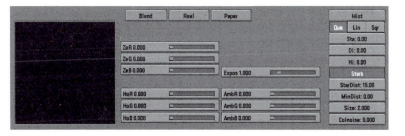

**Abbildung 10-3**
Parameter für den
Sternenhintergrund

Dies schafft einen einheitlichen schwarzen Hintergrund (Blend und Real abgewählt, Horizontfarbe Schwarz) mit Sternen. Je nach Be-rechnungsgröße ist es eventuell noch nötig, die Sternengröße mit Size: anzupassen. Die weiteren Parameter sind wie in Abschnitt 7.5.3 bei Bedarf einzustellen.

## 10.3 Material der Fläche

Da ich mich nun für dieses Tutorial auf eine Science-Fiction-Welt-raumszene festgelegt habe, fehlt noch das entsprechende Material für die Fläche, die der Laser bestreicht. Selektieren Sie die Fläche mit der rechten Maustaste, wechseln mit F5 in die **MaterialButtons** und erzeugen ein neues Material für die Fläche, falls noch keines definiert ist.

MaterialButtons

Als Farbtextur fügen Sie in den **TextureButtons** F6 die Textur
`scifi01color2.jpg` aus dem Texturverzeichnis `Tutorial/tex/`
als ImageTextur dem Material hinzu. In den zweiten und dritten Texturkanal fügen Sie die Texturen `scifi01bump2.jpg` und
`scifi05bump.jpg` als Bumpmaps ein, für die Sie dann in den **MaterialButtons** Col deaktivieren und Nor einschalten.

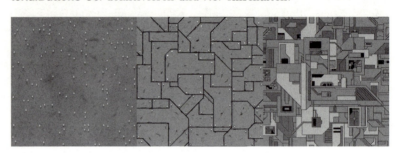

**Abbildung 10-4**
Farbmap und zwei
Bumpmaps für die
Raumschiffoberfläche

In Abbildung 10-4 sind die Texturen für die Szene dargestellt. Um
eine gute Wirkung der Bumpmaps zu erhalten sollte eine Lichtquelle
für die Szene definiert werden, die schräg auf die Fläche scheint.

Kachelbare Texturen

Da die Textur jetzt über die gesamte Fläche gemappt ist, werden die Strukturen viel zu groß sein. Die verwendeten Texturen sind
allerdings dazu geeignet, wiederholt aneinander gereiht zu werden
(Kacheln, Tiling). Diese Kachelung kann entweder in den Texture-
Buttons durch die Parameter Xrepeat: und Yrepeat: erfolgen, muss
dann aber für jede Textur des Materials eingestellt werden. Der gleiche Nachteil würde sich aus der Verwendung des Size-Parameters in
den MaterialButtons ergeben.

Texturgröße anpassen

In diesem Fall bietet es sich an, den gesamten Texturbereich für
das Objekt zu verändern. Selektieren Sie die Fläche und drücken die
Taste T. Das daraufhin erscheinende Menü bietet die Möglichkeiten
mit Grabber den Texturbereich zu verschieben oder mit Size in der
Größe zu ändern. Wählen Sie hier Size um den Texturbereich zu verkleinern. Je nach der Größe Ihrer Fläche kann jetzt mit der Maus der
durch einen gestrichelt dargestellte Texturbreich auf ca. die Hälfte
skaliert werden. Bei einem Testrendering wiederholt sich die Textur
jetzt auf der Fläche.

## 10.4    Der Pfad

Nun gilt es einen Pfad zu definieren, der das vom Laser auszuschnei-
dene Stück der Fläche darstellt. Hierfür eignen sich alle geschlossen-
den Pfade, wenn später das Stück herausfallen soll. Ich habe mich
für dieses Tutorial für ein »V« aus einem PostScript-Zeichensatz entschieden, welches ich dann mit Alt C in einen Kurvenzug umgewan-

delt habe. Wenn man einen Buchstaben wie z.B. ein »O« verwenden möchte, das aus zwei geschlossenen Kurvenzügen besteht, muss dieses Objekt zur Verwendung als Pfad getrennt werden.

Dazu wird der Text in eine Kurve gewandelt, dann platzieren Sie den Mauscursor im EditMode über einem Vertex des abzutrennenden Teilpfades und drücken die Taste [L]. Alle zu diesem Teilsegment gehörenden (ge*L*inkten) Vertices werden nun selektiert und können jetzt mit [P] abgetrennt werden (se*P*arate).

Zur Vorbereitung wird der Pfad zum Parent des Laserziels (das Empty) gemacht. Dazu selektieren Sie das Ziel, dann den Pfad und drücken [Strg]-[P]t. Nun muss der Pfad selektiert und in den **AnimButtons** [F7] CurvePath aktiviert werden. Je nach den Ursprungspunkten des Ziels und des Pfades sollten Sie das Ziel selektieren und [Alt]-[O] drücken, um das Ziel genau auf den Pfad zu setzen.

Laserziel dem Pfad folgen lassen

AnimButtons

Je nach Pfad wird der Strahl dem Buchstaben noch nicht richtig folgen, bei einem »V« wird die linke Seite ausgelassen. Dies beheben Sie, indem Sie das Pfadobjekt selektieren, in den EditMode wechseln, mit [A] alle Vertices auswählen und einmal [H] drücken.

Wenn jetzt die Animation mit [Alt]-[A] abgespielt wird, so sehen Sie, dass der Strahl bei sehr scharfen Richtungswechseln »abkürzt«. Dies ist durch Erhöhung des Wertes DefResolU: für den Pfad in den **EditButtons** auf ca. 20-30 und anschließendem Set zu beheben.

Pfad bearbeiten

In der Grundeinstellung ist ein Pfad immer auf 100 Bilder eingestellt. Mit dem Parameter PathLen: kann die Animationsdauer nachträglich geändert werden, Änderungen an diesem Wert werden sofort in die Animation übernommen.

Animationslänge

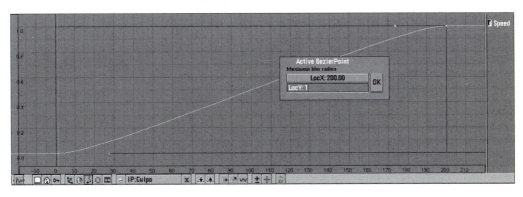

**Abbildung 10-5**
Speed-IPO mit
NumberMenu

Eine genauere Kontrolle erhält man aber erst über das Speed-IPO des Pfades (siehe auch Abschnitt 8.2.2), das im Gegensatz zu den Pfadobjekten bei Kurvenpfaden nicht automatisch erzeugt wird.

Für unseren Laser wäre eine Beschleunigung und ein Abbremsen des Laserstrahls am Beginn und Ende des Pfades wünschenswert.

Dies vermittelt den Eindruck, dass für die Bewegung eine große und schwere Kanone bewegt werden muss, und ist somit ein Trick um eine Animation »natürlicher« zu gestalten.

**IPOWindow**

Selektieren Sie den Pfad und wechseln in einem Fenster auf das **IPOWindow**. Dort müssen Sie nun den gekurvten Pfeil anwählen um die IPOs für Pfade zu bearbeiten. Hier ist als alleiniger Kanal **Speed** möglich.

Die einfachste Methode eine IPO-Kurve zu erzeugen ist, wenn Sie mit gedrückter [Strg]-Taste zweimal in einigem Abstand voneinander in das IPOWindow klicken. Es wird eine IPO-Kurve angezeigt, die die Geschwindigkeit des Objekts auf dem Pfad darstellt. Wie in Abschnitt 8.2.2 beschrieben, bedeutet die Hochachse die Position des Objekts auf dem Pfad im Bereich von Null bis Eins und die waagerechte Achse die Animationszeit in Bildern. Da man kaum in der Lage ist die Punkte exakt zu setzten, muss diese Kurve nun nachbearbeitet werden.

Genaue Werteeingabe für die IPO-Kurve

Selektieren Sie die IPO-Kurve, falls sie nicht schon selektiert ist, und wechseln in den EditMode mit [Tab]. Nun selektieren Sie einen Punkt der Kurve mit der rechten Maustaste und drücken [N] um das NumberMenu aufzurufen (Abbildung 10-5). Für den ersten (also zeitlich ersten, linken im IPOWindow) Punkt geben Sie einen X-Wert von 1 ein (erstes Bild) und einen Y-Wert von 0 (Anfang des Pfads). Der zweite Kontrollpunkt der Kurve bekommt die Werte 200 für den X- und 1 für den Y-Wert.

Damit bestreicht der Laserstrahl den Pfad innerhalb von 200 Bildern vollständig, was bei PAL-Video oder TV einer Animationslänge von 8 Sekunden entspricht. Solange Sie noch im EditMode sind, können nun auch die Handles der IPO-Kurve angepasst werden, damit die Bewegung des Laserstrahls nicht ganz so sanft beginnt. Für diesen Zweck verschieben Sie die Handles der Kurvenpunkte waagerecht, bis die gewünschte Beschleunigung erreicht ist (mit [Alt]-[A] zum Testen die Animation im 3D-Fenster abspielen).

## 10.5   Nachglühen des Schnitts

Wenn der Laser eine Stelle passiert hat, wird dort das Metall noch eine Weile nachglühen. Diesen Effekt könnten Sie mit einer animierten Textur erreichen, die entweder per Hand zu zeichnen wäre oder in Blender seperat zu berechnen ist. Mit einem Partikelsystem besteht hingegen die Möglichkeit, diesen Nachglüheffekt in einem Durchgang zusammen mit der restlichen Animation zu berechnen.

Partikelemitter

Zu diesem Zweck sollten Sie nun das Laserziel anwählen und mit [Shift]-[S] [4] den 3D-Cursor auf das Ziel setzten. Erzeugen Sie in einer Draufsicht [PAD-7] eine Fläche (Plane), die nach dem Verlassen des

EditMode soweit herunterskaliert wird, bis sie einen etwas kleineren Durchmesser als der Laserstrahl hat. Diese Fläche wird der Partikelemitter für den Nachleuchteffekt und soll daher dem Laserstrahl folgen. Selektieren Sie die Fläche, erweitern die Selektion mit Shift und der rechten Maustaste auf das Ziel und machen sie mit Strg -P zu dem Parent des Emitters.

Um einen neuen Partikeleffekt zuzuweisen selektieren Sie jetzt bitte die Fläche allein und schalten auf die **AnimButtons** F7, wo Sie mit New Effect einen neuen Effekt kreieren und den Typ mit dem MenuButton auf Particles setzen.

Neuer Partikeleffekt

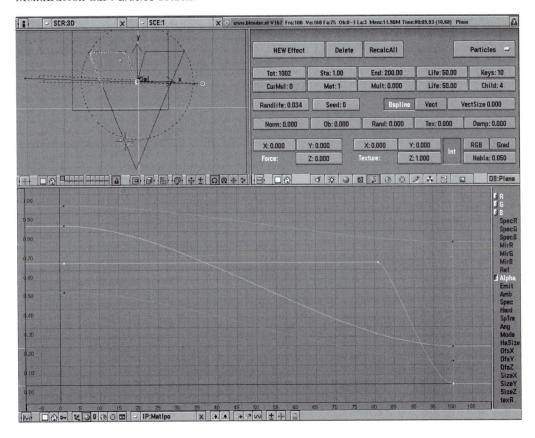

Wenn Sie die Animation in einem 3D-Window mit Alt -A abspielen, wird schon ein Partikelschweif erkennbar sein, in einem berechneten Bild ist aber noch nichts zu sehen, da noch kein Partikelmaterial vergeben ist. Vorher sollten wir allerdings noch die Dauer der Partikelgenerierung an unsere Animationslänge anpassen, indem wir End: auf 200 stellen (falls Sie sich für die gleiche Animationsdauer entschieden haben). Mit dem Parameter Randlife: wird die Lebensdauer

**Abbildung 10-6**
Mit diesen Partikelparametern und Material-IPOs leuchtet der Schnitt nach

der Partikel in einem gewissen Rahmen zufällig variiert, was zu einem Art »Ausfransen« des Partikelschweifs führt. Hier haben sich Werte von ca. 0.5 bewährt.

**Material für das Nachleuchten**

Bei selektierter Emitterfläche schalten Sie nun auf die **Material-Buttons** F5 und erzeugen über den MenuButton mit ADD NEW ein neues Material. Den Materialtyp sezten Sie auf Halo und stellen die Größe des Halos mit Halosize: auf 0.07. Jetzt ist die Spur auch in berechneten Bildern sichtbar, allerdings ist sie noch weiß, was Sie durch Einstellen der Farbe in den MaterialButtons ändern können.

**Materialanimation**

Einen noch besseren Effekt erzielen wir mit einer Materialanimation der Partikelspur von einem Weißgelb nach Dunkelrot und einem langsamen Verschwinden der Spur. Eine Materialanimation für Partikelmaterialien ist, wie in Abschnitt 8.8.2 beschrieben, immer in den ersten 100 Bildern definiert und gilt dann für die Lebenszeit der einzelnen Partikel.

Bewegen Sie den Schieberegler für die Bildzahl auf 1 und wechseln bei selektiertem Spuremitter in die **MaterialButtons** F5. Stellen Sie jetzt für den Anfang der Materialanimation ein helles Gelbweiß mit den Farbreglern ein und drücken mit dem Mauszeiger über dem Materialfenster die Taste I. In dem erscheinenden Pop-up-Menü wählen Sie RGB um einen Key für die Farbe zu definieren.

Stellen Sie den FrameSlider auf Bild 100, ändern die Farbe des Materials auf ein dunkles Rot, drücken abermals I und wählen RGB. Wenn Sie nun mit dem Mauszeiger über den MaterialButtons Alt-A drücken, wird sich die Materialfarbe in den ersten 100 Bildern wie eingestellt ändern, in einem berechneten Bild hat die Spur einen Farbverlauf von Gelb nach Rot. Die aus der Keyframeanimnation des Materials resultierende IPO-Kurve kann in einem IPOWindow (siehe auch Abbildung 10-6) visualisiert und auch bearbeitet werden.

**IPOWindow**

Die Animation des Verblassens ist ähnlich wie die der Farbe nur mit dem Alpha-Parameter zu animieren, indem Sie den Alphawert in den Bildern 80–100 mit einer IPO-Kurve von 1.0 auf 0.0 setzen lassen.

## 10.6  Trennnaht

Damit auch eine Naht an der Schnittlinie bleibt, schlage ich die Verwendung eines weiteren Partikelsystems vor. Prinzipiell würde auch ein Partikelsystem, wie oben definiert, mit langer Lebensdauer und einer geschickten Materialanimation genügen, allerdings sind die IPO-Kurven für diese Materialanimation schwierig zu erstellen und eine nachträgliche Anpassung der Animation erfordert nochmals nahezu den gleichen Aufwand.

**Ein weiterer Emitter**

Erzeugen Sie eine weitere Fläche genau auf dem Ziel, wie oben beschrieben, und skalieren Sie diesen zweiten Emitter wesentlich kleiner als den ersten, da die Naht sehr schmal sein soll. Jetzt machen Sie mit [Strg]-[P] das Laserziel zum Parent des Emitters, damit auch dieser dem Strahl folgt. Erzeugen Sie ein weiteres Partikelsystem für die zweite Emitterfläche, die Parameter können fast unverändert bleiben, wichtig ist hier vorerst nur der Parameter End:, der auf die Animationslänge des Pfades angepasst werden muss, und die Lebensdauer Life:, die für die gesamte Animation reichen muss, damit nicht plötzlich die Naht »magisch« verschwindet. In meinem Beispiel wird eine Pfadlänge von 200 Bildern benutzt, sodass der Parameter End: auf 200 gesetzt wird. Die gesamte Animation soll 250 Bilder dauern, somit ist Lifetime: auf 250 zu setzen.

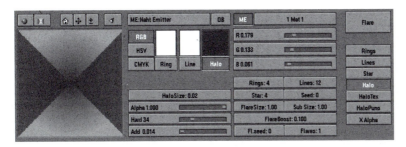

**Abbildung 10-7**
Material für die Naht

Als Material für die vom Laser geschnittene Naht habe ich ein Material wie in Abbbildung 10-7 definiert. Dieses Halomaterial besitzt eine dunkelbraune Farbe und eine sehr kleine HaloSize:, damit die Naht lasertypisch schmal bleibt. Den Parameter Add sollten Sie klein wählen, damit das Material nicht den typischen Glüheffekt von Halos bekommt.

Material der Naht

Hard bestimmt die Durchsichtigkeit des Halomaterials, der Standardwert von 50 sollte einen guten Effekt ergeben. Soll die Naht stärker zu sehen sein, so kann der Wert verringert werden, allerdings wird dann die Naht auch innerhalb des Glüheffekts stärker sichtbar.

## 10.7  Pyrotechnik: Funken und Rauch

Um die Animation zu komplettieren, können und sollten Sie noch Rauch und Funken hinzufügen. Hierzu verwenden Sie die gleichen Schritte um neue Partikelemitter hinzuzufügen, wie oben beschrieben.

Für das Rauchmaterial kann das Material aus Abschnitt 8.8.3 verwendet werden, welches mit [Shift]-[F1] hinzugeladen wird.

Aufstiebende Funken sollten mit einer negativen Kraft in Z-Richtung versehen werden, damit die Funken auf die Fläche zurückfallen.

Als Anregung kann die Szene `Laser12.blend` von der CD benutzt werden.

## 10.8   Abschalten des Lasers

*Abschalten mit einer IPO-Kurve*

Nach 200 Bildern soll in diesem Beispiel der Laser wieder abgeschaltet werden, dies ist durch eine IPO-Kurve für die Energie der Laserlampe und der Punktlichtquelle, die für den roten Schein sorgt, animierbar.

*IPOs für Lampen im IPOWindow*

Hierfür erstellen Sie sich IPO-Kurven für den **Energy**-Wert der Lampen, die in den Bildern 1—199 den vollen Energiewert besitzen und dann innerhalb von einem oder zwei Bildern auf den **Energy**-Wert 0.0 sinken. Dies kann über eine normale Keyframeanimation geschehen oder durch Auswahl des **Energ**-Kanals im IPOWindow für Lampen. Hier Erzeugen Sie dann Keyframes durch Klicks mit der linken Maustaste bei gehaltener [Strg]-Taste innerhalb des IPOWindows.

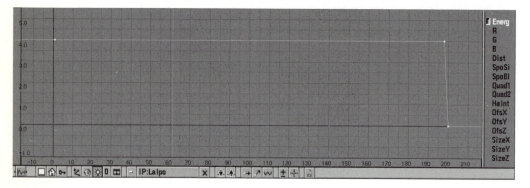

**Abbildung 10-8**
*Energy-IPO für die Laserlampe*

Die Kurven sind allerdings jetzt noch Bezierkurven, sodass die Änderungen langsam und weich erfolgen. Wählen Sie die Kurve mit der rechten Maustaste an (nicht im EditMode, die Vertices werden weiß), drücken mit der Maus im IPOWindow die Taste [T] und wählen den Typ **Linear** in dem erscheinenden Pop-up-Menü. Die einzelnen Punkte können nun im EditMode mit der Taste [N], also dem NumberMenu, genau gesetzt werden.

*Wiederverwenden der IPO-Kurve*

Für das Punktlicht können Sie nicht die gleiche IPO-Kurve verwenden, da die Helligkeit zu groß ist. Zur Vereinfachung kann aber das Punktlicht selektiert und ihm erst einmal die Lampen-IPO der Laserlampe mit dem MenuButton im IPOWindow zugewiesen werden. Der Name neben dem MenuButton erscheint dann blau unterlegt, was eine mehrfache Benutzung des IPOs anzeigt. Mit einem Klick auf die Zahl (hier »2«) erscheint eine Sicherheitsabfrage, die Sie mit einem Klick auf **Single User** oder [Return] bestätigen. Blender hat

**Abbildung 10-9**
Ein Standbild aus der
Laseranimation

eine Kopie der Kurve erzeugt, die nun durch Bearbeiten im EditMode (z.B. durch Skalieren der Kurve in Y-Richtung) auf die geringeren Energiewerte angepasst werden kann.

# 11 Tutorial: Torpedo

Unter Compositing versteht man die Integration von Effekten, Animationen oder verschiedenen Szenen in eine andere Szene. Hierbei kommt es darauf an, die Szenen möglichst nahtlos zu integrieren, da ansonsten dieser Trick schnell erkannt wird. Für den guten Eindruck ist insbesondere die stimmige Beleuchtung der zu integrierenden Szenen nötig, und speziell computergenerierte Szenen wirken oft im Vergleich mit den Realszenen zu perfekt. *Compositing*

Je nach Anwendungszweck gibt es verschiedene Möglichkeiten der Integration von Computergrafik in Videoszenen. Eine ist, die Szenen normal mit einer Alphatransparenz zu berechnen und anschließend auf dem Videoschnittsystem mit den Videoaufnahmen zu kombinieren. Bei dieser Methode wäre dann die Computergrafik der Vordergrund und die Realszenen der Hintergrund, (halb)transparente Objekte würden den Hintergrund entsprechend durchscheinen lassen. *Computergrafik in Realszenen*

Der umgekehrte Weg, die Computergrafik im Hintergrund zu haben, ist aus diversen Nachrichtensendungen bekannt und wird mit dem so genannten »Colorkeying« produziert. Hierbei wird eine bestimmte Farbe im Hintergrund (blau oder heutzutage häufig grün), die natürlich nicht in der Szene vorkommen darf, durch die Computergrafik ersetzt. Zwischen diesen beiden Möglichkeiten gibt es noch verschiedenen Zwischenstufen, mit denen z.B. ein komplettes virtuelles Studio, in dem der Moderator auch um computergenerierte Objekte herumgehen kann, erzeugt wird. *Colorkeying, früher als Bluebox bezeichnet*

Die zweite grundsätzliche Möglichkeit des Compositings ist, die Einzelbilder einer Video- oder Filmszene in das 3D-Programm zu integrieren. Hierbei hat man durch die direkte Integration die volle Kontrolle über das Compositing und durch Testberechnungen kann schnell die Wirkung von einzelnen Bildern begutachtet werden.

Blender bietet die Möglichkeit mit dem Sequenzeditor verschiedene Szenen miteinander zu kombinieren (siehe Abschnitt 8.10), so wie es auch ein computergestütztes Videoschnittsystem gestattet. Im Moment existiert allerdings noch kein Sequenz-Plug-in welches ein Colorkeying bieten kann, eine Kombination mit Alphatransparenzen ist aber problemlos möglich. Bisher wird von Blenders Sequenzeditor noch kein Ton unterstützt. *Sequenzeditor*

Weiterhin können animierte Bildsequenzen oder AVI-Filme als Texturen und Hintergrundbilder benutzt werden.

## 11.1 Begegnung der vierten Art

In Taucherkreisen geht die Geschichte von einer Begegnung mit einem Torpedo in der Nähe eines Übungsgebiets um. Bei der Durchsicht von Unterwasseraufnahmen aus Indonesien habe ich eine Szene entdeckt, die ideal geeignet ist, um diese Geschichte in Blender nachzustellen. Die Szene besteht aus Aufnahmen im flachen Wasser über einem Riff, das von vielen Fischen bewohnt wird. Aus unerfindlichem Grund versteckt sich plötzlich ein großer Fischschwarm im Riff, wo dann unser computergenerierter Torpedo ins Spiel kommt...

**Abbildung 11-1**
Standbild aus der
Torpedoanimation

Die Szene auf CD

Die Bilder der Unterwasserszene liegen auf der CD zum Buch im JPEG-Format in PAL-Auflösung vor. JPEG ist aufgrund seiner verlustbehafteten Komprimierung nicht ideal für das Compositing, aber der Platz auf der CD ist begrenzt. Die 900 Bilder liegen als PAL-Halbbilder vor und beanspruchen ca. 70 MB Speicherplatz auf der CD. Da im PAL-Fernsehsystem ein Vollbild aus zwei Halbbildern besteht und 50 Halbbilder pro Sekunde gezeigt werden, beträgt die Szenenlänge 18 Sekunden.

## 11.2 Hintergrund

Laden Sie nun bitte die Szene `Torpedo/Torpedo00.blend` von
der CD. Diese Datei enthält den fertigen Torpedo auf einer Art Bühne
aus zwei Flächen.

Der Torpedo wurde mit Hilfe eines Hintergrundbildes aus der Vi-      Torpedo
deosequenz in Größe und Lage in die Sequenz »hineinmodelliert«.
Solch ein Hintergrundbild kann eingefügt werden, indem mit ⇧Shift⇧-
F7, wie in Abschnitt 5.14 beschrieben, das »BackGroundPic« eingefügt wird. Da die Bilder auf CD als PAL-Halbbilder vorliegen, wurde
allerdings ein vertikal um den Faktor 2 skaliertes Bild benutzt, damit
die Seitenverhältnisse stimmen.

Die untere Fläche wird später den Schatten des Torpedos aufneh-     Die Bühne
men und in die Hintergrundszene einblenden, die hintere Fläche wird
die Videobilder zeigen.

In den **WorldButtons** F8 ist ein Nebel definiert, der bis kurz hinter     Welteinstellungen
die hintere Fläche reicht. Die Farbe (Türkis nach Blau) des Nebels
ist den Hintergrundbildern angepasst und sorgt für ein glaubwürdiges
Auftauchen des Torpedos.

Selektieren Sie die hintere Fläche, erzeugen in den **MaterialBut-**
**tons** F5 ein neues Material und nennen Sie es »Hintergrund«. Setzen
Sie die Eigenschaften des Materials auf **Shadeless** und **No Mist**. Dies
sorgt dafür, dass das Material nicht in die Lichtberechnung einbezogen und nicht vom Nebel beeinflusst wird, da ja die Hintergrundbilder
schon genug natürlichen »Dunst« besitzen. In einer Testberechnung
mit F12 ist dieser Effekt deutlich zu erkennen, der Torpedo wird mit
Schatten und Nebel berechnet, die Hintergrundfläche nicht.

Als Vorbereitung für die Textur setzten wir jetzt noch die Textur-     Win-Texturkoordinaten
koordinaten in den MaterialButtons auf **Win**. Hierbei wird die Textur
immer genau auf die Größe des berechneten Bildes (»Window«) angepasst. Die Größe der Hintergrundfläche spielt keine Rolle mehr, sie
sollte nur den Kamerablickwinkel vollständig ausfüllen.

Jetzt bringen wir die Bilder durch die Definition einer animier-     **Abbildung 11-2**
ten Textur auf. Wechseln Sie bei aktivierter Hintergrundfläche in     Hintergundmaterial mit
die **TextureButtons** F6 und erzeugen eine neue Textur mit dem Na-     animierter Textur
men »Riff«, deren Typ Sie auf **Image** setzten. Wählen Sie mit **Load**

Image ein Bild aus dem Verzeichnis Sequenzen/Riff/. Welches
Bild Sie auswählen, ist egal, da Blender je nach Bild der Animation
die vierstellige Nummer im Namen durch die aktuelle Bildnummer
ersetzt.

Vorschaubilder    Sollte das Anzeigen der Vorschaubilder lange dauern, so ist Blender dabei, die Datei .Bpip in dem Verzeichnis zu erzeugen, falls das
Verzeichnis für Blender beschreibbar ist. In dieser Datei wird eine
Bildübersicht des Verzeichnisses gespeichert. Auf der CD ist schon
ein fertiges .Bpip in dem Verzeichnis vorhanden und damit geht die
Vorschau recht schnell. Wenn dieser Vorgang trotzdem, wegen eines langsamen Rechners oder eines langsamen CD-ROM-Laufwerks
(für die Unterwasserszene ist die .Bpip Datei immerhin fast 4 MB
groß), zu lange dauert, besteht noch die Möglichkeit den schmalen
grauen Knopf neben **Load Image** zu benutzen, der das normale Dateifenster aufruft, welches ohne Vorschauminiaturen auskommt, oder
den Dateinamen direkt per Tastatur einzugeben. Wenn die ersten
Miniaturen angezeigt werden, ist bereits eine Auswahl möglich.

In den **TextureButtons** F6 ist jetzt die Bildanzahl mit **Frames:**
einzustellen, bei den Bildern auf CD ist 905 einzugeben. Der Parameter **Fie/Ima:** zeigt Blender an, wie viele Halbbilder in einer Datei
der Bilderreihe sind. Da die Bilder schon als Halbbilder vorliegen,
ist hier »1« einzutragen. Den Wert für **Offset:** sollten Sie für diese
Animation auf »400« stellen, damit der Torpedo über den Fischen
ist, wenn sie sich im Riff verstecken.

Wenn jetzt z.B. Bild 141 der Animation berechnet wird, so erhalten Sie schon einen guten Eindruck von der Animation, allein die
Grundfläche stört noch.

»Only Shadow« Material    Wir werden jetzt ein Material  erzeugen, welches nur Schatten empfängt, aber ansonsten nicht sichtbar ist. Selektieren Sie die
Grundfläche mit der rechten Maustaste, wechseln in die **MaterialButtons** F5 und erzeugen ein neues Material, das Sie »Schatten« nennen.
Die Farbe des Materials spielt keine Rolle, denn durch den Parameter
**Only Shadow** wird nur der Schatten berechnet. Damit das Material
durchsichtig ist, schalten Sie noch **ZTransp** ein und können nun ein
weiteres Bild berechnen.

Der Torpedo ist jetzt gut in den Hintergrund integriert, allerdings
ist der Schatten für eine Unterwasserszene noch zu stark. Dies ist mit
dem Parameter **Alpha** zu ändern, der die Transparenz des Materials,
in unserem Fall also des Schattens, angibt. Ein Wert von 0,5 für
**Alpha** schafft einen nicht zu aufdringlichen Schatten. Unter Wasser
gibt es eigentlich kaum harte Schatten, da die Sonnenstrahlen von
der Wasseroberfläche selbst bei geringer Wellenbewegung stark ge-
brochen werden, aber trotzdem ist der Eindruck mit Schatten viel
glaubwürdiger als ohne Schatten.

Dies ist ein gutes Beispiel, wie in der Computeranimation mit visuellen Überhöhungen gearbeitet werden kann, um nicht den realistischeren, aber glaubwürdigeren Eindruck, auf den es im Endeffekt ankommt, zu erzielen.

## 11.3 Berechnung für Video

Eine der wichtigsten Aufgaben für Blender war immer schon die Berechnung von Animationen, die für die Ausgabe auf Video gedacht sind. Daher ist diese Fähigkeit gut entwickelt und wird an mehreren Stellen in Blender berücksichtigt. In den heute üblichen Fernseh- und Videoformaten wird das Halbbildverfahren angewendet, d.h., es werden zwei zeilenweise ineinander verschachtelte Bilder mit der halben Auflösung in der Hochachse hintereinander angezeigt. Unser Auge ist im Allgemeinen zu träge um hier einzelne Bilder wahrzunehmen. Bei der Aufnahme wird genauso gearbeitet und schnelle Objekte bewegen sich innerhalb der kurzen Zeit (1/25 Sekunde bei PAL) ein gutes Stück weiter, sodass sich die Halbbilder in der Lage des Objekts unterscheiden. Werden nun Animationen in voller PAL-Auflösung berechnet und auf Video übertragen, so wird die Animation leicht ruckeln, da immer zwei identische Halbbilder hintereinander angezeigt werden.

Halbbildverfahren für Video

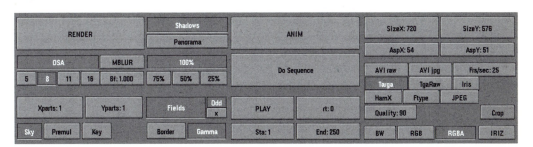

Der erste Schritt der Vorbereitung sollte daher sein, in den **DisplayButtons** F10 den Knopf Fields zu aktivieren, Blender berechnet jetzt immer zwei Halbbilder, die zeitlich 1/25 Sekunde auseinander liegen und dann am Ende der Berechnung zu einem Vollbild kombiniert werden.

An dem Torpedo unseres Tutorials ist die kammartige Struktur in den Einzelbildern deutlich sichtbar. Dieses Aussehen kennen Sie auch, wenn Ihnen schon einmal Bilder aus dem Fernsehen untergekommen sind, die mit einer TV-Karte aufgenommen wurden.

Wichtig für die Ausgabe auf Video ist noch die Auflösung und das Seitenverhältnis der Bilder. PAL hat laut Standard eine Auflö-

Abbildung 11-3
Für Videoberechnung relevante Knöpfe in den DisplayButtons

Videoauflösung

sung von $720 \times 575$ Punkten und ein Pixelseitenverhältnis von 18:17, die Bildpunkte sind also nicht exakt quadratisch, was mit den Einstellungen **AspX:** und **AspY:** reguliert werden kann. Ohne die Berücksichtigung des Seitenverhältnisses werden aus Kugeln Eier auf dem Fernseher.

Die Auflösung sollte nicht unbedingt absolut dem PAL-Standard entsprechen, vielmehr arbeiten viele Videoschnittkarten für PCs mit einem etwas kleinerem Ausschnitt, da normale Fernseher nicht den vollen Bereich zeigen. Die Schnittlösung, mit der die Hintergrundbilder für den Torpedo erzeugt wurden, benutzt z.B. eine Auflösung von $688 \times 560$ Punkten.

Halbbildreihenfolge | Ein weiterer wichtiger Punkt ist die Reihenfolge der Halbbilder in den fertig berechneten Bildern. Sollten die von Blender erzeugten Animationen beim Abspielen auf Ihrer Schnittlösung ruckeln, so verwendet die Hardware eine andere Reihenfolge der Halbbilder als Blender. Mit dem Button **Odd** in den **DisplayButtons** kann die Reihenfolge der Halbbilder umgekehrt werden.

Prinzipiell können jetzt schon Animationen berechnet werden. Zu beachten ist allerdings, dass in einem Format gespeichert wird, das die vorhandene Schnittlösung auch lesen kann.

Wenn allerdings wie in diesem Tutorial eine Videotextur verwendet wird, so sind noch zwei weitere Punkte zu beachten. Zuerst sollte in den **TextureButtons** F6 die Option **Fields** aktiviert werden. Dies sorgt für eine korrekte Behandlung der Halbbilder in den Texturen, abhängig davon, ob mit oder ohne Halbbildverfahren berechnet wird. Die zweite wichtige Angabe für Blender ist die Anzahl von Halbbildern in einem Texturbild. In unserem Fall liegen die Texturbilder schon als Halbbilder vor, es muss also »1« in **Fie/Ima:** eingetragen werden. Sollen Vollbilder als animierte Textur verwendet werden, so muss hier »2« eingegeben werden.

# A   Tastaturkommandos

Folgende Tasten bewirken in allen Fenstern die gleichen Aktionen:

**ESC**   Die Escapetaste bricht Aktionen ab und kehrt gegebenenfalls zu dem vorherigen Zustand zurück.

**Space**   Die Leertaste bringt die Toolbox, das Hauptmenü von Blender, auf den Bildschirm, auch über das Toolbox-Icon mit der Maus aufrufbar.

Toolbox Icon

**TAB**   Die Tabulatortaste startet oder beendet den EditMode.

**F1**   Laden einer Szenendatei, das Fenster über dem sich die Maus befindet, wird zum Dateiauswahlfenster. Hier ist auch ein Laden von VRML-1- und DXF-Dateien (AS-CII-Format) möglich.

**Shift**-**F1**   Lädt einzelne Elemente aus einer Szenendatei hinzu. Dazu kann in den Szenen wie in Verzeichnissen navigiert werden. Im »Complete Blender« kann auch die Library-Funktion verwendet werden, welche nur einen Verweis auf die externe Szene generiert.

Ckey

**F2**   Speichert die aktuelle Szene, das aktuelle Fenster wird zum Dateiauswahlfenster.

**Strg**-**W**   Schnelles Speichern ohne Dateifenster.

**Shift**-**F3**   Speichert die aktuelle Szene als DXF-Datei.

Ckey

**Strg**-**F3**   Speichert die aktuelle Szene als VRML-1-Datei.

Ckey

**F3**   Speichert ein gerendertes Bild in dem in den Display-Buttons eingestellten Format. Das aktuelle Fenster wird zum Dateiauswahlfenster.

**F4**   Schaltet das aktuelle ButtonsWindow (falls vorhanden) auf die **LampButtons** um.

LampButtons

**F5**   Schaltet das aktuelle ButtonsWindow (falls vorhanden) auf die **MaterialButtons** um.

MaterialButtons

| | | |
|---|---|---|
| TextureButtons | **F6** | Schaltet das aktuelle ButtonsWindow (falls vorhanden) auf die **TextureButtons** um. |
| AnimButtons | **F7** | Schaltet das aktuelle ButtonsWindow (falls vorhanden) auf die **AnimButtons** um. |
| WorldButtons | **F8** | Schaltet das aktuelle ButtonsWindow (falls vorhanden) auf die **WorldButtons** um. |
| EditButtons | **F9** | Schaltet das aktuelle ButtonsWindow (falls vorhanden) auf die **EditButtons** um. |
| DisplayButtons | **F10** | Schaltet das aktuelle ButtonsWindow (falls vorhanden) auf die **DisplayButtons** um. |

**F11**   Bringt das RenderWindow in den Vorder- oder Hintergrund.

**F12**   Rendert das aktuelle Bild.

**→**   Schaltet ein Bild weiter.

**Shift**-**→**   Schaltet zum letzten Bild (in DisplayButtons eingestellt).

**←**   Ein Bild zurück.

**Shift**-**←**   Zum ersten Bild

**↑**   Zehn Bilder weiter

**↓**   Zehn Bilder zurück

**Alt**-**A**   Im aktuellen 3D-Fenster wird eine Animationsvorschau abgespielt. Der Mauscursor wird zur Bildanzeige. Mit **ESC** wird dieser Modus beendet.

**Shift**-**Alt**-**A**   In allen 3D-Fenstern und IPO-Fenstern wird die Animationsvorschau abgespielt.

**I**   Aufruf des Insert Key-Menüs, die Einträge unterscheiden sich von Fenster zu Fenster.

**N**   Aufrufen des NumberMenu zur direkten Eingabe von Werten, unterschiedliche Einträge je nach Funktion und Aufrufort.

**Q**   Beendet Blender nach einer Sicherheitsabfrage.

| | |
|---|---|
| **Strg**-**U** | Sichert die aktuelle Szene als Voreinstellung (siehe Abschnitt 4.13) für neue Szenen oder für den Start von Blender als `.B.blend` im Heim- oder `WINDOWS`-Verzeichnis. |
| **Strg**-**X** | Löscht die aktuelle Szene komplett, startet mit der Voreinstellungsszene neu. |
| **B** | Border Select |
| **B**-**B** | Kreisselektion, nur im EditMode, mit **PAD+** und **PAD-** kann die Größe des Selektionskreises verändert werden. |
| **A** | Alles selektieren/deselektieren |
| **N** | Number Input, direkte Eingabe von Koordinaten, Winkeln etc. |

# B   Tipps, Tricks und nützliche Programme

In diesem Anhang habe ich einige Informationen und Tipps zu Blender zusammengetragen, die mir bei meiner Arbeit mit Blender als nützlich erschienen. Die Auswahl ist natürlich subjektiv und kann nicht die ganze Vielfalt der möglichen Lösungen präsentieren.

Für weitere Informationen und zum Download von den genannten Programmen sind einige Internetlinks genannt. Sollten Sie auf einen nicht mehr existierenden Link treffen, so schauen Sie bitte auf die Seiten unter `http://www.blenderbuch.de/`, wo ich dann den aktuellen Link zur Verfügung stellen werde.

## B.1   Import und Export von 3D-Daten

Da Blender als Inhouse-Software konzipiert wurde, war ein Austausch von 3D-Daten kein Thema, welches einen hohen Entwicklungsaufwand gerechtfertigt hätte. So waren dann die einzigen Schnittstellen zur Außenwelt VRML bzw. der VRML-Vorläufer Inventor. Auf den SGI-Maschinen, auf denen Blender entwickelt und benutzt wurde, war dies ein gängiges Format.

*Inventor und VRML*

Zusätzlich bietet Blender noch einen Im- und Export von Videoscapedateien. Dieses sehr einfache ASCII-Format zum Austausch von 3D-Daten stammt von einem der Urväter der 3D-Animationsprogramme Videoscape, welches für den Amiga-Computer entwickelt wurde.

*Videoscape*

Nach der Entscheidung, Blender einer breiteren Öffentlichkeit zur Verfügung zu stellen, wurden rasch die Forderungen nach besseren Möglichkeiten des 3D-Imports und -Exports laut. Es fanden seither umfangreiche Verbesserungen des VRML-Imports statt, ein Export von VRML wurde realisiert, das Videoscapeformat wurde um einige Funktionen erweitert und zuletzt kam der DXF-Im- und -Export hinzu. Mit der Möglichkeit, VRML und DXF verarbeiten zu können, werden *die* zwei plattformübergreifenden Formate für 3D-Daten unterstützt, sodass für nahezu jeden Fall und jede Software der Austausch mit Blender funktionieren sollte. Später in diesem Abschnitt

*DXF*

werden noch einige Konverter vorgestellt, mit denen diverse 3D-Dateiformate in von Blender lesbare umgewandelt werden können.

### B.1.1  Videoscape

Obwohl es meines Wissens nach kein weiteres Programm mehr gibt, welches das Videoscapeformat unterstützt, ist dieses leicht zu parsende ASCII-Format eine ideale Möglichkeit um z.B. berechnete 3D-Daten aus eigenen Programmen in Blender zu visualisieren oder 3D-Modelle von Blender in Formate für diverse Gameengines zu konvertieren. Das vom Blenderteam erweiterte Videoscapeformat wird im Handbuch [1] auf Seite 164ff ausführlich beschrieben.

### B.1.2  VRML

Will man sich nicht auf eine einfach zu verstehende, aber nicht wirklich offene Schnittstelle festlegen, so sollte man zu VRML greifen. VRML ist eine standardisierte Schnittstelle für 3D-Daten, die aus dem Inventorformat von SGI entstanden ist.  Mittlerweile wurde VRML zur zweiten Version, genannt VRML97, erweitert, die noch Möglichkeiten der Interaktion bietet und so den Aufbau von ganzen 3D-Welten, in denen auch mehrere Benutzer interagieren können, ermöglicht. Blender unterstützt bisher nur VRML-1 als ASCII-Datei.

Da es für nahezu alle Webbrowser VRML-Plug-ins gibt, ist VRML sicherlich auch das ideale Medium um im Internet 3D-Modelle zur Verfügung zu stellen. Der Export von VRML ist allerdings Besitzern des C-Key vorbehalten.

### B.1.3  DXF

Das von Autodesk (Autocad, 3DStudio) eingeführte DXF-Format hat sich im CAD-Bereich zu einem De-Facto-Standard zum Austausch von 3D-Daten entwickelt. Leider ist es nicht wirklich ein festgeschriebener Standard, sondern wird von Autodesk mit jeder neuen Version von Autocad erweitert. Prinzipiell ist auch DXF ein Format, in dem der ASCII-Zeichensatz zur Beschreibung verwendet wird, allerdings ist es im Gegensatz zu VRML kaum für einen Menschen lesbar, geschweige denn editierbar. Daneben existieren noch Binärformate für DXF, die aber momentan von Blender noch nicht gelesen werden können.

Export von DXF ist bisher nur im »Complete Blender« möglich.

## B.2   3D-Werkzeuge

Um die vielen 3D-Modelle, die im Internet verfügbar sind, in Blender nutzen zu können, ist es nötig, diese in von Blender lesbare Formate zu konvertieren. Hierfür gibt es etliche Programme, von denen ich hier nur einige Freeware- oder Sharewareprogramme aufzählen kann. Insbesondere Linux und andere Unix-Plattformen leiden momentan noch unter einem Mangel an Programmen, sodass es hilfreich ist, einen Windows-Rechner zur Verfügung zu haben. Im allgemeinen können aber auch CAD- und 3D-Animationsprogramme VRML- oder DXF-Dateien schreiben, sodass hier kein Konverter nötig ist.

### B.2.1   Crossroads 3D

Das Windows95- und WindowsNT-Freeware-Programm Crossroads 3D von Keith Rule konvertiert viele 3D-Formate ineinander und ist in der Lage die für Blender wichtigen Formate DXF und VRML1.0 zu schreiben.

Das Programm besitzt eine grafische Oberfläche mit einer Vorschau der Geometrie und ein paar Bearbeitungsmöglichkeiten des Modells.

Keith Rule ist Autor eines Buches über 3D-Dateiformate [11], in dem auch der Quellcode seiner Konverter enthalten ist.

Neben Crossroads 3D bietet Keith Rule auch noch ein älteres Programm mit dem Namen »WCVT2POV« an, das nicht nur in das POV-Ray-Format wandelt, sondern auch in fast alle Formate von Crossroads. Dieses Programm läuft in einer Version sogar noch unter Windows 3.1. Ein Importformat macht es für Blenderbenutzer besonders interessant und hebt es von Crossroads ab: Es ist in der Lage TrueType-Fonts (*.ttf) in 3D-Objekte umzuwandeln. *(TrueType-Fonts in Objekte wandeln)*

Die Homepage, auf der auch die einzelnen Programme erhältlich sind, ist http://www.europa.com/~keithr/.

### B.2.2   3dWin

Auf der Homepage von 3DWin sind verschiedene Konverter für 3D-Formate von Thomas Baier versammelt. Die Konverter sind sämtlich Shareware, für die bei regelmäßiger Benutzung eine Lizenzgebühr zu zahlen ist, die für die Weiterentwicklung der Programme genutzt wird.

3DWin selbst ist ein Konverter mit grafischer Oberfläche und Vier-Seiten-Ansicht des Modells. Neben 3DWin sind noch verschiedene Versionen des Kommandozeilenkonverters 3Dto3D erhältlich. *(3Dto3D auch für Unix)* Hierbei ist für Linux- und Unix-Anwender insbesondere eine im Quellcode erhältliche Version interessant, die sich auf gängigen Systemen kompilieren lässt und dann einen guten Konverter für diverse Fileformate auf Unix-Plattformen darstellt.

Die Homepage von 3DWin ist: `http://www.stmuc.com/thbaier/`

## B.3    2D-Werkzeuge

Werkzeuge, um Texturen und berechnete Bilder zu bearbeiten

Auch der reine 3D-Künstler muss oft seine berechneten Bilder nachbearbeiten oder Texturen für den Einsatz in Blender vorbereiten. Diesen Bereich darf man nicht vernachlässigen, da diese 2D-Nachbearbeitung auch in Filmen mit neuesten Spezialeffekten noch einen sehr großen Teil ausmacht.

### B.3.1    GIMP

GIMP [10] ist eine komplette, sehr ausgereifte Bildbearbeitung. In seinen Funktionen durchaus mit dem kommerziellen Photoshop zu vergleichen, ist GIMP eine Software, die einer sehr freien kostenlosen Lizenz unterliegt, der GNU Public License (GPL). Somit ist GIMP kostenlos und auf Wunsch auch im Quellcode erhältlich.

GIMP wurde zwar unter Linux entwickelt, ist aber mittlerweile auf verschiedene Unix-Plattformen portiert worden, eine Windows-Version befindet sich in der Entwicklung.

### B.3.2    Programme für Windows und Macintosh

Die Anzahl von Bildbearbeitungen und Tools für Windows und Macintosh ist nahezu unüberschaubar. Die Palette reicht hier von absolut professionellen Programmen für tausende von DM bis hin zu Share- und Freeware.

Sinnvolle Funktionen sind auf jeden Fall die Unterstützung von mehreren Ebenen bei der Texturerstellung, die Verarbeitung von Alphamasken (Transparenzinformation) und natürlich die Beherrschung der von Blender unterstützten Dateiformate.

## B.4    Animationserstellung

Blender schreibt AVI-Raw (unkomprimiert) und AVI-JPEG (JPEG-Komprimierung) als Animationsformate. Diese Formate sind auf Windows-Plattformen heimisch und daher bereitet ihre Verwendung auf anderen Plattformen oft Schwierigkeiten.

Im Anhang C befindet sich eine Beschreibung, wie Blender selbst als Abspielprogramm für alle von ihm erzeugten Formate benutzt werden kann.

Als eine gute Alternative zur Herstellung von Animationen, die sich auf den verschiedensten Plattformen abspielen lassen, bietet sich das MPEG-I Format an.

## B.4.1  MPEG-I

**Unixähnliche Plattformen**  Die MPEG-Werkzeuge von der University of California at Berkeley (ucbmpeg) sind eine Referenzimplementation der MPEG-I-Standards. Die Programme stehen unter der Public-Domain-Lizenz, sind also für jeden völlig frei benutzbar. Die Tools sind unter `ftp://mm-ftp.cs.berkeley.edu/pub/multimedia/mpeg/bmt1r1.tar.gz` zu bekommen. Für die verschiedenen Linuxdistributionen existieren auch Pakete in den jeweiligen Formaten.

In dem Paket ist auch ein Abspielprogramm für MPEG-I enthalten (`mpeg_play`), zum Erstellen von MPEG-I dient `mpeg_encode`.

Mit `mpeg_encode` können MPEG-I-Dateien aus Einzelbildern erzeugt werden. Dies ist ein sehr rechenintensiver Vorgang, führt aber zu sehr kleinen Dateien. `mpeg_encode` bietet eine Vielzahl an Einflussmöglichkeiten, eine einfache (und für 99% der Fälle ausreichende) Steuerdatei sieht wie folgt aus:

```
# Torpedo

# nötig, muss aber nicht verstanden werden
PATTERN           IBBPBBPBBPBBPBB
IQSCALE           8
PQSCALE           10
BQSCALE           25
PIXEL             HALF
RANGE             10
PSEARCH_ALG       LOGARITHMIC
BSEARCH_ALG       CROSS2
REFERENCE_FRAME   DECODED
GOP_SIZE          30
SLICES_PER_FRAME         1


# ab hier für den Benutzer wichtig
# Ausgabename
OUTPUT            Torpedo.mpg

# Bilder liegen als JPEG vor
# BASE_FILE_FORMAT        JPEG
# oder z.B. als PPM
```

```
BASE_FILE_FORMAT         PPM

# Platz um externe Programme als Filter zu benutzen
# kein Filter
INPUT_CONVERT    *
# TGA nach PPM
INPUT_CONVERT    tgatoppm *


# Verzeichnis der Bilder
INPUT_DIR        .


# Alle Bilder Torpedo.0001 bis Torpedo.0400
INPUT
Torpedo.*        [0001-0400]
END_INPUT
```

Jetzt wird mpeg_encode wie folgt aufgerufen:

```
cw@mero /tmp >mpeg_encode mpeg.param
[··· viel Ausgabe ···]
```

Nach einiger Zeit ist die MPEG-Animation fertig und kann mit jedem MPEG-Abspielprogramm angesehen werden. Aufgrund der hohen Komprimierung von MPEG-I ist es auch ein ideales Format um
Animationen im Internet zu veröffentlichen.

### B.4.2    avi2mpg: MPEG-I unter Windows erstellen

avi2mpg ist ein kleines feines Program um unter Windows MPEG-
I-Filme zu erstellen. Das Programm hat keine grafische Oberfläche
und muss daher von einer Kommandozeile aufgerufen werden. Das
Programm ist Freeware und steht unter der GPL-Lizenz.
URL:        http://www.mnsi.net/~jschlic1/avi2mpg1/
avi2mpg1.htm
Tom Holusa hat eine kleine grafische Oberfläche für avi2mpg geschrieben,  URL: http://www.mnsi.net/~jschlic1/avi2mpg1/
a2mgui.zip

### B.4.3    MainActor

Als eines der wenigen Programme, die für Linux und Windows erhältlich sind, ist MainActor der Firma Mainconcept zu nennen. Mainactor wird ähnlich wie Blender über das Internet vertrieben und auch
hier gilt der Freischaltcode für alle Plattformen (Windows, Linux und
OS/2).

Eine Testversion kann von [12] bezogen werden. Mit MainActor ist es unter einer grafischen Oberfläche möglich GIF-Animationen, Bildersequenzen (nummeriert wie von Blender z.B.), MPEG-I und II, QuickTime und AVIs ineinander zu konvertieren.

## B.5 Plug-ins

Durch die Plug-in-Schnittstelle in Blender lassen sich neue Funktionen bei Bedarf einfach hinzufügen. Im Moment bietet Blender Plug-in-Schnittstellen für Texturen und den Sequenzeditor.

Plug-ins werden in der Programmiersprache »C« geschrieben und müssen dann von dem C-Compiler in für die entsprechende Plattform benötigten Binärdateien übersetzt werden. Plug-ins für fremde Systeme laufen daher nicht oder können eventuell sogar zum Absturz von Blender führen. Bei dem Download von fertigen Plug-ins ist deshalb genau auf die passende Version von Betriebssystem und Hardwareplattform zu achten.

*Plug-ins werden in C programmiert*

Eine Dokumentation zur Erstellung von Plug-ins befindet sich auf den Webseiten von Blender, ferner sind die Quelltexte von verfügbaren Plug-ins eine gute Quelle für Informationen.

*Dokumentation*

Die URLs zu diesen Plug-ins, weiteren interessanten Links zu Blender und diesem Buch befinden sich auf `http:///www.blenderbuch.de/`.

### B.5.1 Textur-Plug-ins

Hier nun einige Beispiele, welche Arten von Textur-Plug-ins es bisher gibt. Dies sind natürlich noch lange nicht alle Plug-ins und durch die Integration der Texturschnittstelle in den freien Blender sind hier noch einige Plug-ins zu erwarten.

**Clouds2**    Verbesserte Wolkentexturen. Autor: »NotANumber«

**Dots2**    Textur-Plug-in um Punkte, Noppen u.v.m. zu generieren. Autor: Bernd Breitenbach

**Led**    Textur-Plug-in um LED-Ziffernanzeigen zu generieren, statisch oder animiert. Autor: Bernd Breitenbach

**musgrave**    Textur-Plug-in, dessen Möglichkeiten mit etwas Fantasie von Dinosaurierhaut bis zu Metalloberflächen reichen, insbesondere als Bumpmap geeignet. Autor: Rob Haarsma

**fixNoise**    Plug-in, welches Rauschen generiert, im Gegensatz zur eingebauten Noisetextur allerdings auch nicht animiert. Autor: »Excellent Whale«, Joeri Kassenaar

## B.5.2  Sequence-Plug-ins

Sequence-Plug-ins sind als Erweiterung der Effektpalette für den Sequenzeditor gedacht.

**zblur**       Sequence-Plug-in, welches Tiefen(un)schärfe in Blenderanimationen hineinrechnet. Eine reale Kamera hat einen durch Blende und Belichtungszeit definierten Tiefenschärfebereich, außerhalb dieses Bereichs erscheinen Objekte mehr oder weniger unscharf. Eine virtuelle Kamera besitzt diese Eigenschaften nicht, die dann mit dem Plug-in simuliert werden. Autor: Martin Strubel

**Robocop**     Sequence-Plug-in, welches den Blick von einer Überwachungskamera oder eines Roboters aus simuliert. Autor: Joeri Kassenaar

**WipeOut**     Plug-in um mit Hilfe von Masken verschiedene Szenenblenden zu berechnen (Wischblenden). Autor: Joeri Kassenaar

**Scatter**     Fügt der Sequenz Störungen wie von einem schlechten Videoband hinzu. Autor: »Not a Number«

**Alphamatte**  Generiert Maskenbilder aus den Alphainformationen der Sequenz, die dann fürs Compositing in externen Programmen genutzt werden kann. Autor: Bart Veldhuizen

**Chromakey**   Stanzt eine beliebige Farbe aus einer Sequenz aus. Autor: Stefan Gartner

# C  Kommandozeilenargumente

Blender bietet einige Argumente, die ihm beim Starten von der Kommandozeile aus mitgegeben werden können. Somit wird es z.B. möglich, Blender eine Animation berechnen zu lassen, ohne die grafische
Oberfläche aufzurufen oder z.B. mehrere Animationen hintereinander
bei längerer Abwesenheit berechnen zu lassen.

Mit dem Parameter »-h« wird eine kurze (englische) Übersicht
der Parameter gegeben.

```
cw@mero ~/work/texte/BlenderBuch >blender -h
Blender V 1.69
Usage: blender [options ...] [file]


Render options:
  -b <file>     Render <file> in background
    -S <name>   Set scene <name>
    -f <frame>  Render frame <frame> and save it
    -s <frame>  Set start to frame <frame>
                (use with -a)
    -e <frame>  Set end to frame (use with -a)<frame>
    -a          Render animation


Animation options:
  -a <file(s)>  Playback <file(s)>
    -m          Read from disk (Don't buffer)


Window options:
  -w            Force opening with borders
  -H            Patch for versions with hardware
                accelerated Mesa
  -p <sx> <sy> <w> <h>  Open with lower left
                        corner at <sx>, <sy>
                        and width and height <w>, <h>


Misc options:
  -f            Prevent forking in foreground mode
  -d            Turn debugging on
  -h            Print this help text
  -y            Disable OnLoad scene scripts,
```

```
                            use -Y to find out why its -y
```

```
cw@mero ~/work/texte/BlenderBuch >
```

Als letztes Argument wird die zu ladende oder berechnende Blenderdatei angegeben ([file]). Die Optionen im Einzelnen sind:

### Optionen zur Berechnung im Hintergrund

**-b <datei>**      Berechnet die Blenderdatei im Hintergrund, so wie
                    in der Datei eingestellt.

**-S <name>**       Wählt eine Szene aus der Datei zum Berechnen aus.

**-f <bildnr>**     Berechnet das Bild <bildnr> und speichert es.

**-s <bildnr>**     Start der Berechnung bei Bild <bildnr>

**-e <bildnr>**     Ende der Berechnung bei Bild <bildnr>

**-a**              Berechnet die Animation und speichert die Bilder ab.

Dieser Aufruf von Blender, aus einer Kommandozeile heraus, berechnet die gesamte Animation, wie in den **DisplayButtons** F10 eingestellt:

```
cw@mero /tmp >blender -b test.blend -a
Saved: /tmp/blender.0001 Time: 00:01.28 (0.00)
Saved: /tmp/blender.0002 Time: 00:01.28 (-0.01)
Saved: /tmp/blender.0003 Time: 00:01.28 (0.05)
[...]
```

Als Ausgabe erscheint das jeweils berechnete und gespeicherte Bild
mit der Angabe der Rechenzeit zusammen. Die Bilder werden an
dem in der Datei eingestellten Pfad gespeichert.

```
cw@mero /tmp >blender -B test.blend -S Logo -
s 4 -e 6 -a
Saved: /tmp/blender.0004 Time: 00:01.19 (0.01)
Saved: /tmp/blender.0005 Time: 00:01.19 (0.01)
Saved: /tmp/blender.0006 Time: 00:01.19 (0.00)
Blender quit
```

Dieser Aufruf rechnet die Bilder 4 bis 6 aus der Szene »Logo« in der
Blenderdatei »test.blend« im Hintergrund und speichert die Bilder
wie in der Datei angegeben ab.

**Optionen zum Anzeigen von Animationen** Durch die folgenden Optionen wird Blender zu einem Abspieler für Bildsequenzen oder die von Blender erzeugten AVIs.

**-a <datei(en)>** Spielt eine berechnete Animation oder Bildsequenz ab. Es werden alle von Blender unterstützten Formate abgespielt.

**-m** Spielt direkt von Festsplatte ab.

Der folgende Aufruf spielt alle Einzelbilder beginnend mit »blender.0001« ab. Dabei kann das Abspielfenster stufenlos skaliert werden. Mit Esc wird das Abspielen abgebrochen.

```
cw@mero /tmp >blender -a blender.0001
cw@mero /tmp >
```

**Weitere Optionen**

**-p sx sy w h** Öffnet das Blenderfenster mit den Abmessungen w in der Breite und h in der Höhe an den Koordinaten sx, sy gemessen von links unten am Bildschirm.

**-f** Verhindert, dass Blender nach dem Aufruf in den Hintergrund geht und das Kommandozeilenfenster freigibt, hilfreich für Batchrendering in Shellskripten (Bash, *.bat o.Ä.)

**-y** Verhindert die Ausführung von Pythonskripten beim Laden der Datei.

# D Übersicht des Blendermoduls

## D.1 Modul: Blender

**Blender.bylink**

Gibt »TRUE« (1) zurück, wenn das Skript an ein Objekt gelinkt ist, ansonsten »FALSE« (0).

**Blender.Get([request])**

Holt Einstellungen von Blender (siehe auch Modul: Const).

## D.2 Modul: Camera

**Funktion Get([name])**

Liefert Informationen über die Kameras in der Szene.

Aufgerufen mit [name] gibt die Funktion Informationen über eine Kamera mit dem Namen »name« zurück.

Ohne Parameter aufgerufen, wird eine Liste mit allen in der Szene befindlichen Kameras zurückgegeben.

## D.3 Modul: Const

Konstanten, die zusammen mit Blender.Get([request]) Eigenschaften der aktuellen Szene abfragen. Bisher existieren folgende Konstanten:

**BP_CURFRAME**

Gibt die aktuelle Bildnummer der Animation zurück (entspricht Stellung des FrameSliders).

**BP_CURTIME**

Gibt die aktuelle Animationszeit als Float in Bildern zurück. Dies ist im einfachsten Fall gleich dem aktuellen Frame, bei Berechnung in Halbblildern oder mit Motionblur können auch unganzzahlige Werte erscheinen.

## D.4 Modul: Lamp

**Get([name])**

Holt Informationen über die Lampen in der Szene.

Aufgerufen mit [name] als Argument, wird die Information

über die Lichtquelle »name« geliefert.

Ohne Parameter wird eine Liste mit allen Lampen der Szene zurückgegeben.

## D.5 Modul: Material

### Get([name])

Holt Materialinformationen.

[name] Holt Informationen zum Material mit dem Namen »name«

Wenn kein Name angegeben wird, so gibt die Funktion eine Liste mit allen Materialien zurück.

## D.6 Modul: NMesh

### Col([r, g, b, a])

Erstellt eine neue Vertexfarbe. Mit den Parametern [r=0...255, g=0...255, b=0...255, a=0...255] kann die Farbe und die Transparenz angegeben werden.

### Face()

Eine neue Fläche erstellen

### GetRaw([name])

Wenn kein [name] angegeben wird, erstellt Blender ein neues, leeres Mesh, ansonsten wird ein existierendes Mesh zurückgegeben.

### PutRaw(mesh, [name, renormal])

Übergibt ein Mesh an Blender.

Wird kein [name] angegeben, so erstellt Blender ein neues Objekt.

Wird [name] angegeben, so ersetzt das Mesh das im Objekt vorhandene.

[renormal] ist ein Flag, welches angibt, ob die Normalen des Meshes neu berechnet werden sollen.

### Vert([x, y, z])

Erstellt ein neues Vertex. [x, y, z] gibt die Koordinaten an.

## D.7 Modul: Object

### Get([name])

Holt Objekte von Blender.

Mit dem Parameter [name] wird das Objekt »name« zurückgegeben, »None«, wenn es nicht existiert.

Ohne den Parameter wird eine Liste mit allen Objekten zurückgegeben.

**GetSelected()**

Gibt eine Liste mit allen selektierten Objekten zurück.

**Update(name)**

Zeichnet ein Objekt während Benutzer-Transformationen neu.

**Redraw**

Zeichnet die Oberfläche von Blender neu.

# D.8 Modul: World

**Get([name])**

Holt Weltinformationen.

Mit Parameter wird die Welt »name« zurückgegeben.

Ohne Parameter eine Liste aller Welten.

**GetActive()**

Gibt die aktive Welt zurück.

# E Installation von Blender

Vertrieb per Internet

Blender selbst wird derzeit nur per Internet vertrieben, die freie Version kann ohne weitere Schritte von folgenden Adresssen im Netz bezogen werden:

    http://www.blender.nl/download/download.html

oder direkt per FTP (File Transfer Protocol)

    ftp://ftp.blender.nl/pub/

Hierbei ist darauf zu achten, dass das richtige Paket für das verwendete Betriebssystem und/oder den verwendeten Prozessor geladen wird.

Version 1.71 und 1.72beta befinden sich auf der CD. Achtung, die Betaversionen können Fehler enthalten!

Auf der dem Buch beiligenden CD sind alle Versionen von Blender, die zum Entstehungszeitpunkt des Buches aktuell waren, enthalten. Da die Entwicklung von Blender sehr schnell vonstatten geht, ist es aber auf jeden Fall zu empfehlen, sich aus dem Internet die aktuellste Version von Blender zu besorgen. Besitzen Sie keinen eigenen Internetzugang, so bitten Sie eine Freundin/Freund die entsprechende Datei zu laden, oder besuchen ein Internetcafé, denn die Installationsdateien passen üblicherweise auf eine einzige 3,5-Zoll Diskette.

Einfache Installation

Normalerweise bedeutet eine Installation von Blender auf allen Plattformen und Betriebssystemen, dass Blender selbst und eventuelle Plug-ins in ein Verzeichnis entpackt oder kopiert werden und dann von dort das Programm gestartet wird. Beim ersten Start kopiert Blender seinen Standardfont und eine Startszene entweder in das Heimatverzeichnis des Benutzers oder bei Windows-Versionen in das Windows-Systemverzeichnis.

Moderate Hardwareanforderungen

Blender ist in seinen Hardwareanforderungen im Gegensatz zu vielen anderen 3D-Programmen sehr genügsam und funktioniert auch noch auf Rechnern, die schon älter sind. Allerdings gilt gerade für 3D-Grafik und Bildbearbeitung, dass der Rechner und die Festplatte nicht schnell genug sein kann. Besondere Anforderungen werden bei 3D-Grafik an die Geschwindigkeit des Grafiksystems gestellt. Hierbei ist es für komplexe Modelle sehr empfehlenswert eine Grafikkarte zu besitzen, die den Prozessor bei der Arbeit entlastet, eine so genannte Hardwaregrafikbeschleunigung.

Die hier gegebenen Empfehlungen der Systemkonfiguration entsprechen den Erfahrungen des Autors oder stammen direkt von »Not a Number«. Andere Systemkonfigurationen funktionieren in aller Regel auch. Für alle Systemkonfigurationen gilt, dass die Verwendung einer Dreitastenmaus dringend empfohlen wird. Sowohl unter X-Windows als auch unter Windows9x und WindowsNT besteht die Möglichkeit eine Zweitastenmaus zu verwenden und die dritte Taste durch eine Tastenkombination zu ersetzen. Diese Arbeitsweise ist aber unbequem, da Blender ausgiebig Gebrauch von allen drei Tasten macht.

Dreitastenmaus

## E.1   Installation unter Linux

### Empfohlene Systemvoraussetzungen

❑ IntelPC ab Pentium mit 90 MHz, AlphaPC oder PowerPC

❑ 32 MB RAM

❑ Grafikkarte, die eine Farbtiefe von 16 Bit ab einer Auflösung von 800x600 Punkten erlaubt

❑ z.B. Slackware 3.4, RedHat 4.x/5.x, Debian 2.x, SuSE

❑ Mesa 3.x, Hardwareunterstützung durch Grafikkarten ist mit angepasstem Mesa/GLX/X-Server möglich, nicht für die Spielekarten der Voodooreihe

❑ Dreitastenmaus dringend empfohlen

**Entpacken der Dateien**   Die Installationsdatei ist mit den für Unix-ähnliche Syteme üblichen Tar- und GNUZip-Programmen gepackt um die Dateien für den Datentransfer per Internet klein zu halten. Um diese Datei zu entpacken kopieren oder verschieben Sie die Datei in das Zielverzeichnis, wechseln mit dem Befehl cd dorthin und geben folgenden Befehl ein:

```
tar zxvf blender1.70_Linux_xxx.tar.gz
```

Es wird ein Verzeichnis blender1.70_Linux_xxx erstellt. Die Versionsnummer und das xxx, welches für die Versionsnummer der Library, den Prozessortyp und die Art des Linkens steht, unterscheidet sich je nach Ihrer Distribution.

Statische oder dynamische Versionen

Die Versionen mit einem »stat« im Namen sind Versionen, die die benötigten Bibliotheken fest im Programmcode haben. Diese Versionen sind größer, allerdings können Sie bei Versionskonflikten der beteiligten Bibliotheken eine schnelle Abhilfe schaffen. Im Allgemeinen sollte aber zu einer dynamischen Version (»dyn«) gegriffen werden, die kleiner und schneller zu laden ist.

Ein Blick in die Handbücher der Distribution oder eine Anfrage bei einer Linux-User-Gruppe sollte eventuelle Unklarheiten klären helfen. Bei einigen Linuxdistributionen sind auch schon fertige distributionsspezifische Pakete enthalten, die aber selten einen aktuellen Blender enthalten. Je nach verwendetem Window- oder Desktopmanager (z.B. GNOME oder KDE) kann das Entpacken und Installieren auch mit den integrierten Dateimanagern geschehen und der Start mit einem Mausklick erfolgen.

Blender wird gestartet, indem es im Installationsverzeichnis mit `./blender` aufgerufen wird. Als Systemadministrator (root) eingeloggt, können Sie auch noch einen Link (Verweis) in einem Binärverzeichnis einrichten, um Blender nicht immer in dem Installationsverzeichnis aufrufen zu müssen:

*Blender starten*

```
mero:# ln -sf 'pwd'/blender /usr/local/bin/
```

Dies legt einen Link in `/usr/local/bin` an, der auf das Installationsverzeichnis von Blender zeigt. Natürlich ist nur der Teil hinter dem »#« einzugeben, der Teil davor ist die Eingabeaufforderung der Shell. Bei den Hochkommata um den Befehl `pwd` ist darauf zu achten, dass die richtigen verwendet werden. Normalerweise befindet sich das entsprechende Zeichen auf der Akzenttaste links neben der Backspacetaste, mit gehaltener [Shift]-Taste gedrückt produziert sie das richtige Zeichen. Ab sofort kann Blender durch den einfachen Aufruf `blender` aus jedem Verzeichnis gestartet werden.

Wenn Blender das erste Mal gestartet wird, erzeugt er im Heimatverzeichnis des Users (`$HOME`) folgende Dateien:

*Voreinstellungen*

`.B.blend`    Benutzerabhängige Startdatei (eine ganz normale Blenderszene) mit den persönlichen Einstellungen

`.Bfs`    Textdatei mit den Pfaden zu Dateien, die als Abkürzung zu bestimmten Verzeichnissen dienen

`.Bfont`    Der Standard-PostScript-Font von Blender

**Konfiguration des X-Window-Systems**    Auf manchen Linuxdistributionen arbeitet die bei Blender extrem wichtige [Alt]-Taste nicht korrekt. Bei den von mir verwendeten Distributionen (RedHat und Debian) trat dieses Problem bisher noch nicht auf. Als Abhilfe sollten Sie probieren, in der Datei `~/.Xmodmap` (die Tilde bezeichnet Ihr Heimatverzeichnis) folgende Änderung mit dem Texteditor Ihrer Wahl vorzunehmen:

Die Zeile

```
keycode 64 = Meta_L
```

muss durch

```
keycode 64 = Alt_L
```

ersetzt werden.

### Mesa konfigurieren

Blenders 3D-Fenster und seine gesamte Oberfläche werden mit der 3D-Grafikbibliothek OpenGL von Sun gezeichnet. Auf freien Unix-Systemen übernimmt das ebenfalls freie Mesa die Funktion von OpenGL.

*Zeichengeschwindigkeit*     Um die optimale Geschwindigkeit von Blender beim Zeichnen der 3D-Fenster (das Rendering ist dagegen nur von CPU und Speicher abhängig!) zu erzielen, kann mit den Einstellungen von Mesa experimentiert werden. Wichtig ist in diesem Zusammenhang, dass keine statisch gelinkte Version von Blender verwendet wird, damit die eigenen dem System vorliegenden Bibliotheken und nicht die im Programmcode eingebundenen Bibliotheken verwendet werden.

In den Dokumentationen von Mesa werden etliche Punkte zur Leistungssteigerung genannt. Die für Blender wichtigsten sind:

- ❏ Das Dithering (Farbverteilungsschema) abschalten, dies geschieht über die Environmentvariable `MESA_NO_DITHER`. Ein einfaches Setzen genügt um das Dithering abzuschalten.

- ❏ Mesa direkt mitteilen, welche Art der Darstellung benutzt wird, dies wird mit der Environmentvariablen `MESA_RGB_VISUAL` getan.

- ❏ Die Art, um ein Flackern beim Zeichnen der 3D-Windows zu umgehen, kann mit der Environmentvariablen `MESA_BACK_BUFFER` eingestellt werden. Diese Einstellung kann durchaus eine Verdopplung der Zeichengeschwindigkeit bringen und ist unbedingt auszuprobieren.

Environmentvariablen werden je nach Shell unterschiedlich gesetzt. Bei der standardmäßig installierten Shell »Bash« und ihren Unterarten wird eine Environmentvariable durch:

```
export MESA_RGB_VISUAL="TrueColor 24"
```

gesetzt. Dies kann in der persönlichen oder systemweiten Voreinstellungsdatei der Shell geschehen.

Um die Zeichengeschwindigkeit von Blender zu testen, wird Blender aus einem Terminalfenster unter X11 gestartet. Nach dem Laden einer (nicht zu einfachen) Szene kann mit [Strg]-[Alt]-[T] über einem 3D-Fenster das Timermenü aufgerufen werden. Mit Auswahl von **draw** wird dann die Zeichengeschwindigkeit getestet, das Ergebnis wird in dem Terminalfenster ausgegeben. Testen Sie auch die Geschwindigkeit bei schattierter Ansicht ([Z] oder [Strg]-[Z]).

Die Auswirkungen dieses Parameters auf meinem System zeigt folgende Ausgabe von Blender:

```
cw@mero >export MESA_BACK_BUFFER="Ximage"
cw@mero >./blender -p 250 200 900 700 blacksmith/blacksmith.blend
cw@mero >start timer
draw 209
start timer
draw 676
Blender quit


cw@mero >export MESA_BACK_BUFFER="Pixmap"
cw@mero >./blender -p 250 200 900 700 blacksmith/blacksmith.blend
cw@mero >start timer
draw 384
start timer
draw 1311
Blender quit
```

Die »Blacksmith«-Szene ist auch der »Blenchmark« (Kunstwort aus Blender und Benchmark, eingeführt von Cesar Blecua) von Blender. Auf der Seite

»Blenchmark«

```
http://www.blender.nl/stuff/blench1.html
```

sind etliche Systemkonfigurationen von Blender mit diesem Blenchmark gestestet worden.


## E.2  Installation unter Windows

Das selbst entpackende Archiv für Windows ist mit einem Doppelklick der linken Maustaste im Explorer auszuführen, der Entpacker bietet nun an, das Programm nach `c:\Blender\` zu installieren. Soll Blender an anderer Stelle installiert werden, so ist der Pfad entsprechend anzupassen oder WinZip direkt aufzurufen.

Selbstentpackendes
Archiv

Bei einem WindowsNT-System beschwert sich der Installer möglicherweise, dass kein System mit langen Dateinamen verwendet wird. Dies trifft natürlich bei WindowsNT nicht zu und kann ignoriert werden.

WindowsNT

## Empfohlene Systemvoraussetzungen

❏ Intel oder kompatibler PC mit Windows95, Windows98 oder WindowsNT

❏ 32 MB RAM

❏ Grafikkarte, die eine Farbtiefe von 16 Bit ab einer Auflösung von 800x600 Punkten erlaubt

❏ OpenGL-Bibliothek

**Fehlende OpenGL-Bibliothek**

Sollten Sie beim Start von Blender einen der folgenden Fehler bekommen, »cannot find glu32.dll« oder »cannot find opengl32.dll« so besitzen Sie eine zu alte Windows95-Installation und sollten das Update `ftp://ftp.microsoft.com/softlib/mslfiles/opengl95.exe` laden und installieren.

Auch unter Windows empfiehlt sich die Verwendung einer Dreitastenmaus, da Blender stark auf die mittlere Maustaste angewiesen ist. Wenn nur eine Zweitastenmaus vorhanden ist, ist im InfoWindow **2-Mouse** einzustellen, welches die mittlere Maustaste auf die Kombination [Alt]-[LMB] konfiguriert.

Wenn Blender das erste Mal durch einen Doppelklick auf sein Icon gestartet wird, installiert er die drei folgende Dateien in das `WINDOWS`-Verzeichnis:

`.B.blend` Eine Blenderszenendatei, welche beim Start automatisch geladen wird und als Voreinstellung fungiert

`.Bfs` Textdatei mit voreingestellten Pfaden zu Verzeichnissen und Laufwerken

`.Bfont` Den Blender-Vektorzeichensatz

### E.2.1 Plug-ins unter Windows

Zum Entstehungszeitpunkt dieses Buches funktionierte die Plug-in-Schnittstelle für Windows-Systeme in Blender noch nicht. Von »Not a Number« ist aber in dem Punkt Hilfe in Aussicht gestellt, sodass die Aussage schon überholt sein könnte, wenn Sie dieses Buch in den Händen halten. Aktuelle Informationen zum Entwicklungsstand von Blender können aus dem »Change log«, welches die aktuellen Entwicklungen aufzeigt, von der Blender-Download-Seite [13] bezogen werden.

Deutschsprachige Informationen zu diesem Buch und Blender allgemein gibt es auf den Webseiten des Autors [14].

## E.2.2   Python unter Windows

Auf der CD befindet sich im Verzeichnis `Python` die Datei `pyth151.exe`, die ein Installationprogramm für Python 1.5.1 enthält. Nach dem Start werden die üblichen Fragen gestellt, insbesondere nach dem Installationsverzeichnis.

Nach der Installation sollte die Datei `python15.dll` aus dem Verzeichnis von Blender gelöscht werden. Diese Datei enthält die nötigsten Python-Bibliotheken und -Module und ist mit einer kompletten Pythoninstallation unnötig bzw. verhindert die Benutzung des kompletten Python, weil sie zuerst gefunden wird.

## E.3   Installation unter FreeBSD

### Empfohlene Systemvoraussetzungen

❑ IntelPC ab Pentium mit 90 MHz Taktfrequenz

❑ 32 MB RAM

❑ Grafikkarte, die eine Farbtiefe von 16 Bit ab einer Auflösung von 800x600 Punkten erlaubt

❑ FreeBSD-Version 2.2.6-RELEASE, neuere Versionen sollten auch funktionieren

❑ Mesa 3.x, Hardwareunterstützung durch Grafikkarten ist mit angepasstem Mesa/GLX/X-Server möglich, nicht für die Spielekarten der Voodoreihe

❑ Dreitastenmaus dringend empfohlen

**Entpacken der Dateien**   Die Installationsdatei ist mit den für Unix-ähnliche Syteme üblichen Tar- und GNUZip-Programmen gepackt, um die Dateien für den Datentransfer per Internet klein zu halten. Um diese Datei zu entpacken, kopieren oder verschieben Sie die Datei in das Zielverzeichnis, wechseln mit dem Befehl `cd` dorthin und geben folgenden Befehl ein:

```
tar zxvf blender1.71_BSD_i386_2.2-xxx.tar.gz
```

Es wird ein Verzeichnis `blender1.70_BSD_i386_2.2-xxx` erstellt. Die Versionsnummer und das xxx, welches für die Art des Linkens steht, unterscheidet sich je nach geladener Version.

Wenn Blender das erste Mal gestartet wird, so erzeugt er im Heimatverzeichnis des Users (`$HOME`) folgende Dateien:

.B.blend    Benutzerabhängige Startdatei (eine ganz normale Blen-
            derszene) mit den persönlichen Einstellungen

.Bfs        Textdatei mit den Pfaden zu Dateien, die als Abkürzung
            zu bestimmten Verzeichnissen dienen

.Bfont      Der Standard-PostScript-Font von Blender

Für die Installation und Konfiguration von Mesa gilt das für Linux
Gesagte.

## E.4  Installation unter SGI Irix

Auch unter SGI-Irix läuft die Installation von Blender auf ein reines
Entpacken der Installationsdateien hinaus.

Wechseln Sie in das Verzeichnis mit der Installationsdatei und
entpacken Sie die Datei mit folgenden Befehlen:

```
gunzip blender1.71\_SGI\_.xxx.tar.gz
tar xvf blender1.71\_SGI\_.xxx.tar
```

Es wird ein Verzeichnis blender1.71_SGI_xxx erstellt. Die Versionsnummer und das xxx, welches für die IrisGL- oder OpenGL-
Version steht, unterscheiden sich natürlich.

Die Versionen für OpenGL sind im Allgemeinen in der Darstel-
lungsgeschwindigkeit der interaktiven Grafik schneller auf neueren
SGI-Systemen wie Indigo2-Impact, O2 und Octane. Die IrisGL-Ver-
sion sollten für Indy- und Indigo-Systeme benutzt werden.

Jetzt kann Blender aus dem Installationsverzeichnis heraus mit
dem Aufruf ./blender oder dem Anklicken des Icons vom Desktop
aus gestartet werden.

Wenn Blender das erste Mal gestartet wird, so erzeugt er im
Heimatverzeichnis des Users ($HOME) folgende Dateien:

.B.blend    Benutzerabhängige Startdatei (eine ganz normale Blen-
            derszene) mit den persönlichen Einstellungen

.Bfs        Textdatei mit den Pfaden zu Dateien, die als Abkürzung
            zu bestimmten Verzeichnissen dienen

.Bfont      Der Standard-PostScript-Font von Blender

## E.5  Installation unter Sun Solaris

Auch unter Sun Solaris läuft die Installation von Blender auf ein
reines Entpacken der Installationsdateien hinaus.

Wechseln Sie in das Verzeichnis mit der Installationsdatei und
entpacken Sie die Datei mit folgenden Befehlen:

```
uncompress blender1.71\_Sun\_.xxx.tar.Z
tar xvf blender1.71\_Sun\_.xxx.tar
```

Es wird ein Verzeichnis `blender1.71_Sun_xxx` erstellt. Die Versionsnummer und das xxx, welches für die OpenGL- oder Mesa-Version steht, unterscheiden sich natürlich.

Jetzt kann Blender aus dem Installationsverzeichnis heraus mit dem Aufruf `./blender` oder dem Anklicken des Icons vom Desktop aus gestartet werden.

Wenn Blender das erste Mal gestartet wird, so erzeugt er im Heimatverzeichnis des Users (`$HOME`) folgende Dateien:

`.B.blend`    Benutzerabhängige Startdatei (eine ganz normale Blenderszene) mit den persönlichen Einstellungen

`.Bfs`    Textdatei mit den Pfaden zu Dateien, die als Abkürzung zu bestimmten Verzeichnissen dienen

`.Bfont`    Der Standard-PostScript-Font von Blender

# F  Glossar

### (Anti-)Aliasing

Unter Aliasing versteht man störende Bildeffekte, hervorgerufen durch zu niedrige Samplefrequenzen oder zu geringe Auflösungen. Dies kann z.b. durch die Überlagerung von Strukturen (Texturmuster und Bildschirmraster) oder an Kanten von berechneten Objekten auftreten. Das Antialiasing versucht, diese Effekte zu begrenzen. Eine Möglichkeit dazu, ist das von Blender verwendete → Oversampling.

### Alphakanal

Der Alphakanal enthält die Transparenzinformation eines Bildes. Somit kann der Alphakanal zur (nachträglichen) Kombination von berechneten Szenen genutzt werden. Im Prinzip ist ein Alphakanal ein Graustufenbild, wobei schwarze Stellen im Bild völlig durchsichtig sind, weiße Stellen sind undurchsichtig und Grautöne bilden entsprechende Zwischenstufen.

### Ambientes Licht

Umgebungslicht, das durch diffuse Reflektion an Objekten entsteht und z.B. Schatten aufhellt oder die Umgebung einfärbt, wenn es von farbigen Objekten reflektiert wird. In den gängigen Berechnungsverfahren wird das ambiente Licht nicht berechnet und kann nur durch eine globale Erhöhung des Lichtniveaus oder geschickt platzierte weitere Lichtquellen simuliert werden. Ein Berechnungverfahren, welches auch ambientes Licht berücksichtigt, ist das → Radiosity-Verfahren

### ASCII

American Standard Code for Information Interchange. Dieser Code legt fest, wie die Buchstaben des Alphabets als digitale Information gespeichert werden. Es sind im ASCII-System nur 127 Zeichen definiert, sodass es mit nationalen Sonderzeichen immer wieder Probleme gibt, wenn Dateien zwischen verschiedenen Computersystemen ausgetauscht werden sollen.

### AVI

Audio Video Interleave. Containerformat für Ton und Bewegtbild, von Microsoft eingeführt. Eine AVI-Datei kann unterschiedlich komprimierte Ton- und Videoströme enthalten. Dabei sind Ton- und Videoinformationen ineinander verschachtelt, um bildsynchronen Ton zu erzielen.

### Beveling

Methode um mit Querschnitten komplizierte Objektkanten (Fasen, Rundungen, bis zu ornamentalen Strukturen) zu erzeugen oder den Querschnitt entlang eines Pfades zu extrudieren, damit Objekte wie Schienen oder Profile entstehen.

### Bluebox

Häufig verwendete Variante des → Chromakey, mit Blau als Stanzfarbe.

### Bumpmap

In Blender auch Normap genannt. Durch einen Trick bei der Berechnung erscheinen Strukturen auf dem Objekt, die nicht wirklich modelliert sind. Weiße Stellen der Bumpmap wirken erhaben, schwarze Stellen eingelassen, Graustufen produzieren entsprechende Zwischenschritte. → Displacementmap.

### Chromakey

Farbstanze. Eine Farbe im Videobild wird durch eine weitere Szene (z.B. auch Computergrafik) ersetzt. Häufige Stanzfarben sind Blau (→ Bluebox) und Grün, diese Farben dürfen natürlich ansonsten in der zu stanzenden Szene nicht vorkommen.

### Compositing

Ineinanderfügen von zwei oder mehreren Szenen (real oder computergeneriert). Hierbei kommt oft der → Alphakanal zum Einsatz.

### Displacementmap

Durch eine Graustufentextur wird während der Berechnung die Geometrie des Objekts verformt. Ein ähnlicher Effekt ist mit der Noise-Funktion von Blender zu erreichen. → Bumpmap.

### Field

→ Halbbild

### Flächennormale

Eine Fläche hat eine Ausrichtung im Raum, die Richtung wird durch die Normale der Fläche definiert. Die Flächennormale zeigt lotrecht aus der Fläche heraus. Prinzipiell gibt es zu jeder Fläche zwei Normalen, die Auswahl der richtigen, d.h. in fast allen Fällen der vom Objekt nach außen zeigenden, ist insbesondere für die Beleuchtungsberechnung wichtig.

### Frame

→ Vollbild

## Glanzpunkt

Diffuse Reflektion einer Lichtquelle auf einer Oberfläche. Aus der Größe und Intensität des Glanzpunktes lassen sich Rückschlüsse auf die Oberflächenrauheit eines Materials ziehen. Um realistisch wirkende Materialien zu erzeugen, sollte deshalb die Einstellung des Glanzpunktes in Computeranimationen mit entsprechender Sorgfalt durchgeführt werden.

## Halbbild

Videobilder (→ PAL, NTSC, Secam) werden aus zwei schnell hintereinander folgenden, ineinander verschachtelten (Interlace) Halbbildern zusammengesetzt, ein Halbbild enthält die ungeraden Bildzeilen, das andere Halbbild die geraden Bildzeilen. Dieses Halbbildverfahren ist ein Trick, um mit möglichst geringen Vollbildfrequenzen ein flimmerfreies Bild zu erhalten, und entstand aufgrund der technischen Einschränkungen bei Entwicklung des Fernsehens.

## JPEG

Joint Photographic Experts Group. Diese Expertengruppe entwickelte das JPEG-Verfahren zur Kompression von fotorealistischen (Einzel-)Bildern. Dabei findet eine verlustbehaftete Komprimierung statt, die dem Auge nicht oder nur wenig auffällt, aber sehr kleine Dateigrößen produziert. Aus diesem Grund ist das JPEG-Verfahren nicht für Bilder geeignet, die noch weiterverarbeitet werden sollen.

## Keyframe

Punkte einer Animation, die bestimmte Zustände der Animation kennzeichnen (Position, Rotation, Farbe etc.). Für eine Keyframeanimation sind mindestens zwei Keyframes nötig, zwischen denen das Programm dann automatisch interpoliert.

## MPEG

Moving Pictures Expert Group, Expertengremium, das einige sehr gut komprimierende Formate zur digitalen Speicherung von Video entwickelt hat.

## MPEG-I

MPEG Standard Eins, beschreibt die Komprimierung und digitale Speicherung von Videodaten. Weitere Standards sind z.B. MPEG-I Layer 3 zur Audiokompression (*.mp3).

## MPEG-II

MPEG Standard Zwei, beschreibt die Komprimierung und digitale Speicherung von Videodaten. Im Gegensatz zu MPEG-I wird die Speicherung von interlaced Videodaten (→ Halbbild) für Fernsehformate unterstützt. Es existieren verschiedene Level um unterschiedlichen Anforderungen gerecht zu werden (z.B. DVD oder Videoschnitt).

## NTSC

National Television Standards Comittee. NTSC ist ein in den USA entwickelter Fernsehstandard für die Farbbildübertragung. Er arbeitet mit 60 Hz Bildfrequenz bei 525 Zeilen und 60 → Halbbildern pro Sekunde, also 30 → Vollbildern pro Sekunde.

## Orthogonale Ansicht

Eine orthogonale Ansicht verzichtet auf die Berechnung von Perspektive, weiter entfernt liegende Objekte werden nicht kleiner dargestellt. Der 3D-Eindruck dieses Projektionsverfahrens ist nur schwach, ermöglicht aber ein gutes Ablesen von Entfernungen zwischen Punkten. Aus diesem Grunde wird die orthogonale Projektion auch für die Dreiseitenansicht bei technischen Zeichnungen und in CAD-Programmen benutzt; Maße lassen sich direkt aus der Zeichnung abnehmen.

## Oversampling

Berechnungsart, bei der zuerst mit einer lokal erhöhten Auflösung gerechnet wird, anschließend wird entsprechend skaliert, sodass ein Ergebnispixel aus mehreren Ausgangspixel entsteht. Dies vermeidet → Aliasing.

## PAL

Phase Alternating Line. PAL ist der in Europa vorherrschende Fernsehstandard. PAL arbeitet mit einer Frequenz von 50 Hz, das entspricht 25 → Vollbildern und 50 → Halbbildern pro Sekunde. Die Zeilenauflösung beträgt 625.

## Parenting

Prozess um Objekthierarchien zu generieren. Dabei wird ein Objekt zum übergeordneten des anderen und vererbt dann bestimmte Eigenschaften wie z.B. Position oder Rotation an das untergeordnete Objekt. Wird das Parentobjekt animiert, so folgt das untergeordnete Objekt entsprechend der Hierarchie.

## Pixel

Bildelement, Bildpunkt. Kleinste Einheit bei gerasterten Bildern, trägt die Farbe und manchmal auch den Transparentwert (→ Alphakanal). Bei Computermonitoren werden quadratische Pixel verwendet, bei den Fernsehnormen aber rechteckige Pixel, was beachtet werden muss, um Verzerrungen zu vermeiden.

## Plug-in

Softwareerweiterung, mit dem ein Programm um neue Funktionen erweitert werden kann, ohne das Hauptprogramm zu ändern.

## Postproduction

Postproduction ist die Nachbearbeitung des aufgezeichneten oder berechneten Materials. Die Postproduction umfasst Schnitt, Effekte (Blenden, Titel etc.), Nachvertonung und Grafikbearbeitung.

## QuickTime

Von Apple entwickeltes Format zur Speicherung von Video- und Audioströmen, inzwischen auch für Windows erhältlich und im Funktionsumfang stark erweitert ($\rightarrow$ Virtual Reality, netzfähig etc.)

## Radiosity-Verfahren

Das Radiosity-Verfahren berücksichtigt bei der Berechnung auch von Objekten diffus reflektiertes Licht. Somit entstehen sehr realistische Beleuchtungen. Das Radiosity-Verfahren geht einher mit hohen Berechnungszeiten und ermöglicht im Allgemeinen keine Animation der dargestellten Objekte. Allerdings können nach der Radiosity-Lösung ohne Neuberechnung Kameraanimationen durchgeführt werden, was das Radiosity-Verfahren ideal für die Architekturvisualisierung macht, wo es auf die Beurteilung von Lichtverhältnissen in den Gebäuden ankommt.

## Raytracing

Berechnungsverfahren, welches durch Strahlenrückverfolgung fotorealistische Bilder berechnet. Raytracing erfordert einen hohen Rechenaufwand, simuliert Spiegelung und Lichtbrechung sehr gut.

## Rendering

Allgemein die Berechnung eines Bildes oder einer Animation aus den 3D-Daten. Beim Rendering können verschiedene Verfahren wie $\rightarrow$ Raytracing, $\rightarrow$ Scanlinerendering oder $\rightarrow$ Radiosityverfahren zum Einsatz kommen.

## RLE-Kompression

Run Length Encoding, komprimiert farbgleiche Bildpunkte, indem z.B. nur »100 mal Rot« gespeichert wird. Das Verfahren versagt bei Fotos und ähnlichen Bildern mit vielen Details. Im Gegensatz zu $\rightarrow$ JPEG ist diese Art der Kompression verlustfrei.

## Rotoscoping

Aus der Trickfilmtechnik kommendes Verfahren, bei dem Einzelbilder aus Realaufnahmen als Vorlage für Trickfilme genutzt werden. 2D- und 3D-Programme unterstützen den Anwender mit zahlreichen halbautomatischen Funktionen zum Rotoscoping. Rotoscoping kann auch zur manuellen Bildstabilisierung ($\rightarrow$ Tracking) verwendet werden.

### Scanlinerendering

Zeilenweise Abtastung der 3D-Szene in Bezug auf die Bildauf-
lösung. Schnelles Verfahren, welches sich insbesondere für die
Animationsberechnung anbietet. Spiegelungen und Lichtbrechung
sind nur durch Näherungen möglich.

### Secam

Séquentiel Couleur à Mémoire, in Frankreich entwickelte Fern-
sehnorm. Secam ähnelt → PAL, verwendet aber ein anderes Farb-
verfahren.

### Title Save

Ein Bereich, der laut Definition auf allen Fernsehgeräten sichtbar
sein sollte, ohne dass Schriften abgeschnitten werden.

### Tracking

Mit Tracking bezeichnet man Verfahren, um aus Video- oder Film-
sequenzen Informationen für die Integration von 3D-Objekten zu
gewinnen. Realszenen sind trotz guter Stative nie völlig ruhig,
oft soll auch eine Szene mit Kameraschwenk benutzt werden. Zur
reinen Bildberuhigung kann ein 2D-Tracking (manuell → Rotoscoping) benutzt werden. Sollen 3D-Objekte integriert werden, so
muss 3D-Tracking eingesetzt werden, das (halb)automatisch die
Lage markanter Punkte in der Szene bestimmt und dem 3D-Pro-
gramm zur Verfügung stellt.

### Virtual Reality

engl. für »Scheinbare Realität«. Bei der Virtual Reality geht es
darum dem Gehirn eine weitere Realität glaubhaft zu machen. Je
mehr Sinne angesprochen werden um so stärker ist der »Eintauch-
effekt« in die virtuelle Realität.

### Vollbild

Kombination aus zwei Halbbildern bei Video oder Einzelbild beim
Film. Wird ein Vollbild aus einem Video extrahiert, so ergeben
sich bei schnellen horizontalen Bewegungen kammartige Strukturen an Objekten, da die Halbbilder zeitlich unterschiedlich sind
und sich das Objekt in dieser Zeit (1/50 s, bei → PAL) schon
weiterbewegt hat.

### Z-Buffer

Um festzustellen, ob ein Element beim → Rendering vor oder
hinter schon berechneten Elementen liegt, müssten für jedes Element aufwändige und zeitintensive Berechnungen erfolgen. Ein
schnelles Verfahren arbeitet mit einem Z-Buffer, hier werden die
Tiefeninformationen für die Bildpunkte des berechneten Bildes gespeichert und können dann schnell mit den Z-Koordinatenwerten
neuer Elemente verglichen werden.

# G   Inhalt der CD

**Abbildungen, ca. 60 MB**

Abbildungen aus dem Buch als Targa- und JPEG-Dateien.

**Animationen, ca. 97 MB**

Berechnete Animationen, entweder als MPEG-I- oder AVI-Filme.
Teilweise liegen die Animationen noch in unterschiedlicher Auflösung
oder Komprimierungsart vor.

**Digital Design Box, ca. 6 MB**

Etliche Texturen von der »digital design box« [7] in Bildschirmauflösung. Die »digital design box« enthält diese und viele andere Texturen (Fractal Textures, Photo Types, Digital Paper Collection, Nature
Textures, Technical Textures) auch in Druckauflösung.

**Python, ca. 5 MB**

Installationsdateien und Werkzeuge von Python für Windows95,
Windows98 und WindowsNT. Die Installationsdateien für Unix-ähnliche Systeme sollten in der Distribution enthalten sein oder können
von `http://www.python.org/` heruntergeladen werden.

**Sequenzen, ca. 97 MB**

Bildsequenzen für Compositing und animierte Texturen.  Mit
freundlicher Genehmigung von »Imago Viva« (`http://www.
imago-viva.de/` Frei für private, nichtkommerzielle Projekte.
   Die Sequenzen liegen in 320×240 Punkten als JPEG-komprimierte, nummerierte Einzelbilder vor. Die Sequenz im Verzeichnis `Riff/`
liegt in PAL-Auflösung als nummerierte Halbbilder vor.

**Tutorial, ca. 56 MB**

Nach Kapiteln geordnete Tutorialszenen zur Referenz, sowie Blender-
dateien die zur Erstellung der Abbildungen benutzt wurden. Wenn

die Dateien nummeriert sind, so enthalten sie die Schritte wie in den Tutorials beschrieben.

Die Verzeichnisse `tex/`, `fonts/` und `Objekte/` enthalten die zu den Szenen gehörigen Texturen, Fonts und Objekte.

### ftp.blender.nl, ca. 94 MB

Serverabzug von `ftp://ftp.blender.nl/` mit den Installationsdateien von Blender, für alle aktuell unterstützten Plattformen. Weiterhin befinden sich hier noch einige Blenderszenen von »NaN«, die zur Illustration neuer Fähigkeiten von Blender dienen.

Zusätzlich befindet sich dort noch die (englischsprachige) FAQ-Liste (Frequently Asked Questions, häufig gestellte Fragen) zu Blender, sowie das Kurzhandbuch in Form von HTML-Dateien (in verschiedenen Sprachen).

# Literaturverzeichnis

[1] ROOSENDAAL, TON: *Blender V1.5 Manual.* Not a Number, Eindhoven, 1998.

[2] NOT A NUMBER: *Blender Homepage.* http://www. blender.nl, 1999.

[3] OWEN, G. SCOTT: *HyperGraph.* http://www. education.siggraph.org/materials/HyperGraph/ hypergraph.htm, 1999.

[4] PARENT, RICK: *Computer Animation: Algorithms and Techniques.* http://www.cis.ohio-state.edu/~parent/ book/outline.html, 1998.

[5] BRUGGER, RALF: *Professionelle Bildgestaltung in der 3D-Computergrafik.* Addison Wesley, Reading, 1995.

[6] FOLEY, VAN DAM, ET AL.: *Computer Graphics, Second Edition in C.* Addison Wesley Longman, Amsterdam, 1996.

[7] KRAUS, HELMUT: *digital design library.* dpunkt.verlag, Heidelberg, 1995.

[8] TOBIAS HIMSTEDT, KLAUS MÄTZEL: *Mit Python programmieren.* dpunkt.verlag, Heidelberg, 1999.

[9] NOT A NUMBER: *Complete Blender.* http://www. blender.nl/complete/index.html, 1999.

[10] GIMP.ORG: *The GIMP Homepage.* http://www.gimp. org/.

[11] RULE, KEITH: *3D Graphic File Formats: A Programmers Reference.* Addison Wesley Longman, Amsterdam, 1996.

[12] MAINCONCEPT: *MainConcept Web Site.* http://www. mainconcept.de/, 1999.

[13] NOT A NUMBER: *Blender Download.* http://www. blender.nl/download/download.html, 1999.

[14] WARTMANN, CARSTEN: *Blenderbuch.de.* http://www.blenderbuch.de/, 1999.

# Index

**Ziffern und Symbole**
.B.blend, 65, 268
.Bfont, 268
.Bfs, 268
3D nach 2D, 18
3D-Cursor, 28, 53
3D-Fenster, 45
    Knopfleiste, 47
    Maus, 47
    Tastatur, 45
3D-Grafik, 9
3DWin, 249

**A**
Abbrechen, 243
Aliasing, 273
Alphakanal, 273
Alphawert, 122
ambientes Licht, 132, 138
Ambientes Licht, 273
Animation, 20, 36, 143
    Keyframes, 143
    Kurvenpfad
        umkehren, 154
    Kurvenpfade, 151
    Lattice, 154
    Material, 147
    Pfad, 149
    Skelett, 173
    Vertexkeys, 156
Animationsdauer, 229
Animationsformate, 217
Animationskurven, 144
ASCII, 273
Auswahlrahmen, 51
AVI, 217, 273

**B**
BackGroundPic, 90, 207
Beenden, 44
Beleuchtung, 129
Beleuchtungsberechnung, 16

Beleuchtungsmodelle, 17
Benutzer, 114
Berechnung, 22, 213
    Animation, 216
    Einzelbilder, 213
    Video, 241
Beveling, 93, 95, 274
BevResol:, 93
Bewegungsunschärfe, 218
Bezierkurven, 86, 91
Bildformate, 214
Bildrate, 218
Bildschirme, 62
Blenderdatei
    hinzuladen, 51
    laden/speichern, 49
    linken, 51
Bluebox, 274
Boolsche Operationen, 82
Brennweite, 142
Bumpmap, 274
Button, 56
ButtonsWindow, 61

**C**
CD, 8, 279
Charakteranimation, 168
Chromakey, 274
Clippingbereich
    Kamera, 142
    Schatten, 133
Colorband, 112
Colorkeying, 237
Complete Blender, 6
Compositing, 237, 274
Crossroads 3D, 249
Cursortasten, 44

**D**
Dateiendung, 217
Dateifenster, 49
DefResolU:, 92

Displacementmap, 274
DisplayButtons, 213
Drahtgittermodell, 70
Draufsicht, 45
Drehung, 54
    Zentrum, 55
Dreiseitenansicht, 19
Dupliframes, 97
Dupliverts, 99, 192
DXF, 43
DXF-Format, 248

**E**
EditMode, 30, 43, 56, 70
Effektor as Child, 165
Emit, 220
Environmentmapping, 125
ESC-Taste, 43
Extrude, 75
Extrusion, 93

**F**
Fähigkeiten, 2
Farbe, 9, 95
    Wirkung, 12
Farbmodell
    CMYK, 11
    HSV, 11
    RGB, 10
Fenster, 58, 59
    aktives, 45
    Arten, 59
    Aufteilen, 59
    Größe ändern, 59
    Header, 58
    Kante, 58
    Zusammenfügen, 59
Field, 274
Fields, 217
Fläche, 14, 69
Flächennormale, 274
Fonts, 100
Frame, 274
Ftype, 214
Funktionstasten, 43

**G**
Gamma, 137
GammaCross, 205
GIF, 215
GIMP, 250
Glättung, 72
    automatisch, 73

Glanzpunkt, 106, 275
GNU Public License, 250
Größenänderung, 55
Grundobjekte, 69
Grundszene, 65
GUI, 41

**H**
Halbbild, 275
Halbbildverfahren, 217, 241
Halo, 118
    Größe, 119
    Grundparameter, 119
    Lines, 119
    Rings, 119
    Schatten, 137
    Star, 119
    Textur, 120
Halolichter, 135, 225
HamX, 214
Handbuch, 1, 6
Handle
    aligned, 87
    auto, 88
    free, 87
    vector, 87
Hintergrundbild, 90, 92, 207
Höhenfelder, 80
HSV–System, 105
HTML, 215

**I**
Icon, 7, 268
Iconleiste, 61
IconSlider, 47, 57, 58
IKA, 163
    erstellen, 163
    Gewichtung, 167
    XY constraint, 166
ImageTextur, 228
    animiert, 239
Imago Viva, 203
InfoWindow, 65
Infozeile, 59
Insert Key, 244
Installation, 263
    FreeBSD, 269
    unter Linux, 264
    unter SGI Irix, 270
    unter Sun Solaris, 270
    unter Windows, 267
Interlace, 217
Inverse Kinematik, 163

IPO-Kurven, 144, 230
IPOWindow, 144
Iris, 214

**J**
JPEG, 215, 275

**K**
Kamera, 140
    aktive, 141
    Clippingbereich, 142
    Parameter, 142
Kameraansicht, 46
Keyframe, 36, 275
    erzeugen, 144
Keyframeanimation, 143
Keyframing, 20
Körper, 15
Komplementärfarben, 10
Konfiguration, 65
    XWindow, 265
Konverter, 249
Konvertieren
    Textobjekt, 137
Koordinaten, 14
Kreisselektion, 52
Kurven, 86, 136
    Bezier, 86
    Extrusion, 93
    NURBS, 88
    schließen, 91
Kurvenpfad, 228

**L**
Laden, 49
    Font, 101
LampButtons, 131
Lampen-IPO, 234
Lampentyp, 131
Lattices, 84, 154
Layer, 48
Leertaste, 43
Lens, 142
Lensflares, 118, 120
    Grundparameter, 121
Library, 43, 243
Lichtarten, 131
Linken, 64
Linseneffekte, 120
LoadFont, 101
LocalView, 47

**M**
Material, 105

Farben, 105
Glanzpunkt, 106
Größe, 106
Intensität, 106
Halo, 118
nur Schatten, 240
Materialanimation, 147
MaterialButtons, 105
Materialindex, 116
Maus, 42
Mauscursor
    Doppelpfeil, 58
Maustaste, 8
    linke, 28, 42
    mittlere, 42, 268
    rechte, 28, 42
Menubutton, 58
Mesa, 41, 266
Mesh, 69
Mesh Intersect, 82
Metaballs, 102
Motionblur, 218
MPEG, 275
MPEG-I, 251, 275
MPEG-II, 275
Multimaterialien, 116
Multiplattform, 5

**N**
Nebel, 139, 239
NeoGeo, 1
Netz, 69
No Mist, 239
Noise, 80
Noisetextur, 148
Not a Number, 1
NTSC, 213, 276
NumberMenu, 54, 153, 230
NumBut, 57
NumSli, 57
NURBS, 88
NURBS-Kurven, 88
    Parameter, 88

**O**
Oberfläche
    Elemente, 56
    Konzepte, 41
Oberflächen, 86
Objekt
    aktives, 51
    selektieren, 51
Only Shadow, 240

OpenGL, 41
Orthogonale Ansicht, 276
Oversampling, 276

**P**
PAL, 213, 276
Parallelprojektion, 19, 142
Parenting, 276
Partikel, 174, 231
    3D-Objekte, 191
    bewegter Emitter, 187
    Grundparameter, 176
    Material, 176
    Materialanimation, 181
    Multiplikation, 184
perspektivische Projektion, 20
PET, 74
Pfad, 65, 229
Pfadangaben, 115
Pfadanimation, 149
Pfadobjekt, 149
Pixel, 276
Plug-in, 276
PNG, 215
Polygon, 69
    geschlossen, 78
    offen, 78
Polygongrundobjekte, 69
Postproduction, 201, 277
PostScript-Type-1, 100
Python, 192
    Blöcke, 194
    Kommentare, 193
    Modul, 195

**Q**
QuickTime, 277

**R**
Radiosity, 106, 219
Radiosity-Verfahren, 277
Raster, 53
    Einstellungen, 53
Rasterfangeinstellungen, 66
Raumpunkt, 14
Raytracing, 125, 277
Reflektionen, 122
Reflektionmap, 106
relative Pfade, 115
Rendering, 213, 277
restricted Mouse, 52
RGB–System, 105
RLE-Kompression, 277

Rotation, 54
    Zentrum, 55
Rotationsachse, 55
Rotationskörper, 76
Rotieren, 54
Rotoscoping, 90, 277
RowBut, 57

**S**
Scanlinerendering, 278
Scenes, 63
Schatten, 131, 132
    Clippingbereich, 133
    Probleme, 133
Schattenwurf, 17
Schnellstart, 25
Screens, 62
Screw, 78
Secam, 278
SECAM, 213
Seitenansicht, 45
Seitenverhältnis, 241
Selektion, 51
selektive Beleuchtung, 134
SequenceWindow, 203
Sequenz, 203
    Abspielen, 204
    bearbeiten, 206
    berechnen, 210
    Effekte, 211
    harter Schnitt, 205
    hinzufügen, 203
    Szene einfügen, 209
    überblenden, 205
Sequenzeditor, 202, 237
Set Smooth, 34, 72
Set Solid, 72
SGI-Movie, 218
Shadeless, 239
Shadowbuffer, 133
Shadowmaps, 131
ShowMist, 142
Sicherheitskopien, 66
Single User, 114
Skalierung, 55
    spiegeln, 55
    ungleichmäßig, 55
Skelett, 168
    erstellen, 172
Skelettanimation, 168
Skripte, 192
SNAP-Menü, 53, 78
Sonnenlicht, 134

Specular Transparency, 122
SpeedIPO, 150
Speicherformat, 4
Speichern, 49
    DXF, 243
    Einzelbild, 214
    VRML, 243
Spiegeln, 55, 93
Spin, 76
Split, 73
sprachliche Konventionen, 6
Starten von Blender, 25
Statuszeile, 66
Sterne, 140, 227
Subdivide
    Smooth, 79
Systemvoraussetzungen
    FreeBSD, 269
    Linux, 264
    Windows, 268
Szenen, 64
Szenendatei
    Hinzuladen, 43
    Laden, 43
    Speichern, 43

**T**
Tabulatortaste, 43
Targa, 214
Tastaturkommandos, 43, 243
Teekessel, 125
Text, 100, 137
    auf Kurve, 102
    Sonderzeichen, 100
Texturbereich, 228
Texturen, 35, 106
    Bilder, 113
    Blend, 124
    Cloud, 120
    Farbverläufe, 112
    Parameter, 108
    Typen, 111
TextWindow, 193, 196
TgaRaw, 214
Titel, 207
title safe, 141
Title Save, 278
Tog3But, 57
TogBut, 56
Ton Roosendaal, 1
Toolbox, 28, 43, 243
Toolboxmenü, 30
Tooltips, 66

Track, 135
Tracking, 153, 226, 278
Transformationen, 17
Translation, 52
Transparenz, 122
TrueType, 100
TrueType-Fonts, 249

**U**
Umgebungslicht, 132, 273
Undo, 56
    EditMode, 72
    TextWindow, 197
User, 114
Usermenu, 65

**V**
Verschieben, 52
Vertex
    erstellen, 71
Vertexkeys, 156
    gewichtete, 160
    Interpolation, 158
Vertices, 56, 69
Videonormen, 213
Videoscapeformat, 248
Videoschnittkarten, 242
Videoszenen, 203
Videotextur, 242
Viewmove, 66
Virtual Reality, 278
Vollbild, 278
Volumenlicht, 135
Volumenlichter, 225
Vorderansicht, 45
Voreinstellungsdatei, 65
Vorschaubilder, 240
VRML, 248
VRML-1, 43

**W**
Warp, 79
Welt, 138
    Textur, 138
Werteeingabe, 54
World Wide Web, 215

**Z**
Z-Buffer, 278
Zeichensätze, 100
Zentralperspektive, 20, 142
Zielgruppen, 2
ZTransp, 122

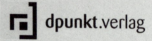

1997, 336 Seiten, Spiralbindung
Preis: 40 Euro zuzüglich Versandkosten.

*Das Blender-Manual ist online auf der
Blender-Website (www.blender.nl/shop/) zu
bestellen, wo es auch weitere Angebote rund
um Blender gibt, z.B. T-Shirts.*

Ton Roosendaal

# blender manual

Das offizielle Handbuch zum 3D-
Modellierungsprogramm Blender
erscheint in englischer Sprache und wird
herausgegeben von der Blender-
Entwicklerfirma Not a Number.
Es enthält Tutorials, Beispiele und eine
vollständige Refernz der Blender-
Funktionen.

*»A great book for Linux fans who want to get
started with 3D graphics or for 3D artists who
want to get to know Blender better. A wealth
of information for experts and newbies alike,
put together like a work of art itself.«*
(Rezension auf slashdot.org im März 1999)

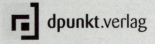

Hans-Lothar Hase

1997, 336 Seiten, Broschur, mit CD
DM 68,00 / öS 496,00 / sFr 60,00
ISBN 3-920993-63-2

# Dynamische virtuelle Welten mit VRML 2.0

Einführung, Programme und Referenz

Die Virtual Reality Modeling Language VRML bietet die dreidimensionale Modellierung von realen und virtuellen Umgebungen und deren plattformunabhängige Wiedergabe im Internet. Seit der Version 2.0 sind auch Animation, Interaktion und ein Verhalten der dargestellten Objekte möglich.
"Dynamische virtuelle Welten mit VRML 2.0" ist eine Einführung in die Prinzipien von VRML 2.0, abgestuft für Betrachter und Autoren von virtueller Realität. VRML-Programme zur Wiedergabe (VRML-Browser) und zum Erstellen eigener Szenen (VRML-Builder) werden detailliert beschrieben. Für Anwender, die auf der Programmierebene direkt mit VRML 2.0 arbeiten, bietet die anschließende Referenz eine Übersicht über den gesamten Sprachumfang.

*»Das Buch liefert eine leicht verständliche Einführung in VRML und ist für Anfänger, aber ebensogut als Nachschlagewerk für professionelle Entwickler, empfehlenswert.«*
*(Publishing Praxis Juli/August 97)*

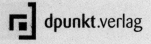 dpunkt.verlag

Ringstraße 19 · 69115 Heidelberg
fon 0 62 21/14 83 40
fax 0 62 21/14 83 99
E-Mail hallo@dpunkt.de
http://www.dpunkt.de

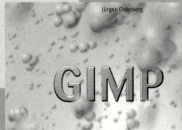
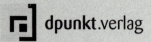